本书为"湖南湘江新区容错纠错机制研究"项目结题成果

本丛书为中南大学地方治理研究院"地方治理研究"系列丛书之一

国家级新区容错纠错机制研究丛书

湖南湘江新区
容错纠错机制建设：
理论探索与实践创新

胡春艳　孟谏君　刘　文◎著

中南大学出版社
www.csupress.com.cn

·长沙·

图书在版编目（CIP）数据

湖南湘江新区容错纠错机制建设：理论探索与实践创新／胡春艳，孟谏君，刘文著. —长沙：中南大学出版社，2021.6

（国家级新区容错纠错机制研究丛书）

ISBN 978-7-5487-4386-6

Ⅰ. ①湖… Ⅱ. ①胡… ②孟… ③刘… Ⅲ. ①地方政府—行政管理—研究 Ⅳ. ①D676.41

中国版本图书馆 CIP 数据核字（2021）第 064494 号

湖南湘江新区容错纠错机制建设：理论探索与实践创新
HUNAN XIANGJIANG XINQU RONGCUO JIUCUO JIZHI JIANSHE：
LILUN TANSUO YU SHIJIAN CHUANGXIN

胡春艳　孟谏君　刘文　著

□责任编辑	杨　贝	
□责任印制	易红卫	
□出版发行	中南大学出版社	
	社址：长沙市麓山南路	邮编：410083
	发行科电话：0731-88876770	传真：0731-88710482
□印　　装	长沙雅鑫印务有限公司	

□开　　本	710 mm×1000 mm　1/16	□印张 17.5	□字数 249 千字
□版　　次	2021 年 6 月第 1 版　□2021 年 6 月第 1 次印刷
□书　　号	ISBN 978-7-5487-4386-6
□定　　价	72.00 元

代序

改革攻坚期的容错纠错机制建设

李军鹏

改革开放是当代中国最鲜明的特色，是我们党在新的历史时期最鲜明的旗帜。1978 年 12 月 18 日—22 日召开的党的十一届三中全会开启了我国改革开放的历史新征程。40 多年来，我国的国民经济和社会发展在改革开放的牵引下取得了光辉的历史性成就，我国国内生产总值位居世界第二位，人均国内生产总值达到 1 万美元，2020 年国内生产总值总量达到 100 万亿元人民币。

党的十九大做出了我国进入中国特色社会主义新时代的战略判断。进入中国特色社会主义新时代，我国的改革又到了一个新的历史关头，改革已经进入了攻坚期、"深水区"和"无人区"。党的十九届五中全会提出了我国到 2035 年基本实现社会主义现代化的远景目标，并对"十四五"时期我国经济社会发展做出了战略部署，提出要"坚定不移推进改革，坚定不移扩大开放，加强国家治理体系和治理能力现代化建设，破除制约高质量发展、高品质生活的体制机制障碍，强化有利于提高资源配置效率、有利于调动全社会积极性的重大改革开放举措，持续增强发展动力和活力"。

在整个基本实现社会主义现代化阶段，我国都将处于改革攻坚期，改革具有复杂性、系统性、集成性与多目标性。一是从改革进入"深水区""无人区"来看，改革具有复杂性。中国特色社会主义新时代，我国的改革是满足人民美好生活需要、克服发展不协调不均衡的改革，是决胜全面建成小康社会、开启基本实现现代化新征程的改革，是涉及经济体制改革、政治体制与行政体制改革、文化体制改革、社会治理体制改革、公共服务体制改革、生态管理体制改革、安全管理体制改革的全方位的改革，是深入要素市场化、产权保护、自主创新、营商环境建设等深层次问题的改革，是刀刃向内、触及灵魂、触动利益奶酪的改革，是前无古人、突入创新开拓的"深水区""无人区"的改革，新时代改革具有的探索性、前沿性和复杂性前所未有。二是从全面深化改革的内容与覆盖面来看，改革具有系统性。习近平总书记指出："全面深化改革，全面者，就是要统筹推进各领域改革"，"这项工程极为宏大，零敲碎打调整不行，碎片化修补也不行，必须是全面的系统的改革和改进，是各领域改革和改进的联动和集成"。三是从改革涉及的重要领域和关键环节来看，改革具有集成性。新时代的改革系统集成的特征日益突出，改革日益深入国资国企改革、民营经济发展、商事制度改革、社会信用体系建设、人才体制改革、城市管理精细化、民生保障体系建设等重要领域和关键环节，改革具有集成性、关键性和综合性。四是从改革面临的复杂环境来看，改革具有多目标性。在中国特色社会主义新时代，改革越往前推进，面临的环境和形势越复杂，"两难""多难"现象不断增多。例如，深化财税金融体制改革需要减税降费、降低税收占企业所得的总比重，但减轻税费在短期内又会导致政府财政收入减少，从而导致民生保障经费缺乏充足保障。因而，改革具有两难性、多难性和多目标性。

基于改革攻坚期集成改革的复杂性、系统性、集成性与多目标性，迫切需要完善改革试验示范机制与容错纠错机制。

我国的改革之所以能够避免俄罗斯"休克疗法"的类似失误，取得了许多举世瞩目的伟大成就，其中一个重要的经验，就是推进渐进式的改革，通过改革试验示范机制不断探索和积累改革的经验，然后推进全局性的、整体性的、突破性的改革，使社会主义市场经济体制得以成功建立、社会生产力发展的体制机制障碍得以不断根除。我国的改革试验示范机制主要包括如下内容：一是尊重群众和基层首创精神。群众中蕴藏着极大的积极性和创造精神，有很多经验和办法。改革开放中许许多多的东西，都是群众的发明创造，是由群众在实践中提出来的。邓小平指出："改革开放中许许多多的东西，都是群众在实践中提出来的"，"绝不是一个人脑筋就可以钻出什么新东西来"，"这是群众的智慧，集体的智慧"。例如，《海南自由贸易港博鳌乐城国际医疗旅游先行区制度集成创新改革方案》(2020年9月1日颁布)就对标国际先进标准，提出了一些具有"首创"意义的改革措施，在全面推行"极简审批"改革、特许药械贸易自由便利、投资自由便利、跨境资金流动便利和加强风险防范等方面推进制度集成创新改革，试行工程项目建设"零审批"制度。二是试点先行，形成可复制推广的经验。改革开放初期，我们采取了先试验试点、后总结提升、再复制推广的方法，从实践中不断获得关于改革规律的真知灼见。我国在全面深化改革开放过程中，在上海自由贸易区及其他自贸区、海南自由贸易港、深圳中国特色社会主义先行示范区进行了并正在进行着一系列创新探索与实践。我们要及时总结自贸区、自贸港、先行示范区建设中的好经验好做法，包括"放管服"改革的好经验好做法、营造国际化法治化便利化营商环境的好经验好做法、建设高质量发展高地与法治政府示范的好经验好做法、建成民生幸福标杆的好经验好做法，并将这些好经验好做法及时上升到制度层面加以推广。三是坚持引领示范，给予改革充分的探索空间。我国在改革的过程中，坚持问题导向、目标导向、结果导向，找准改革亟待解决的突出问题和重要问题，明确改革的目标与主要任务，从而给予改革充分的探索空间，使改革者能在遵循宪法和法律、行政法规基本原则的前提下，立足改革创新的实践需要，根据有权部门的相关授权开展相关试点试验和示范。四是坚持底线思维，有效防范和控制改革风险。在改革的过程中，注重分析社会的承受度和改革方案的风险评估，建立健全重大风险识别及系统性风险防范制度体系，实行改革风险分类分级管控机制，提前进行风险预判和风险评估，科学确定改革的过程、先后时序、节奏力度和方法步骤。五是强化法治保障，使改革既于法有据又推动法治进步。在推进集成改革的过程中，注重建立健全与改革示范试点相配套的法律法规、政策调整机制，全面统筹集成改革试点涉及的法律法规事项，加快相关立法工作步伐，对集成改革中行之有效的改革举措尽快纳入立法议程。

容错纠错机制是改革攻坚期推进集成改革的重要保障。容错纠错制度不完善，会严重影响改革者的积极性和干事创业的热情。例如，有一些领导怕犯错后的各种不良舆论影响，担心在当前社会媒体舆论环境较为开放的条件下，犯错会因为舆论传播放大效应而影响群众情绪；有的干部对敢于担当的干部存在偏见，采取不支持、不鼓励的观望心态；一些领导对干部特别是年轻干部求全责备，不允许失败，不允许出错；一些领导对创新、实干的干部缺少应有的关心；等等。这些情况如果长期持续下去，容易形成不担当不作为的局面，成为进一步推进全面深化改革的"中梗阻"，迟滞甚至破坏全面深化改革的推进。

容错纠错机制主要包括改革试错机制与"试错权"、容错减责机制、责任豁免程序机制、澄清机制、纠错总结机制等内容。完善容错纠错机制，必须从如下方面着力建设：一是要在完善改革试点示范机制的同时给予干部一定的"试错权"。改革试点示范机制是推进集成改革的重要方法，改革试点示范在一定程度上说就是一种"试错机制"，这也是在"深水区""无人区"进行改革探索的必然要求。这就要求我们建立健全容错机制，给予干部一定的"试错权"，允许干部"犯错"，但不允许不改革。容错的意义就在于给干部一定的推进改革创新的自由发挥空间，通过确定相关的容错边界使干部在相应边界可以卸下思想包袱、直面矛盾问题、勇于担当作为。当然，干部的"试错"必须建立在充分认真的调研和科学民主的决策基础上，要避免盲目探索、故意打"擦边球"、盲目决策而导致的大概率失误。二是要明确容错减责的界限与范围。要"把干部在推进改革中因缺乏经验、先行先试出现的失误和错误，同明知故犯的违纪违法行为区分开来；把上级尚无明确限制的探索性试验中的失误和错误，同上级明令禁止后依然我行我素的违纪违法行为区分开来；把为推动发展的无意过失，同为谋取私利的违纪违法行为区分开来"，对于勇于担当作为、勇于开拓创新、推进"放管服"改革过程中出现的先行先试、探索性试验中的失误和错误采取容错态度，该容的坚决容。同时，也要对明知故犯、屡禁不止、谋取私利的违纪违法行为进行坚决查处，避免把容错变纵容、减责变庇护。三是要完善责任豁免程序。对于可以予以容错的情况，要完善责任豁免的相关程序。出台相关的容错规定，明确规定申请、受理、启动、调查核查、认定、决定、申诉和备案的程序，对于认定为容错的干部免予问责或减轻责任。四是要建立干部失实检举控告澄清机制。各级纪检监察机关在调查检举控告工作中，不能被舆论绑架，要实事求是得出调查结论。如果查清属于诬告的，对想干事、能干事的被诬告的干部，要及时通过适当的方式予以澄清和正名、消除负面影响，从而敢于为担当者担当、为负责者负责。对于造谣诽谤诬告他人的干部，要给予严肃的处理并进行通报。五是要完善纠错总结机制。对于容错之后的干部，应该及时总结分析错误失误产生的原因，及时采取有效措施纠正失误，避免失误扩大化；同时，要对错误全面评估，在错误失误中积累经验、总结经验，不断降低改革总体的失误成本。

序

国家级新区是引领和推动经济社会发展的新型区域治理单元，是国家治理体系的重要组成部分。当前，中国正处于改革开放和发展转型新的历史时期，许多重大理论和实践问题亟待有效破解。国家级新区作为"高质量发展引领区"、"区域重要增长极"和"改革开放的新高点"，如何立足新发展阶段，贯彻新发展理念，构建新发展格局，在国家治理现代化进程中发挥先行者和示范标杆作用，为更大范围内的改革创新，特别是在激励干部担当作为、提升治理效能方面探索和积累经验，需要进行深入系统的研究和具有前瞻性的思考。"国家级新区容错纠错机制研究丛书"的出版，为我国理论界与实务界深化国家治理现代化背景下的容错纠错机制研究拓展了新视野、开辟了新领域，是凝聚各方智慧的一套学术力作。为此，"国家级新区容错纠错机制研究丛书"的如期付梓值得热烈祝贺！

这套丛书的出版有着鲜明的时代特征，是贯彻落实习近平总书记"三个区分开来"指导思想和中央相关文件精神要义的学术探索的重要体现。习近平总书记在 2016 年省部级主要干部学习贯彻党的十八届五中全会精神专题研讨班上的讲话中明确指出，"要把干部在推进改革中因缺乏经验、先行先试出现的失误和错误，同明知故犯的违纪违法行为区分开来；把上级尚无明确限制的探索性试验中的失误和错误，同上级明令禁止后依然我行我素的违纪违法行为区分开来；把为推动发展的无意过失，同为谋取私利的违纪违法行为区分开来"。在这一重要精神指引下，容错纠错机制建设得以全面推进。随着容错纠错政策在全国各地逐步得到贯彻执行，容错纠错机制本身经历了从制度性探索到实质性执行的重要转变；与此同时，国内各界对容错纠错机制的认识与实践亦经历了重大变化。容错，即包容干部在工作中尤其是改革创新中的失误错误。纠错，即对苗头性、倾向性问题早发现早纠正，对失误错误及时采取补救措施，帮助干部吸取教训、改进提高，让他们放下包袱、轻装上阵。容错纠错机制强调"严管与厚爱结合""激励和约束并重"，其目的是为敢于担当的干部撑腰鼓劲，激发广大干部改革创新、干事创业的热情。在实现"两个一百年"奋斗目标的历史交汇期，包括容错纠错在内的治理机制建设是夺取新时代中国特色社会主义伟大胜利、实现中华民族伟大复兴的中国梦的重要支撑力量。从这个角度讲，率先开展容错纠错机制的实践研究，也体现了本套丛书作者独到的学术眼光和积极的学术担当。

国家级新区是由国务院批准设立的国家级综合功能区，主要承担着国家重大发展和改革的战略任务。作为国家改革创新的前沿阵地，国家级新区在面对没有先例的新情况、新问题时，更需要大胆探索，用好自主改革权和"先行先试"优势，鼓励干部积极作为、敢闯敢干，为干部营造干事创业的良好氛围。此外，国家级新区在推进自身快速发展的同时也起着为其他地区提供示范引领的作用。本套丛书即在对不同国家级新区间容错纠错机制横向和纵向比较基础上，立足湖南湘江新区，系统分析容错纠错机制建设中的体制程序性障碍、急难险重任务、突发事件应对、历史遗留问题处置、容缺受理等一系列重点难点问题，是研究国家级新区容错纠错机制建设的系统性、创新性研究成果，体现了较高的学术水平和研究能力。

这套丛书聚焦湖南湘江新区的改革经验，为更大范围的国家治理改革创新积累了宝贵经验。湖南湘江新区作为中部地区首个国家级新区，不仅是中部地区经济建设和社会发展的鲜明旗帜，而且是检验改革开放成效、引领新时代高质量发展的"试验田"。湖南湘江新区在推动中部地区崛起和长江经济带发展中发挥着重要作用，其对容错纠错机制的理论探索和实践创新也为我国其他国家级新区创新机制建设提供了可复制、可推广、具有针对性的实践经验，为容错纠错机制建设及相关领域研究提供了重要参照和有益借鉴，彰显了在服务国家发展大局中勇于担当、敢于创新的新区建设精神风貌。

中国共产党的容错纠错机制建设有着丰富的历史内涵，历经了从计划经济体制束缚到经济特区的创新性探索，从经济特区到国家级新区的历史性转变，实现了"团结—批评—团结""支持创新、宽容失误""建立容错纠错机制"的重要理论变革。进入 21 世纪以来，国家级新区承担着国家改革开放和经济社会发展转型的重大战略任务，是国家战略目标实施的重要平台；这一平台的搭建离不开一个勤政、廉洁、务实、高效以及充满创新活力的干部队伍。面对新时代的经济发展和社会政治形势，干部队伍建设面临着前所未有的机遇和挑战。如何最大限度地调动和激发干部队伍的积极性、主动性、创造性，保护和支持改革创新，在破解容错纠错的实践难题中锻炼并发展，是党和国家探索具有中国特色宽严相济的新型干部管理体制的必由之路，对实现国家治理体系和治理能力的增量改革具有重要意义。

"国家级新区容错纠错机制研究丛书"的山版，为加强和深化学术领域容错纠错机制的研究做出了重要贡献，是国内目前全面系统研究容错纠错机制的高质量研究成果。这套丛书分 4 册展示了国家级新区容错纠错机制建设的路径图景：《国家级新区容错纠错机制发展报告》以 19 个国家级新区的容错纠错制度文本和政策实践为研究对象，对当前国家级新区容错纠错机制的理论基础、政策现状、现实案例进行了系统性比较研究；《国家级新区容错纠错案例分析报告》从 7 个领域的典型案例入手，通过案例分析的形式呈现国家级新区容错纠错的工作实况，准确把握和总结了容错纠错机制建设的内在运行规律；《湖南湘江新区容错纠错机制建设：理论探索与实践创新》着重介绍了湖南湘江新区容错纠错机制建设的理论与实践，通过描述湖南湘江新区容错纠错案例，进行了有意义的经验总结；《国家级新区容错纠错机制建设研究论文集》收录了第五届全国"风险与治理"高端论坛暨第四届"地方政府与区域治理"研讨中"国家级新区容错纠错机制建设分论坛"与会专家学者的优秀论文。这套丛书的一个突出特点，就是从实践丰富的"第一手资料"提炼出具有明确问题导向的"真知灼见"，这对于整体研究还较为薄弱的中国容错纠错理论与实践探索大有裨益。有鉴于此，特向所有关心中国发展与改革建设的读者们推荐该套丛书！

可以预见，随着我国容错纠错机制研究的不断深化，以及与国家治理创新发展路径相对应的各种配套性制度的逐步建立，真正激励各级干部实干担当、奋发有为的国家治理体系和治理能力建设将取得新的丰硕成果。这必将助力国家级新区获得更高质量、更大效益的发展，有效激发广大干部的强大动力和活力，不断开创社会主义现代化建设新局面！

是为序，与理论界和实践界各位同仁共勉。

贠 杰

2021 年 1 月 6 日于北京

目录

第一章　绪　论

　　成立国家级新区是国家推进区域经济社会一体化发展，优化国土空间开发格局的重要战略实践。湖南湘江新区(简称湘江新区或新区)作为中部地区首个国家级新区，不仅是中部地区经济建设和社会发展的鲜明旗帜，更是打造和引领新时代改革开放的试验田。建设高起点、高标准和高质量的湖南湘江新区，是湖南省委、省政府贯彻落实习近平总书记考察湖南时的重要讲话精神，打造"一带一路"核心增长极的重大举措，也是推动湖南深度融入"一带一路"和"长江经济带"等国家战略的重要平台，饱含着党中央、国务院对湖南的高度重视和殷切期盼。

　　当前湖南湘江新区正处于全面提升新区经济整体质量和竞争力的关键时期，经济增长速度趋缓。湖南湘江新区努力加快搭建结构合理、方式优化、区域协调和城乡一体的发展新格局，着力打造国家先进制造业和高新科技产业的内陆高地。因此，培育经济新动能、塑造产业新优势，打造一支高效、廉洁、务实、创新的干部队伍，是湖南湘江新区发展转型升级所面临的紧迫任务。面临新时代发展的要求，湖南湘江新区党工委、管委会不断创新、与时俱进，牢牢把握新时代国家级新区经济和社会发展的新趋势，积极探索建立国家级新区容错纠错机制，激励新区全体干部勇于创新创业、敢于担当实干。

湖南湘江新区对容错纠错机制的理论探索是以习近平新时代中国特色社会主义思想为指导，全面贯彻落实党的十九大精神和习近平总书记考察湖南重要讲话指示精神的理论探索，也是实施"三高四新"战略，培育新动能、激发新活力、塑造新优势的路径探索，更是湖南湘江新区勇于走在改革开放的时代前列，彰显新区先行先试和攻坚克难的创新精神的体现。湖南湘江新区始终坚持"三区一高地"发展战略定位，将容错纠错创新机制作为新区干事创业的激励机制和保障机制，全力打造一支担当敬业、干事创新的干部队伍，助力新区更高质量、更高效益的发展，在引领全省构建新发展格局中展现新作为，在推动中部地区崛起和长江经济带发展中彰显新担当，在服务国家和时代发展大局中彰显新区担当、贡献新区力量，奋力谱写新时代坚持和发展中国特色社会主义的湖南新篇章。湖南湘江新区容错纠错机制的理论探索和实践创新将为其他国家级新区的机制建设创新提供可复制、可推广的可行性经验。

第一节　湖南湘江新区基本概况

湖南湘江新区位于湖南省长沙市湘江以西，其核心区域面积约 490 平方公里，覆盖长沙高新技术产业开发区、宁乡经济技术开发区和望城经济技术开发区等 3 个国家级园区和宁乡高新区、岳麓高新区等 2 个省级园区。总体规划范围涵盖长沙市岳麓区全境、长沙高新区全境（含代管的岳麓区麓谷街道、望城区雷锋街道）、望城区 8 个街镇、宁乡市 5 个街镇，总面积约 1200 平方公里。2019 年末常住人口总量已达到 146.02 万人。

湖南湘江新区的前身为长沙大河西先导区（2008 年成立），2015 年 4 月 8 日经国务院正式批复同意设立，成为全国第 12 个、中部地区首个国家级新区。设立和建设湖南湘江新区，是打造"一带一部"核心增长极的重大举措，也是推动湖南省在更高起点上融入"一带一路"和长江经济带等国家战略的重要平台，因此，湘江新区的战略地位尤为突出。湘江新区围绕"三区

"一高地"的战略定位,逐步建设成为高端制造研发转化基地和创新创意产业聚集区,产城融合、城乡一体的新型城镇化示范区,全国"两型"社会建设引领区,长江经济带内陆开放高地。

一、经济发展概况

促进经济快速发展和引领带动区域一体化可持续发展,是设立湖南湘江新区的首要目标。2008年以来,湖南湘江新区的经济发展经历了探索试验、改革发展和开拓创新三个阶段。在全体干部的共同努力下,湘江新区的经济发展水平和综合经济实力显著提升。

(一)探索试验阶段:积极探索,先行先试(2008—2014年)

2007年12月14日,国家发展改革委批准长沙、株洲、湘潭城市群为全国资源节约型和环境友好型社会建设综合配套改革试验区[①]。2008年1月,长沙市决定在河西的大片区域建设"两型社会"综合配套改革试验区的先导区。从2008年到2014年,大河西先导区6年间共投资5700多亿元,建设道路交通、市政配套、公共服务、生态环境、产业投资等项目1700多个,新增城市建成区面积50平方公里,构筑了"一江两岸、东提西拓"的长沙城市新格局;探索实施了环境保护、土地管理、行政审批等重点领域的改革路径,成为全国生态文明建设试点区;产业聚集效应明显,引进建设高端现代服务业项目50多个、创新型企业3000多家,2014年实现地区生产总值2154.05亿元,占全市的27.53%、全省的8.04%,成为名副其实的湖南省乃至整个中部地区经济新增长极。据长沙市历年统计年鉴的数据显示,大河西先导区地区生产总值从2009年的911亿元增加到2014年的2157亿元,约占全省GDP的1/10(见附录一)。

---

① 《国家发展改革委关于批准武汉城市圈和长株潭城市群为全国资源节约型和环境友好型社会建设综合配套改革试验区的通知》(发改经体〔2007〕3428号)。

(二)改革发展阶段：改革开放，高速发展(2015—2019年)

2015年4月8日，湖南湘江新区获得国务院正式批复。作为我国中部地区首个国家级新区，建设好湖南湘江新区，对于促进中部地区崛起、推进长江经济带建设、加快内陆地区改革开放具有探索性和示范性的重大实践意义。湖南湘江新区自成立以来，始终坚持"三区一高地"战略定位，坚持改革示范、创新发展，产业支撑、协调发展，生态优先、绿色发展，品质提升、共享发展，区域联动、开放发展，规划引领、科学开发的五项基本原则。与此同时，湖南湘江新区牢牢把握稳中求进总基调，按照"一体两翼三个走在前列"的总体思路，坚持新的发展理念。在2015年至2019年期间，湖南湘江新区经济发展一直保持总体平稳、稳中有进、稳中向好的可持续发展态势，经济结构调整不断推进，发展质量不断提高，已取得了显著的经济发展成果。2015—2019年主要经济指标均高出全省、全市平均发展速度(见附录一)。

(三)开拓创新阶段：突破瓶颈，开拓创新(2020年至今)

2020年，湖南湘江新区常住人口总量约为160.9万人，年均增长为5.01%，常住人口城镇化率86.88%。2025年，预计常住人口将达到202.6万人，年均增长4.72%，常住人口城镇化率89.14%。按照湖南湘江新区"三年出形象，五年成规模，十年树标杆"的发展要求和目标规划，新区设立前三年，整体经济实力显著增强，年均生产总值增长速度达到了11%左右，其他经济发展指标也得到了稳步发展(见附录一)。但从外部整体环境来看，全球经济依然在低增速通道运行，不稳定、不确定因素持续增加。中国经济由高速正迈向中高速发展阶段，国内周期性问题与结构性矛盾叠加，新型冠状病毒肺炎疫情在全球的大爆发对全球经济造成冲击，湘江新区经济的健康可持续发展面临着前所未有的严峻挑战。从新区内部环境来看，湖南湘江新区经济增长已进入"换挡期"，由前期的高增长区间转变为次高增长区间,GDP增速由2015年的11.5%逐步回落到2019年的9.1%。此外,随着工业化和城市化不断地推进,资源环境对产业发展空间和规模的制约越发明显,加之投资增长的后劲不足,后期经济将面临较大的下行压力。所以面对复杂多变的内外部严峻形势,处在新发展阶段的湖南湘江新区亟须进行制度探索,努力突破瓶颈,积极调整创新以适应新时代高质量发展的要求。

二、行政管理体制

国家级新区的行政管理体制直接关系到行政效率及效能,决定着新区的发展方向和发展效益。湖南湘江新区通过不断加强新区的体制机制建设,完善组织架构和管理制度,积极推动新区经济社会健康运行。

(一)体制机制

自2015年正式成立以来,湖南湘江新区积极探索体制机制和管理模式的创新,落实国家"十三五"规划和国家级新区体制机制创新工作的重点任务[①]。相比其他国家级新区,湖南湘江新区的体制机制有其自身的特点,既不同于传统的某一层级政府,也不同于早期建立的国家级新区。根据国家文件精神[②]以及"精简、统一、效能"的原则,湖南省委、省政府负责管理湖南湘江新区发展规划、区划调整、重大产业项目布局和厅级领导干部任免以及涉及省级事权的其他重大事项,长沙市委、市政府负责湖南湘江新区日常运行和管理。具体而言,在管理体制上,湖南湘江新区属于"党工委管委会型",即湖南湘江新区党工委、管委会分别是湖南省委、省政府的派出机构,是厅级单位。根据省委、省政府和市委、市政府的授权,它代表上级政府行使区内开发建设管理权限,负责新区规划实施、经济发展、项目建

---

① 《2017年国家级新区体制机制创新工作要点》(发改地区〔2017〕583号)。
② 《国务院关于同意设立湖南湘江新区的批复》(国函〔2015〕66号)。

设、土地管理等经济职能，而辖区内的社会管理事务则主要由所在行政区负责。

(二)组织机构

湖南湘江新区管委会的组织机构设置具有一定的独特性，与一般政府组织机构设置存在差异。湖南湘江新区以经济功能区进行定位，实行大部制扁平化管理，整合归并内设机构，合理配置内设机构职能。具体而言，湖南湘江新区的内设组织工作机构包括"一部五局一委两中心"。"一部"即党政综合部，"五局"分别是经济发展局(安全生产监督管理局)、财政局(金融办)、国土规划局、住建环保局和产业促进局，"一委"即纪工委(监察室)，"两中心"即土地储备中心和政务服务中心，各个部门机构都有其各自的职能职责。此外，湘江新区以"政府为主导、市场化运作、专业化经营"为发展原则，以立足新区、服务新区和发展新区为目标，积极探索"开发公司+新区管委会"管理模式。湖南湘江新区管委会将国有资本作为关系纽带，成立了四家国有平台公司，分别为长沙先导投资控股有限公司、湖南湘江新区发展集团有限公司、湖南湘江新区国有资本投资有限公司、湖南湘江智能科技创新中心有限公司。湖南湘江新区"一部五局一委两中心"的组织架构和"开发公司+新区管委会"的市场化管理模式，精简了机构规模和人员数量，提高了行政效率，调动了新区各利益主体参与新区开发建设的竞争性和主动性，但同时也在一定程度上强化了新区干部的职责，增加了其干事创业的风险。

(三)管理制度

湖南湘江新区在成立之初就积极探索国家级新区的管理制度建设，已经初步建立了较为完备的管理制度体系。当前湖南湘江新区的管理制度体系主要由人事管理制度、政务管理制度和财政管理制度等构成。

首先，在人事管理制度上，湖南湘江新区针对新区干部的教育培训、考核奖励制定了相关细则。为了进一步加强干部教育培训工作规范化管理，根据《中华人民共和国公务员法》和《干部教育培训工作条例》规定，结合新区实际，制定了《湖南湘江新区干部教育培训管理细则》；为扶持创新创业奖励人才，湖南湘江新区制定了《湖南湘江新区创新创业人才奖励扶持办法（试行）》（湘新发〔2016〕22号）。湖南湘江新区为大力推进"一体两翼三个走在前列"决策部署，推动新区高质量发展，充分发挥绩效考核指挥棒作用，建立健全干事导向的考核机制，制定绩效考核办法，并成立湖南湘江新区考核工作领导小组，下设在党政综合部办公室，与组织人事处合署办公，负责绩效考核日常工作。

其次，在政务管理制度上，湖南湘江新区为强化政务管理，提高行政效率，制定了一系列的实施细则。为贯彻落实《2017年湖南省政务公开工作要点》（湘政办函〔2017〕44号），根据《长沙市人民政府办公厅关于落实2017年湖南省政务公开工作任务的通知》（长政办函〔2017〕100号）要求，制定了《湖南湘江新区政务服务中心政务公开实施方案》《湖南湘江新区政府投资信息化建设项目管理暂行办法》和《湖南湘江新区建设单位信用信息管理办法》，主动加强信息公开力度，加大重点领域信息公开，完善信息公开制度和工作保障措施。

最后，在财政管理制度上，湖南湘江新区也进行了初步探索。为加强对新区产业发展基金管理，制定了《湖南湘江新区产业发展基金管理办法》；为加强和规范湖南湘江新区管委会财政专项资金管理，提高财政专项资金使用效益，制定了《湖南湘江新区管理委员会财政专项资金管理办法》《湖南湘江新区管理委员会产业发展扶持专项资金管理办法》和《湖南湘江新区政府投资项目专项资金管理办法》，有效发挥财政专项资金的激励和导向作用。与此同时，湖南湘江新区积极对年度政府财政支出情况进行绩效评价，以期提升政府财政支出的整体效益。

三、战略定位和未来发展

湖南湘江新区发展基础良好、战略地位突出，在引领推动全国改革开放、带动区域经济发展等方面发挥着重要的作用，对深入实施国家区域发展总体战略具有重大示范效应。

(一) 战略定位

湖南湘江新区的战略定位："三区一高地"，即高端制造研发转化基地和创新创意产业集聚区，产城融合、城乡一体的新型城镇化示范区，全国"两型"社会建设引领区，长江经济带内陆开放高地。

1. 打造高端制造研发转化基地和创新创意产业集聚区

充分发挥新区内国家级技术创新平台和国家级园区的科技资源优势，以体制机制创新为突破口，发挥市场在资源配置中的决定性作用和企业的市场主体作用，提升综合效能，推进创新创意和资本紧密结合，推动产业承接发展和转型升级，促进科技创新成果加速转化，形成重要的战略性新兴产业基地和创新创意发展新高地。

2. 建设产城融合、城乡一体的新型城镇化示范区

坚持以人为本，率先开展农业转移人口市民化、城镇化投融资机制、农村宅基地制度、集体经营性建设用地管理、农业设施用地管理等方面的改革探索，促进城市新区与工业园区融合发展，打造宜居宜业、功能完善、产城融合、活力充沛、生态宜居的现代化智慧新城，为国家推进新型城镇化建设探索路径、提供示范，按高标准把湖南湘江新区打造成为国家新型城镇化综合试点示范区。

3. 建立全国"两型"社会建设引领区

牢固树立"尊重自然、顺应自然、保护自然""发展和保护相统一"和"绿水青山就是金山银山"的理念，深入推进"两型"社会建设综合配套改革，把生态文明融入新区改革发展建设的全过程和各方面，健全生态文明

制度体系、优化空间开发格局、发展绿色产业、推广绿色建设、倡导绿色生活、弘扬生态文化，促进资源节约利用和环境质量持续优化，实现生态文明建设与经济社会发展良性互动、人与自然和谐相处，在绿色发展、循环发展、低碳发展方面发挥示范引领作用。

4. 搭建长江经济带内陆开放高地

抢抓国家"一带一路"和长江经济带建设的战略机遇，充分发挥区位优势，加强区内港口与沿江各大港口的有机联动，加快与周边地区基础设施互联互通，构建区域大通关体系，打造通江达海、对接国内外的综合性开放平台。

(二) 未来发展

未来发展的空间布局：建立"两走廊、五基地"的新格局。两走廊，即湘江西岸现代服务业走廊和 319 国道战略性新兴产业走廊。五基地，即自主创新引领基地、先进制造业发展基地、总部经济集聚基地、生态旅游休闲基地、现代都市农业示范基地。

未来发展的战略方向：湖南湘江新区将始终坚持发展为第一要务，坚持以提高经济发展质量和效益为中心；突出新型工业化和新型城镇化融合发展重大主题，做大经济总量、提升发展质量、提高人均均量，加快打造区域发展新增长极、转型发展新引擎、内陆开放新高地、创新创业新平台和宜居宜业新家园，努力打造引领新常态、践行新理念的先行区和示范区，着力建设全面建成小康社会、建设富饶美丽幸福新湖南的重要引擎，展示国家级新区创新活力和奋进风采，争当国家级新区建设的排头兵，在带动湖南省经济社会发展、促进中部地区崛起和长江经济带建设中发挥更大作用。

第二节　湖南湘江新区干部队伍建设的现实挑战和时代机遇

　　湖南湘江新区作为长江经济带的重要支点，是内陆地区改革开放的新高地，更是国家级的改革创新试验田。湖南湘江新区被国家赋予了改革、创新和发展的历史使命，这既是党中央交给湖南的战略任务，也是湖南自身发展的重大机遇。湖南湘江新区作为承担国家重大发展和改革开放战略任务的综合功能区，是国家战略实施的重要平台，这一平台的搭建离不开一支勤政、廉洁、务实、高效，以及充满创新活力的干部队伍。面对新时代的经济发展和社会政治形势，湖南湘江新区的干部队伍建设面临着前所未有的机遇和挑战。如何适应新时代新区经济发展的变化和要求，培养造就高素质的湖南湘江新区干部队伍，激励干部在新时代有新作为新担当，成为湖南湘江新区改革发展的一项重要议题。

一、现实挑战

　　随着湖南湘江新区发展的不断深入，新区对全体干部的政治素质和专业能力提出了更高的要求。在客观环境影响下，自湖南湘江新区成立以来，经济社会发展突飞猛进，诱发腐败、懒政和怠政的因素逐渐变得多元化和复杂化，这十分不利于湖南湘江新区经济社会健康、协调和可持续发展。有鉴于此，如何持续保障新区干部队伍的高效廉洁、全身心地服务新区发展，是当前湖南湘江新区所面临的重大挑战。

　　在现实发展建设中，湘江新区现阶段发展正面临着巨大的下行压力，投资增长后劲不足，产业发展面临转型升级，经济结构亟待调整，整体发展质量都急需进一步提升。外部环境的不稳定性和市场竞争的激烈性，以及工业化和城市化的推进，导致资源环境对新区经济发展的制约愈发明显。所以，正处于发展转型、动能转换关键期的湖南湘江新区，必须牢牢把握新区的发展脉络和未来趋势，全力突破新区局限，顺应时代的发展要求，充分做好迎接挑战的准备。

二、时代机遇

人是经济和社会发展的第一资源。湖南湘江新区干部队伍作为新区改革创新和干事创业的主力军，是新区经济和社会发展的骨干力量，是新区治理体系和治理能力现代化建设的主体。湖南湘江新区干部队伍的整体素质、能力状况和廉洁情况，是决定湖南湘江新区经济发展水平、质量、层次和活力的重要因素。在新的时代背景下，习近平总书记提出的"三个区分开来"，既鼓励创新、表扬先进，也允许试错、宽容失败，最大限度地调动和激发干部队伍的积极性、主动性、创造性，保护和支持改革创新。中央和湖南省政府审时度势，相继出台了《关于进一步激励广大干部新时代新担当新作为的意见》(中办发〔2018〕29号)和《湖南省人民政府办公厅关于支持湖南湘江新区深化改革创新加快推动高质量发展的实施意见》(湘政办发〔2020〕39号)，从制度设计和机制保障上调动各级领导干部干事创业的热情。因此，湖南湘江新区要紧紧抓住时代发展的机遇，利用国家和省级层面的鼓励政策优势，积极探索容错纠错机制创新建设方案，为担当实干者保驾护航。

第三节 湖南湘江新区容错纠错机制建设的意义

作为重要的经济功能区，湖南湘江新区是引领湖南乃至中部地区高质量发展的重要引擎。湘江新区的高质量发展离不开广大干部的开拓进取。湖南湘江新区发展和探索容错纠错机制建设，是基于自身实际和客观环境的动态变化，为激励干部改革创新而采取的有效措施。探索建设国家级新区容错纠错机制，一方面有助于新区容错纠错工作走向科学化、可操作化和高效化，激励干部担当作为，为广大干部提供保障，营造良好的干事创业氛围，推动新区更高质量发展；另一方面，还可以推动政府管理创新和职能转变，促进新区现代化治理体系和治理能力建设。

一、建立健全容错纠错机制是全面深化改革的迫切需求

在我国全面深化改革进程中，推进建立健全容错纠错机制势在必行。改革是一个政治共同体或社会系统谋求发展的重要动力[①]，本质上是缺乏先行经验的全新探索。党的十一届三中全会以来的中国改革是"摸着石头过河"的崎岖发展之路，也是在不断试错的探索过程中艰难前进。历史和实践也相继证明，改革是中国经济和社会高速发展的关键一招。当前我国改革开放已经进入攻坚期和深水区，发展创新充满诸多曲折和险阻，诸多思想观念束缚与利益固化藩篱亟待突破。因此我们更加需要勇于创新、担当实干的干部奋进开拓，来为实现"两个一百年"奋斗目标和中华民族伟大复兴提供源源不断的内生动力。

湖南湘江新区是具有重要战略地位的国家级新区，在经济引领、地理战略、人才吸引等方面起着中部标杆的作用。作为经济功能区发展的湖南湘江新区，改革创新和经济发展是其安身立命的要义。面对国内经济增速趋缓以及全球关系日益复杂的形势，湖南湘江新区肩负着难度大、风险高的全面深化改革使命。湖南湘江新区要积极突破重重困局，成为改革创新的"先锋队"、转型升级的"排头兵"以及经济发展的"主战场"，离不开扎根于新区内部、致力于新区建设的广大普通干部。故此，湖南湘江新区需要加强顶层设计，创建良好的政治环境与运行机制，建立健全以激励干部担当作为为核心要义的容错纠错机制，宽容新区干部在改革创新过程中所犯下的"错误"，形成鼓励探索、包容失误的政治氛围，调动干部群体干事创业的积极性，为全面深化改革添薪续力。

---

① 陈朋. 容错机制发挥激励作用的影响因素分析[J]. 江淮论坛, 2019(04)：70-76.

二、建立健全容错纠错机制是激励干部担当作为的有效途径

党的十八大以来，常态化、纵深化的全面从严治党在优化党内政治生态、强化基层干部底线思维的同时，也滋生了基层普通干部群体的避责行为。干部犯错错点阈值降低，犯错成本增大，损失厌恶、后悔厌恶等心理使得干部内心厌恶、恐惧与排斥错误，进而谨小慎微，墨守成规，或掩盖错误或避免错误，其行为从追求利益最大化转向损失最小化，[1]这严重掣肘了国家治理体系与治理能力现代化的有效发展。党的十九大将国家治理体系与治理能力现代化作为全党的重大战略任务，而"制度化和规范化、民主化、法治、效率、协调是衡量治理体系现代化的五个维度，官员的素质影响国家治理能力"[2]，治官水平是国家治理体系和治理能力现代化的重要衡量标准。当前，在技术和效率加持的社会背景下，政府可用于决策的时间、空间被极度压缩，决策数量明显增多，伴随而来的决策不确定性风险显著增加，可预测性大大降低，导致治理风险呈指数级增长[3]。因此，建立健全容错纠错机制是公共行政系统应对宏观政治和社会环境变化的自我调适行为，其核心目的在于医治现有体制框架内的痼疾，为基层普通干部群体提供组织内部的关怀和保障。

干部群体在中国有着独特的角色定位，其行为选择与工作作风关乎国家发展与治理的质量。湖南湘江新区在改革创新发展过程中高度重视保护作风正派、敢作敢为、锐意进取的干部，最大限度地调动广大干部的积极性、主动性和创造性，以此激励干部更好地带领群众干事创业，全面推动新区更高质量发展。

首先，容错纠错机制为干部干事创业提供了坚实的心理基础，增强了

---

① 何丽君. 基层干部容错纠错的价值意义及其实践路径[J]. 治理研究, 2019, 35(04)：82-87.
② 俞可平. 推进国家治理体系和治理能力现代化[J]. 前线, 2014(01)：5-8, 13.
③ 史云贵, 薛喆. 县乡领导干部容错纠错机制的功能廓析与路径创新——一种基于IAD的分析框架[J]. 思想战线, 2020, 46(03)：63-71.

干部担当作为的安全感。基层普通干部群体的安全性高，其工作积极性、主动性和创造性便有了心理安全保障，干部在为政过程中可处于一种笃定确信、自信自为的干事状态，能够更加从容自信地发挥才力智力，为湖南湘江新区经济建设提供智力支持。一方面，容错纠错机制可以提前识别与预估干部改革创新的潜在风险，通过"风险备案"等有效措施加以防范，在事前审慎识别风险与错误，提高干部执行过程中的确定感，帮助其把握可容之错与不可容之错的区分线。另一方面，容错纠错机制提升了干部的弹性执行空间。治理风险的高发性与治理任务的繁重性迫使干部谨小慎微，将行为拘泥于安全地带，限制了其开拓创新的动力。而容错纠错机制给予了干部具有弹性的自主决断权，使干部可以依据实际情况作出决断，解除了后顾之忧。

其次，容错纠错机制为干部干事创业提供了积极的裁决标准，增强了干部勤政作为的公平感。公平感是人类文明和现代社会发展的高层次需求，也是政治共同体保持稳固的基石。在公共行政系统内，缺乏公平的组织行为容易挫伤组织成员的归属感与行动积极性。建立健全容错纠错机制，一方面可以通过调整代价与回报的不对等程度，鼓励干部勤政作为，保持成本与收益的平衡性；另一方面，容错纠错机制公允评价程序与结果、有意与无意、错误与罪责等内容，对干部的错误进行多维度的综合评价，力求达到主客观的辩证统一，使裁决结果趋近合法合理，保证错与责的一致性。

最后，容错纠错机制为干部干事创业提供了合理的激励措施，增强了干部开拓奋进的荣誉感。容错纠错机制为担当者担当、为负责者负责，积极消除干部错误行为所带来的风险后果，避免改革探索中无意犯下错误对干部绩效考核、薪酬以及晋升等方面的负面影响，避免改革中的"领头羊"成为"替罪羊"。因此，容错纠错机制极大地提高了干部工作和奉献的荣誉感，保护了普通干部群体干事创业的积极性、主动性和自觉性，使干部群体敢于在"无人区"领航，在艰险处破题，在困难处攻坚。

三、建立健全容错纠错机制是实现权责一致、错责相当的重要保障

责任是一种新型的政府形象，是现代法治政府的基本特征。政府责任的含义是指在政府管理过程中，必须积极采取行为措施回应社会公众的合理需求，自觉对人民负责、接受人民的监督，行为违法或行为不当都需要承担与其过错相应的责任。因此，强化责任意识，提高履职能力，是依法行政建设法治政府的重要内容，也是推进国家治理体系和治理能力现代化的关键节点和必要路径①。在建设新型责任政府与法治政府的过程中，权责一致与错责相当既是建设责任政府的基本指导原则，也是法治政府的本质特征。权责一致意味着有权必有责、有责必担当、权责相统一，法律赋予公职人员的权力必须与其承担的责任相匹配，避免有权无责、有责无权、权责交叉、权责错位；错责相当意味着公职人员承担的责任必须与其所犯错误相平衡，避免过度担责、违法减责或免责。

新型责任政府建设致力于在顶层设计与基层执行上构建一套顺畅完备、层次清晰的行政问责体系。自党的十八大以来，我国便着力推进从严治党，在制度上优化问责体系，提升问责强度。但是，问责强度的提升打破了既定的权责平衡，强化了权责关系中的责任，这使部分干部主观上害怕过度被追责问责，而通过少作为、不作为、策略性执行等方式规避自身责任。同时，又基于避责行为进行问责，便容易形成恶性的问责"怪圈"，造成行政问责制的激励功效难以发挥实际作用。目前通过建立健全容错纠错机制，将宽容理念嵌入行政问责制当中，成为行政问责制中的重要补充，将行政问责制中权责一致与错责相当的价值理念落到实处，对公职人员所犯错误及其责任进行规范，形成一种"严查与厚爱"并重的责任机制，避免公职人员承担与其过错不相匹配的责任。

容错纠错的本质在于，一方面坚持对干部失职行为进行责任追究，另

---

① 赵迎辉.新时代干部容错纠错机制的建构及完善[J].山东社会科学，2020(01)：170-174.

一方面允许干部在改革过程中存在错误，鼓励干部敢于承认错误、积极纠正错误。因而问责与容错纠错是辩证统一的逻辑关系，二者之间相互支撑、相互耦合，既充满弹性又存在内在推力，共同推动公共权力的规范运行。问责体系的系统化与问责强度的提升在一定程度上引导了不合理的干部激励模式，造成正激励与负激励之间的失衡。在不合理的激励制度下，干部的政治行为在科层制下更能体现出"趋利避害"的特征。干部避责所构成的"有组织的不负责任"从行为上降低了治理能力，从制度上打破了组织合作的进程，进而对地方治理造成负面冲击，即实际上是政策执行效度的弱化与实际治理效能之间的流转过程出现了梗阻。而容错纠错机制的嵌入，本质上是在高度负激励化的行政问责制中寻求正激励的导向，保障正激励与负激励之间的平衡，最终有效落实权责一致与错责相当，推进新型责任政府与法治政府的建设。

第二章　容错纠错的相关理论

马克思主义哲学认为，实践与理论是不可分割、相互作用的辩证关系。实践是理论的基础，实践对理论具有决定作用。同时，理论也反作用于实践，科学的理论对指导实践具有正面的促进作用。在中央全面推进改革创新、激励干部担当作为的宏观背景下，湖南湘江新区积极响应国家号召，因地制宜地探索并建立了独具新区特色的容错纠错机制。湖南湘江新区容错纠错机制承载着激发干部群体干事创业热情、解决为官不为难题的使命，其背后蕴含着深厚的理论基础。因此，本章从容错纠错机制建设的相关理论出发，阐述湖南湘江新区建立容错纠错机制的基本内涵和理论基础。

第一节　容错纠错的基本内涵

把握容错纠错的基本内涵是探索容错纠错机制建设的基石，通过探析容错纠错的基本内涵、容错纠错的基本特征、容错纠错的基本功能等相关内涵，为深入了解与剖析容错纠错机制的核心内蕴提供语义来源与历史支撑，为掌握容错纠错机制的功能效用提供理论依据。

一、容错纠错的基本概念

(一)什么是"错"

容错纠错的内涵辨析关键在于对"错"的理解。"错"字的语义解释多样，但通常用于表达不符合已知的客观事实或逻辑，指不正确的事情或行为，与人负面否定的直观印象。容错纠错机制中的"错"，基于文义解释，同样意指不正确的事情或行为，但作为一项动力机制而言，容错纠错机制需要具备可以有效贯彻的执行力，因此需要对"错"的范围进行清晰准确的评价和定义。

容错纠错是政治领域中新生的话语体系，目前在法规、党规方面并未对容错纠错之"错"的内涵做出明确界定①。2018 年中共中央办公厅印发了《关于进一步激励广大干部新时代新担当新作为的意见》，将习近平总书记"三个区分开来"的讲话明确制度化，为我们理解什么是"错"提供了指导性原则，即把干部在推进改革中因缺乏经验、先行先试出现的失误错误，同明知故犯的违纪违法行为区分开来；把尚无明确限制的探索性试验中的失误错误，同明令禁止后依然我行我素的违纪违法行为区分开来；把为推动发展的无意过失，同为谋取私利的违纪违法行为区分开来。

在理论层面上，对"错"尚未形成统一的学理解释。学术界对"错"的理解有广义与狭义之分，有部分学者主张从广义视角出发，将"错"界定为公职人员在公权力运行过程中可能出现的错误现象，不仅包含客观环境变化或风险突发而导致的错误行为，也包含干部在履职尽责的过程中由于个人体力或能力等原因而产生的错误行为，包括决策错误和执行错误等；也有部分学者主张以狭义视角探析"错"的定位，认为容错纠错机制中的"错"不是一般性的违法乱纪，而是在改革创新实践中出现的非主观性错误，是政

---

① 赵迎辉. 新时代干部容错纠错机制的建构及完善[J]. 山东社会科学, 2020(01)：170-174.

策、法律、法规允许范围内的错误①。狭义视角下的"错"坚持以"三个区分开来"为指导原则，以动机、缘由、程序、后果与处置等标准评判错误程度，将可容之"错"恪守在道德底线、纪律"红线"及党纪"高压线"以内。

那么，如何定义容错纠错的"错"？根据当前政策规定以及现有研究，我们认为，容错纠错的"错"是指广大干部为推动改革创新，在尚无明确限制的探索性试验中因缺乏经验、先行先试而出现的无意过失和错误。由此可见，判断"错误"与否的关键在于要准确把握习近平总书记提出的"三个区分开来"，辨别"为公"还是"为私"，分清"无心"还是"有意"，判定"无禁"还是"严禁"，严格划分"过失、错误"与"违纪、违法"的界线。

(二)什么是"容错"

"容错"在汉语体系内通常被解读为允许犯错或宽容错误。"容错"一词最早是信息技术领域的专业术语，指在系统运行的过程中，尽管发生一个或若干个故障，程序或系统可以通过启动预先设定好的应急机制，以保障系统能有效运作并执行其功能。在信息技术领域中，容错能力是衡量系统运行成效的重要指标；在政治系统领域，容错能力同样是衡量党和政府社会治理水平的重要标杆。习近平总书记于 2016 年提出"三个区分开来"，为建立容错纠错机制确立了基本指导原则；同年，李克强总理在十二届全国人大四次会议所做的政府工作报告中明确将容错纠错纳入国家治国理念中，赋予"容错"崭新的政治含义，即保持全面从严治党的同时，允许干部在改革创新过程中出现符合有关规定且没有谋取个人私利的错误行为，激发干部改革创新的热情与动力，主要包含两层含义：一是作为刚性政治系统的重要组成部分，容错机制具有稳定性，是党和政府进行内部人事管理，促进干部队伍有效作为的重要举措；二是通过容错机制给予干部群体组织内部的人文关怀，以制度温情宽容错误，提升干部群体对组织的向心力，激

---

① 何丽君.基层干部容错纠错的价值意义及其实践路径[J].治理研究，2019，35(04)：82-87.

励干部积极担当。

(三)什么是"纠错"

"纠错"的现代汉语词义为纠正错误。在政治话语体系中，纠错与容错共同构成干部激励机制的重要举措，是激励干部干事创业的"一体两翼"，二者并行不悖①。容错与纠错的有机结合，才能形成对错误或失误的完整认知与准确定位，避免损害扩大化。容错是允许一定性质和范围的试错，而纠错是在试错的基础上把握经验教训，通过调查分析，采取整改措施弥补行为错误产生的负面结果，旨在主动预防和改正错误，对制度、程序与干部人事管理等方面进行进一步的提升与优化，提升改革创新事业的整体效能。主要包含三层含义：一是对错误事件或行为本身的纠错，错误的行为样态会产生复杂难测的行为后果，及时采取措施中止错误并消除不良的负面影响，这是纠错的浅层目标；二是对"犯错的行为主体"进行纠错，错误的产生是多重因素共同作用的结果，对犯错的人进行多方位分析，通过教育培训等相关措施帮助犯错之人及时调整自我，适应组织发展，这是纠错的第二层目标；三是对制度或体制的纠错，制度或体制并非完美且万能的，制度或体制缺陷自人类设计之初便隐藏在运行系统之中，伴随着国家治理能力的提升与社会发展水平的提高而逐渐显现，偶然产生的错误有其必然的深层次根源，通过干部在改革创新过程中偶发性的探索性错误，将制度缺陷或体制缺陷进行修缮，这是纠错的深层次目标。

二、容错纠错的基本特征

容错纠错具有一些基本的特征属性，贯穿制度设计至操作执行的全过程，具体如下：

第一，制度性。容错纠错机制的发展进程是"理念为先—机制创新—

---

① 薛瑞汉.建立健全干部改革创新工作中的容错纠错机制[J].中州学刊,2017(02)：13-17.

制度衔接—优化完善"的动态发展过程。从习近平总书记提出容错纠错的理念，到出台《关于进一步激励广大干部新时代新担当新作为的意见》实施容错纠错机制，再寻求与干部任用、绩效考核等制度进行衔接，最后不断优化完善，力求形成一套完善有效的机制。容错纠错在政治系统领域中由政治话语与政治理念转变为制度安排，体现其相应的制度性优势。

第二，激励性。容错纠错政策的出台为广大改革创新的基层干部提供了有效的保护和激励，通过容错与问责之间的合理均衡发挥有力的规制功效，使广大基层干部得以在降低行为风险的情况下大胆实践，激发干部群体的实干积极性，同时可以督促政府改善工作流程与提高工作成效。

第三，创新性。容错纠错有利于发现问题，从而进行程序环节的优化与制度创新。容错纠错机制虽然为干部群体提供保护，但其在实施操作过程中会面临多重因素交织的现实情况，一些体制、制度、程序、环境、原子化个体素质及能力等方面的显性问题或隐性缺陷会逐步显现，容错纠错机制得以将这些问题纳入纠错程序，按照管理流程进入制度设计或决策环节，进行个人培养管理或制度优化。

第四，可操作性。在容错纠错主体上，一般以党委为主要管理主体，以纪委为执行主体，其他部门进行配合，并且逐步强调多元内部主体的协同联动以及第三方专业机构、社会公众等外部力量的加入，保障容错纠错的客观公正性；在容错纠错对象上，它主要面向在全面深化改革进程中积极开拓创新的广大干部群体，对象较为明确；在容错纠错程序上，它涵盖事前的风险防控、事中的过程控制、事后的关爱保障，并且程序之间相互连接，注重干部干事过程中的证据留痕与心理期望，整体的程序设计较为完善；在容错纠错结果上，它强调结果的合理性，避免自由裁量产生的内部庇护，同时也避免过度问责产生的消极避责，保障容错纠错结果的积极促进意义，且具有一定的教育警示意义。

三、容错纠错的基本功能

作为一项激励机制，容错纠错是激励公共权力代理人利用公共资源，创新公共事务治理方式，有效完成社会治理任务而采取的制度设计与运行机制①，其目的在于降低政府治理风险，消除广大干部的现实顾虑，使干部群体在事前与事中积极作为，在事后勇于承担责任并在反思中不断提升与进步，提升干部的为政能力与政府的社会治理能力。

在把握容错纠错机制的功能定位时，需要明确容错与纠错并非由此到彼的线性关系，而是辩证统一的关系。容错与纠错相互辅助、相互补充、相互配合，彼此是完整且高效运作的有机统一体。通过把握容错与纠错的内在关系，能明晰容错机制与纠错机制各自的立意与功能。

(一) 容错机制：从寻求避责到主动担责的"激励"功能

容错机制强调激励功能，容错机制在中观层面和微观层面承担着减轻干部顾虑心理从而激发干事热情的制度使命②，在宏观制度层面，容错机制有助于在政治体制内部形成具备强劲韧性的政治生态系统。一方面，对广大干部群体而言，容错机制以制度温情包容干部的探索性失误，以组织人文关怀容纳干部积极作为和担当中的失败，倾听干部在为政过程中的委屈与困惑，了解干部在为政过程中的认知与情绪，帮助干部缓解负面情绪、消除心理负担，鼓励干部改革创新并勇于承担责任；另一方面，对政府组织而言，在干部积极探索改革与创新遭遇失败与挫折时，容错机制可以将组织系统内外的风险降低并且将风险掌握在可控的范围之内，通过提前防范措施与事中有力举措将风险在短时间内排除并促使系统恢复正常运作。

---

① 史云贵，薛喆.县乡领导干部容错纠错机制的功能廓析与路径创新——一种基于 IAD 的分析框架[J].思想战线，2020，46(03)：63-71.
② 梅立润.容错机制为何达不到预期效果：一个整体分析框架[J].甘肃行政学院学报，2019，131(01)：95-104，128-129.

(二)纠错机制：从主动担责走向改革创新的"学习转化"功能

容错是激励干部的应有之义，也是基本前提，但纠错是推进改革、达成政策目标的基本方式，有错必纠才能促进改革创新。纠错机制充分彰显了规制避责行为的应对功能，是以问题导向为基础的容错机制的配套组成部分，适应现实之需，促进社会治理现代化。一方面，对广大干部群体而言，纠错机制可以使干部卸下心理包袱，干部在大胆主动承担责任的基础之上可以借助政府组织的内部资源，主动审视改革探索中失误或失败的根源，对探索性错误进行全方位的复盘分析，积极寻求应对之策，完成组织治理目标，达到学习反馈与改革创新的目的；另一方面，对政府组织而言，构建完善有效的纠错机制则是以小见大、积极自省的有力举措，通过纠错机制追溯广大干部在改革创新过程中出现探索性失误或失败的制度根源或体制因素，对影响因素进行整体分析并寻找解决途径，将风险排除之后进行系统优化，设计出更为完善和合理的政策制度，为广大干部积极创新行动提供完备有效的制度保障。

容错机制与纠错机制是不能分割的辩证统一体，只强调容错机制容易陷入"有激励—有探索—鲜有创新"的内卷化困境，而只强调纠错，不仅容易使避责行为难以得到有效遏制，也有悖于宏观环境变化提出的治理新诉求[1]。容错是纠错的前提，有助于准确识别干部改革创新中出现的失误或错误；纠错是容错的结果，对干部改革创新中出现的错误或失误进行及时纠正[2]。将关注输入、处理、结果要素的容错机制与关注事前、事中、事后要素的纠错机制并举，形成一套得以容纳探索发展中的失败、具有激励创新效用的制度安排与运作机制，有助于政府组织内部提高改革创新的认识水平与实践能力。

---

① 史云贵，薛喆.县乡领导干部容错纠错机制的功能廓析与路径创新——一种基于 IAD 的分析框架[J].思想战线，2020，46(03)：63-71.
② 谷志军.基于责任本位的容错纠错机制[J].中国高校社会科学，2020(06)：74-81，156.

第二节　容错纠错的理论基础

　　容错纠错是一项充满创新意义、为广大干部提供有效保障的重要机制，本书所讨论的容错纠错机制建设遵循着基本的理论发展规律与实践发展规律。在价值认知上，容错纠错是有限理性理论在干部人事管理中的重要实践。有限理性理论解释了个体行为出现错误的重要原因，为正确处理干部的犯错行为提供思想基础；在组织与个人关系处理上，容错纠错是期望理论在干部工作激励上的重要实践。容错纠错作为一项激励机制，对组织目标与个人需求、组织效价与个人效价之间的平衡问题作出了有效回应，在保障干部个人需求、提高干部工作积极性、实现组织目标以及提升组织效价等方面提供了内在动力；在工作激励与创新上，容错纠错是组织系统有效运用差错管理策略的基本表现。容错纠错营造了正向的差错管理氛围，用宽松柔和的组织文化对待犯错的干部群体，着力处理差错行为的负面后果，激发干部不断学习与创新。

一、价值认知：有限理性

　　容错纠错机制将有限理性理论用于解释原子化个体行为出现错误的认知根源，体现了干部人事管理在价值认知层面的重要转变。理性是文明的基本性质，其伴随着西方科学的发展流入中国，并与中国倡导为官者奉公守法、刚直不阿与无私清廉的历史文化遥相呼应，认知理性主导官员行为从而成为中国治官文化的价值属性。但理性主义与理性功能却在发展深化过程中被无限放大，从而形成"唯理性主义"的社会思潮。公职人员是公权力的执行者，其职务具有公益属性，权责分配的特殊性必然要求对公职人员的组织管理更加严苛。但是，过度理性的行为要求以及严苛的管理体系会降低政府办事效率、束缚公职人员干事创新的积极性、导致政府与社会整体发展失效。事实上，"人的理性既不能预见未来，亦不可能经由审慎思考而型构出理性自身的未来。人的理性发展在于不断发现既有的错误"①，即理性本身就充满局限性，理性的发现与发展是在不断依系于既有错误的去谬过程中形成的。尤其在现代社会的背景下，公共事务治理的不确定性、复杂性与风险高发性突出，在海量信息以及信息不对称的推动下，加大了公职人员顺利开展公共事务工作的难度，不可避免会出现失误乃至错误。面对纷繁复杂的公共事务及其不可预测的变化规律，人不可避免地存在"有限理性"乃至知识盲区，个体的行为选择往往会夹杂着错误且呈现不同的行为样态。

现代理性论起源于 1944 年，诺依曼和摩根斯坦恩提出了基于期望效用值的对策理论。该理论假设决策者的行为决策是理性的，依据这种理性，行为决策者在不确定的情况下，会依据所计算的主观期望效用最大值来选择方案，该理论模式被称为"完全理性模式"②。完全理性模式强调人的理性与信息的对称可知性，把现实世界中的行为决策问题抽象和概括为可推理、可量化、直观化的数字模型。自 20 世纪 50 年代末，完全理性模式的"非现实性"缺陷逐渐暴露。在对完全理性模式的质疑声中，赫伯特·西蒙提出了"有限理性"的观点，构建了人的有限理性的行为决策模式。按照西蒙的观点，有限理性指的是一种与决策行为有关的思想，即人们做出的行为选择不仅取决于其总体目标与外部世界之间的一致性，而且也取决于决策者是否具有相关的知识，以及是否能够计算决策行为的后果并具备解决不确定性问题的能力，但这种理性能力非常有限。人的理性是有限和有界的，这种有限与有界不单指人自身理性能力的不足，也表明人的理性能力受到一些理性、非理性因素的约束，主要包括六类限制：一是个人对信息的认知具有高度的选择性。人会依据自身需求及思维选择自己认可的信息。二是人对信息的处理能力是有限的。能力受限的个人在某一时段只能处理

---

① 哈耶克. 自由秩序原理：上[M]. 邓正来，译. 上海：三联书店，1997：44.
② 于博. "完全理性"、"有限理性"和"生态理性"——三种决策理论模式的融合与发展[J]. 现代管理科学，2014(10)：54-56.

一条信息，难以同时处理多条信息且获取理想的结果。三是人处理信息的速度很慢。四是个人的计算能力很差。五是人类的记忆是不可靠的，是再建构的。六是人的长期记忆可能没有限制，但人的短期记忆或工作记忆是有限的①。这些限制影响了人处理信息的能力，最终影响人面对环境时作出的行为选择。尤其在复杂的现代环境下，个体面临着快速变化的社会环境，加之个人自身理性能力的不足，更是难以形成最优解决方案。因此，西蒙提出行为决策主体最终的选择是以满意性原则作为衡量标准，作为行为决策主体的个人并不考虑所有可能的解决方案及其结果，因为现实条件和个人理性能力的不足，无法使人完成以上任务，迫切的现实需求使行为决策主体仅需考虑几个有限的选项，一旦感到满意就会停止搜寻解决方案，最终做出行为决策。有限理性理论强调个人理性能力的边界，满意性标准表明既定的解决方案无法达成最优化的效果，个体仅能结合当下的现实条件选择适宜的解决方案，满足一定的现实需求。

二、行为激励：期望理论

期望理论，又称"效价—手段—期望理论"，是管理学激励理论的重要组成部分，由北美著名心理学家与行为科学家维克托·弗鲁姆于1964年在《工作与激励》一书中提出，为个人工作激励提供了一个综合性的分析框架。弗鲁姆认为，个人总是渴求满足一定的需要并设法达成一定的目标，在目标尚未达成时，就表现为一种期望。这一期望反过来对个人的行为动机形成激励力量，而激励的强度取决于个人通过努力达成组织期望的工作绩效（组织目标），组织根据工作绩效给予奖赏，由此而达到的满足个人需要的奖酬（个人目标）相一致、相关联的程度。一致程度或关联性大，效应就大，否则就小②。可以用公式表达为：

---

① 王家峰.西方政治科学中的有限理性研究[J].教学与研究，2020(05)：83-94.
② 李宝元.战略性激励——现代企业人力资源管理精要[M].北京：经济科学出版社，2002：25.

$$M = \sum E \times V$$

其中，M 表示激励程度，指调动个人工作积极性、激发其潜在工作力量的强度。E 表示期望值，指个人实现目标的可能性，即个人根据过去既有的主观经验判断自身达成某个目标的概率，期望值越高，行动可能性越大，激励程度也可能提高。另外，激励程度的大小还受到两个期望值关联度的影响，即个人目标期望值与组织目标期望值的相关性，个人目标期望值指个人通过自身努力达成组织目标所能获得的报酬能否满足个体需求，组织目标期望值指个人实现组织目标的概率，组织目标期望值与个人目标期望值关联度越高，激励程度也相应提升。V 表示目标价值，或称效价，指达成目标的奖酬对实现个人需要的价值，也指代个人对奖酬价值的认知①。由于个人的生活环境与工作环境的差异性，个人需求不同，原子化个体对目标价值的定义与认知也不尽相同。因此，同一目标对不同环节下的个体可能存在三种不同的效价：正、零、负，效价越高，激励强度越高。根据期望公式，维克托·弗鲁姆针对如何提升激励程度，从而达到激励最大化提出了期望理论拓展模型（见图 2-1）②。

期望公式阐释了个人与组织之间休戚与共的发展关系。在期望模式中，需要着重兼顾四对关系：一是努力与绩效的关系，努力与绩效的关系取决于个体对目标的期望值，期望值又取决于目标是否适合个人的认识、态度、信仰等个性倾向、个人的社会地位、他人对个体的期望等社会因素，即期望值由目标本身和个人的主客观条件决定。二是绩效与奖励的关系，个人期望在达到预期成绩后能够得到适当的合理奖励，如奖金、晋升、晋级、表扬等，若缺少相应有效的物质或精神奖励来强化个人实现组织目标，时间一长，个人积极性就会消失。三是奖励与个人需要的关系，激励需要因

① 唐平秋，蒋晓飞.基于期望理论的高校智库研究人员激励：困境与对策[J].中国行政管理，2017(01)：63-66.
② 孙淑军，傅书勇. 利用期望理论构建高校辅导员激励机制[J]. 药学教育，2007(04)：5-7.

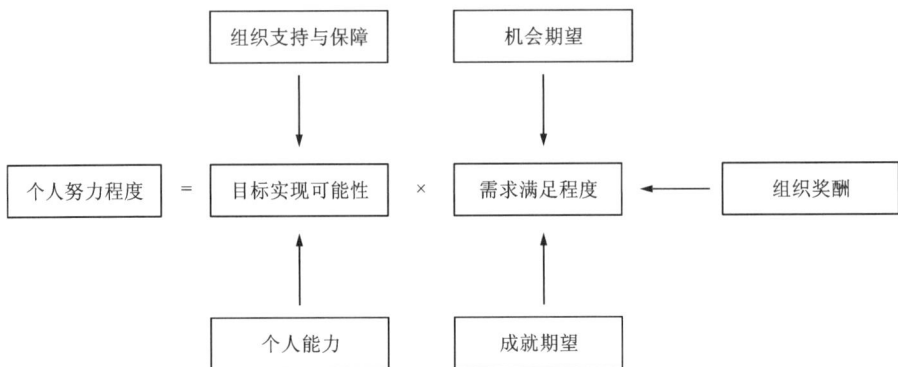

图2-1　期望理论拓展模型

人而异，采取多种形式满足各种需要，最大限度地挖掘人的潜力，最有效地提高工作效率。四是需要的满足与新的行为动力之间的关系①，个人既有目标和需要的满足会促使个人产生新的需要和追求新的期望目标，继而产生新的行为动力，并对实现新的期望目标产生更高的热情。

　　容错纠错机制事实上是组织对干部群体的关怀保障机制，会直接影响干部群体作为"理性人"的行为权衡。一方面，容错纠错机制提升了理性个体对实现目标可能性的期望值。容错纠错机制对在改革创新过程中积极作为的干部群体提供组织保障，减轻干部群体的心理负担并提供资源支持，提升实现目标的期望值，促进理性个体积极采取行动。另一方面，容错纠错机制调低了负面效价对干部群体行为选择的关联度，降低了干部群体因执行目标而被过度问责的可能性，减轻了问责对干部积极性的负面影响。

三、工作创新：差错管理

　　差错是一种事实性的存在，工作差错是一种目标导向行为，它违背了事先制定的规则或不符合正常的系统标准，从而妨碍了目标的实现和任务

---

① 谭融. 公共部门人力资源管理［M］. 天津：天津大学出版社，2003：42-44.

的完成①。在现实生活中，工作差错是必然存在且无法避免的。基于复杂性社会结构和在个体有限认知的背景下，工作差错是每个组织系统不可回避的重要问题，政府组织内部同样如此。目前，差错防范策略与差错管理策略是处理工作差错的主要策略，二者相互联系，又存在重要区别。从差错防范策略到差错管理策略是管理实践和管理研究发展变化的产物，也是人们对不良工作行为全面认识和纠正的结果②。

差错防范策略是在工作过程中采用防范措施，其试图避免任何差错以防止不良后果，最终达成目标或完成任务。差错防范策略将工作情景设定在稳定环境下，人们可以预料到差错的发生并采取防范措施，但社会治理事务的复杂性与不确定性扩大了差错行为产生的空间与可能性。个体的工作情景是动态且复杂的，在不稳定的工作情景下，人们难以对风险进行准确感知和预测，组织成员的差错行为同样无法避免。因此，差错防范策略具有一定的局限性：第一，为避免一切差错，差错防范策略强调系统设计的全面性和完备性，使得组织成员过度依赖防范系统的功能作用，造成个体警觉程度及个体对差错的预测和处理能力下降；第二，差错防范策略使组织成员失去了对差错行为进行反思学习的机会，无法有效提高其进行创新性发展的能力；第三，差错防范策略在相对静态、稳定的工作环境下是有效的，而在动态变化的工作环境下则难以发挥作用。与差错防范策略不同的是，差错管理策略认为在复杂、动态的工作环境中，差错是行为必要的副产品③，其关注的焦点在于避免差错行为产生的负面结果，而非差错行为本身。差错管理策略重视对差错的发生进行原因分析，通过公开讨论与沟通，培养组织成员的差错处理能力，事先估计差错发生的可能性，当差错发生时，强化差错预测、差错检查以及差错处理等差错处理过程，减轻乃至消除

---

① 洪自强.工作背景下的差错管理及其应用[J].外国经济与管理,2000(04):2-6.
② 王重鸣,洪自强.差错管理气氛和组织效能关系研究[J].浙江大学学报(人文社会科学版),2000(05):111-116.
③ 同上。

差错可能造成的负面后果，而不是掩盖差错或责备出现差错的个体①。如此一来，差错管理策略既弥补了差错防范策略的不足，同时也增强了对差错的学习反馈。

其中，差错取向，即处理差错的态度和行为，是影响差错管理策略有效性的重要条件。国内学者依据我国工作情景的现实特性进行研究，发现管理层次与文化程度对差错取向具有显著的影响，由此提出了差错管理气氛的概念。差错管理气氛是指与差错有关的组织实践、程序和态度②，即组织系统采取的处理差错的方式。差错管理气氛具有正向与负向两个维度。正向差错管理气氛倾向于宽松的组织文化，以容许失败、差错学习为导向，组织成员不必担心犯错而受到惩戒，避免组织成员因犯错而可能产生恐惧心理，促使员工积极应对差错并吸取教训。而负向差错管理气氛倾向于严肃的组织文化，以避免差错、强调惩罚为导向，组织对差错的行为主体会进行较为严重的惩戒，这种惩戒会给组织成员造成一定的压力，抑制组织成员的行为创造力。

容错纠错机制是一种注重构建正向差错管理气氛的有效机制，其可以在组织内部形成相对宽松的环境氛围，进行有效的差错管理，促进组织成员进行工作创新，最大化地实现组织目标。一方面，容错纠错机制给予了个体一种组织保障与激励的行为信号，消除组织成员在工作过程中产生的顾虑和不安，并为其持续提供内外部资源支持，进而克服组织成员工作创新过程中的潜在障碍③；另一方面，容错纠错机制营造了相对宽容的工作氛围，组织与成员之间、组织成员之间可以进行差错沟通和分析，这样就能激发组织成员的学习行为和创新行为。

---

① 洪自强.工作背景下的差错管理及其应用[J].外国经济与管理，2000(04)：2-6.
② 李忆，吴梳梅.差错管理气氛对员工创新行为的影响——家长式领导的调节作用[J].科技管理研究，2019，39(03)：149-158.
③ 周晖，夏格，邓舒.差错管理气氛对员工创新行为的影响——基于中庸思维作为调节变量的分析[J].商业研究，2017(04)：115-121.

第三节　中国特色容错纠错的理论发展沿革

中国特色容错纠错用人思想有其独特的历史逻辑与理论逻辑。中国古代有着独特绚烂的治国理政思想与为政文化，传统文化中的容错用人思想为现代容错纠错机制的建立提供了重要启示。中国传统容错用人思想建立在"人无完人"的辩证人性观之上，强调"人非圣贤，孰能无过"，所以古代中国强调用人之长、容忍其过。"不以一眚掩大德"是中国古代官吏在选任环节的容错理念，"忘其前愆，取其后效"是包容官吏错误、再次启用的容错理念。虽然中国古代容错用人思想与当前容错纠错机制存在政治体制层面的本质差异，但中国特色容错纠错机制是在汲取中国传统优秀用人文化的基础上不断发展超越而形成的创新举措，并随着中国特色社会主义发展进程而日趋完善。

一、思想萌芽期

从新民主主义革命至今，中国共产党一直有对容错纠错用人思想进行的阐述与应用，在传统容错用人思想的基础上建立了更加契合中国发展实际的容错纠错机制，形成了一套较为完备的、具有一定理论深度的容错纠错思想理论体系。毛泽东同志作为中国共产党第一代中央领导集体的核心人物，在新民主主义革命与社会主义建设的过程中形成了一系列如何对待党内错误思想与犯错误同志的理论阐述，成为毛泽东思想的重要组成部分，丰富和发展了马克思主义错误观，为处理党内错误奠定了思想基础[①]。毛泽东同志在错误性质、错误原因、容错目的与纠错方法上形成了符合中国特色社会主义的思想理论。在看待错误性质的层面，毛泽东指出，一方面，错误具有客观性，"所谓犯错误，就是那个主观犯错误，那个思想不对头。

---

① 魏立楠.毛泽东的"容错纠错"思想[J].上海党史与党建，2017(01)：25-27.

犯错误就是主观与实际不相符"①。另一方面，错误具有双重性，"共产党人不要怕犯错误。错误具有两重性，错误一方面损害了党，损害了人民；另一方面是好教员，很好地教育了党，教育了人民，对革命有好处"。因而，看待错误需要坚持一分为二的辩证思想，分析错误的利弊，不能仅从单一视角看待错误，进而害怕犯错误。需要通过不同的视角对待错误，研究错误的性质与价值，才能寻找错误的根源，并最终改正错误。在对错误原因的分析上，毛泽东认为，错误的形成是主观因素与客观因素共同作用的结果，致错的总根源在于实践活动和认识活动之间永远存在着主观与客观差异、认识与实践差异的基本矛盾。客观世界错综复杂，毛泽东曾说"事物是十分错综复杂的，又是在发展变化的，人的思维的反映跟不上客观实际，就一定会犯错误"，犯错误是一种社会现象，有其复杂的社会历史渊源。另外，个体有限的理论认知同样是错误形成的重要因素，缺少系统化、理论化、更迭化的马克思主义教育的党员干部，其认知水平受到限制，难以跟飞跃性发展的中国实际进行思维衔接，采取的行为举动难以适应中国的实际情况。在容错目的上，毛泽东指出，改正错误是承认错误的目的和核心，"有错必纠"也是毛泽东的一贯主张和中国共产党的一贯政策，认错与纠错是彼此区别又相互联系的过程，中国在面对错误时需要坚定有错必纠的勇气与信念，根据错误的具体成因研究设计切实可行的具体措施，并将其付诸实践，直至错误得到纠正。在纠错方法上，毛泽东指出，对待犯错误的同志要坚持民主的方法，通过批评与自我批评来督促犯错误的同志最终改正错误②。

毛泽东的容错纠错用人思想以新民主主义革命为特殊现实基础，以马克思主义理论为理论源泉，伴随着中国实践而形成了以明错、防错、容错与纠错为核心要点的"错误"观，为容错纠错机制提供了基本的思维导向，其

---

① 毛泽东.毛泽东文集：第七卷[M].北京：人民出版社，1999：65-66，89-90，101，137.

② 魏立楠，管新华.毛泽东容错纠错思想探析[J].毛泽东思想研究，2017，34(03)：6-11.

思想经验及理论至今仍有启示意义，并随着党内理论发展与社会实践的需要而不断完善。

二、理论探索期

党的十一届三中全会以后，以邓小平同志为核心的中国共产党第二代中央领导集体开启了改革开放的时代，站在中国特色社会主义新起点的基础上，对如何正确对待改革开放现代化建设事业中出现的历史经验教训和失误以及前进道路上的问题，邓小平理论中蕴涵着丰富的辩证思想[①]。在如何看待错误上，邓小平坚持真理与错误辩证统一的原理，认为任何人在探索真理的过程中都会犯错误，在认知主体的有限性与认知客体的无限性之间的矛盾中，个体难以绕开致错因素的障碍。因此，出现错误是不可避免的客观事实。在如何对待错误上，解放思想、实事求是是邓小平错误辩证思想的精髓，也是对待错误的根本原则。他认为，实事求是地对待错误，需要坚持以下基本原则：一是有理想、保持乐观的态度。在困苦环境与氛围中，要保持乐观主义，坚信和努力克服错误。二是宽待错误。个人或组织出现错误不可避免，当自身出现错误时，需要听取意见并努力克服，当他人出现错误时，需要真诚给予批评与建议。而对待犯错误的同志，邓小平指出需要实事求是地严宽处理，"要促进他们自己总结经验教训，认识和改正错误，要给他们考虑思索的时间。对于人的处理要十分慎重。对过去的错误，处理可宽可严的，可以从宽；对今后发生的问题，要严些"[②]。三是尊重科学、减少错误。邓小平虽然承认错误是不可避免的，但同时也反对随心所欲，盲目蛮干，因此其非常注重以科学态度对待错误，以科学决策处理错误。他强调，无论个人或组织都要尽量避免犯错误，因此需要严格依照法律规章办事。在总结错误意义上，邓小平认为，过去的成功是财富，过去

① 徐光井.邓小平论"错误"的辩证思想[J].江西社会科学，2001(04)：127-129.
② 邓小平.邓小平文选：第3卷[M].北京：人民出版社，1993：236.

的错误同样也是财富。针对改革开放以后可能发生的问题，他指明总结经验错误是指导改革开放的基本方法，"既然是新事物，难免要犯错误。我们的办法是不断总结经验，有错误就赶快改，小错误不要变成大错误"。在纠错方法上，除了批评与自我批评外，"团结—批评—团结"是处理内部矛盾的重要方针，而坚持实践是改变错误的根本路径①。

邓小平在汲取毛泽东思想的经验教训和探索社会实践的基础上扩容了中国特色容错纠错用人思想的相关理论。邓小平的"错误观"强调社会实践的可错性与积极的试错法，强调重新估价"错误"在认识和实践生活中的价值和地位，使中国特色容错纠错的相关理论得以不断深化与体系化。

三、实践运行期

中国改革开放与中国特色社会主义建设如今已经进入新的历史发展时期，行进至历史的交汇点，如何回答并解答重大紧迫且错综复杂的改革问题是新时代中国发展的应有之义。面对艰难困苦的改革形势，以习近平同志为核心的党中央意识到党员干部是国家前进与改革发展的重要动力，广大干部是落实改革开放顶层设计的关键因素。改革需要依系广大干部突破沉疴痼疾，打破利益梗阻，使改革不断深化。因此，以习近平同志为核心的党中央提出建立容错纠错机制，为改革创新者撑腰鼓劲，让广大干部愿意干事、敢于干事、能干成事。习近平总书记关于容错纠错用人思想的理论论述，契合了中国社会发展的客观实际，进一步发展了中国特色容错纠错理论，主要表现在以下四个方面：

第一，习近平容错纠错思想起源于"好干部的标准"。习近平总书记一直强调德才兼备是评价好干部的基本评价尺度，具体表现为"信念坚定、为民服务、勤政务实、敢于担当、清正廉洁"。其中，"敢于担当"体现为"五个面对，五个敢于"，即党的干部面对大是大非应敢于亮剑，面对矛盾应敢

---

① 魏立楠.邓小平"容错试错"思想探析[J].邓小平研究，2017(02)：127-133.

于迎难而上，面对危机应敢于挺身而出，面对失误应敢于承担责任，面对歪风邪气应敢于斗争。坚持原则、敢于担当是党的干部必须具备的基本素质。领导干部要"保持锐意创新的勇气、敢为人先的锐气、蓬勃向上的朝气""要保护作风正派、锐意进取的干部"，这是习近平总书记领导干部容错纠错思想的根本出发点①。

第二，习近平容错纠错思想着重体现在"四个全面"的战略布局。在全面建成小康社会方面，要求全体党员干部主动担当、积极作为，落实新的发展理念，推进国家治理与治理体系现代化。在全面深化改革方面，要求领导干部要争当改革的促进派和实干家，主要内容包括：一是要着力提升领导干部谋划、推动、落实改革的能力，引导领导干部树立与全面深化改革相适应的思想作风和担当精神；二是在明确改革促进派和实干家的基本标准，拥护改革、支持改革、敢于担当的就是促进派，把改革抓在手上、落到实处、干出成效的就是实干家；三是强调良好的改革氛围，争当改革的促进派和实干家，离不开营造鼓励改革、支持改革的良好环境；四是强调鼓励创新与宽容失败并举，在尊重和发挥地方、基层、群众首创精神的过程中，既要鼓励创新、表扬先进，也要允许试错、宽容失败。在全面依法治国方面，要求领导干部成为尊法、学法、守法、用法的模范。在全面从严治党方面，要充分调动广大党员领导干部的积极性、主动性、创造性，把严格管理和热情关心结合起来②。

第三，习近平容错纠错思想体现为科学的思想方法和工作方法，即要提高广大干部解决改革发展基本问题的本领，提高广大干部的战略思维、历史思维、辩证思维、创新思维和底线思维能力③。在推进改革发展的宏观

---

① 储著斌. 激励广大干部新时代新担当新作为——学习领会习近平总书记关于容错纠错思想的丰富内涵[EB/OL]. 人民网：http://theory. people. com. cn/n1/2018/0528/c40531-30016573. html, 2018-05-28.

② 同上。

③ 储著斌. 习近平领导干部容错纠错思想研究[J]. 决策与信息，2017(01)：42-49.

背景下，领导干部要切实提高运用科学思维来观察事物的能力，提高科学分析问题和解决问题的能力，在容错纠错的良好氛围中不断增强工作的科学性、可预见性、主动性和创造性。同时，领导干部也需要掌握科学有效的工作方法，努力突破工作瓶颈。

第四，习近平容错纠错思想以增强干部的能力与本领为前提条件。应加强领导干部的能力与素质培养，按照高素质专业化干部队伍建设的要求，注重教育培训与实践锻炼，提升干部的专业素质和涵养，培育适应新时代发展需求的干部。

领导干部要敢于担当、构建容错纠错机制等思想，不仅充分体现在习近平总书记的系列重要讲话中，而且体现在顶层设计与制度安排层面上，这标志着中国特色容错纠错的相关理论逐渐制度化。2016 年，习近平总书记在"省部级主要领导干部贯彻党的十八届五中全会精神专题研讨班的讲话"中指出："要把干部在推进改革中因缺乏经验、先行先试出现的失误和错误，同明知故犯的违纪违法行为区分开来；把上级尚无明确限制的探索性试验中的失误和错误，同上级明令禁止后依然我行我素的违纪违法行为区分开来；把为推动发展的无意过失，同为谋取私利的违纪违法行为区分开来。""三个区分开来"是习近平容错纠错用人思想的公开表示，也是建立容错纠错机制的根本指导原则，给如何处理干部在改革过程中的错误和失误提供了一个理论标准。同年《政府工作报告》提出要健全激励机制和容错纠错机制，给改革创新者撑腰鼓劲，让广大干部愿干事、敢干事、能干成事。党的十八届六中全会也提出要建立容错纠错机制，宽容干部在工作中特别是改革创新中的失误，且将其写入新修订的《关于新形势下党内政治生活的若干准则》中。这项政策的出台，为那些敢于改革创新的干部解除了后顾之忧，充分体现出制度的关怀和包容①。

2018 年 5 月，中共中央办公厅专门就建立激励机制和容错机制制定

---

① 薛瑞汉.建立健全干部改革创新工作中的容错纠错机制[J].中州学刊，2017(02)：13-17.

《关于进一步激励广大干部新时代新担当新作为的意见》，意见在基本遵循上强调"三个区分开来"。在总体要求上，强调妥善把握"四个原则"，即事业至上、实事求是、依法依纪、容纠并举。在具体认定上，强调要结合"六个要件"，即动机态度、客观条件、程序方法、性质程度、后果影响与挽回损失。在制度安排上，强调要实现"三个配套"，即鼓励激励、容错纠错与能上能下的有机结合，鼓励激励机制催生动力，容错纠错机制提供保障，能上能下机制标明底线。在容错对象上，强调要区分"三类主体"，即为创新者容错，要引导干部创造性地贯彻执行党的路线方针政策，对经济社会发展中出现的新情况、新问题提出前瞻性的解决思路和措施；为担当者容错，要引导干部在推动具体工作落实中主动化解矛盾、勇于承担责任，在艰难险阻中敢于迎难而上；为实干者容错，要引导干部立足本职工作，在经济发展、民生建设、服务群众等普通岗位上积极履职、主动作为[①]。这项意见的出台，不仅标志着容错纠错机制的正式确立，也标志着容错纠错理论发展的新阶段，体现了中国共产党及其理论建设与时俱进、不断创新。

[①] 储著斌. 习近平关于容错纠错思想的深刻意蕴及其武汉实践[EB/OL]. 人民网：http：//hb. people. com. cn/n2/2018/0605/c194063-31666640. html，2020-11-13.

第三章　湖南湘江新区容错纠错机制探索

　　容错纠错作为鼓励广大干部担当作为、改革创新的重大激励机制，近年来在各地得到不断探索和尝试。湖南湘江新区从 2016 年开始探索容错纠错机制建设，在历经三个探索阶段以后，逐渐发展为具有本地特色的容错纠错机制。湖南湘江新区容错纠错机制是由内向外、层层递进并不断完善的系统机制（见图 3-1）。容错纠错的实施基础、适用范围、认定程序、报备机制等构成了湖南湘江新区容错纠错机制的核心内容；风险防控、澄清关爱、选拔任用、绩效考核、问责追责等机制和容错纠错机制形成了联动性机制。

第一节　湖南湘江新区容错纠错机制的探索历程

　　自 2015 年获批成立以来，湖南湘江新区不断融入国家战略，担当国家使命，力图成为促进中部地区崛起、推进长江经济带建设、加快内陆地区开放发展的重要平台。新区从 2016 年开始探索容错纠错机制的建设，经历了三个阶段：初步探索阶段（2016 年）、拓展延伸阶段（2017—2018 年）、发展创新阶段（2019 年至今）。目前已形成特色较为鲜明、体系较为健全、可实践性较强的容错纠错机制体系。

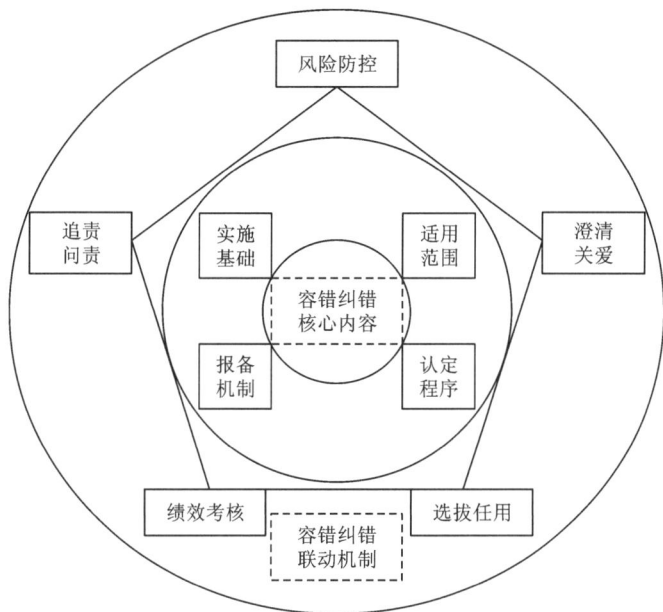

图 3-1　湖南湘江新区容错纠错机制的构成逻辑

资料来源：作者自制

一、初步探索阶段

2016 年 1 月 18 日，习近平总书记在省部级主要领导干部学习贯彻党的十八届五中全会精神专题研讨班上的讲话中提出了"三个区分开来"，要求各级党委保护作风正派又敢作敢为、锐意进取的干部，最大限度调动广大干部的积极性、主动性、创造性，激励干部更好带领群众干事创业。

2016 年 8 月 22 日，长沙市纪委、市委组织部、原市监察局联合下发文件①，对容错纠错的概念、适用情形、程序等均作了初步规定，其政策也得到初步运用。

在全国范围内，各地对容错纠错机制的探索基本上起步于 2016 年，湖

---

① 中共长沙市纪律检查委员会、中共长沙市委组织部、原长沙市监察局，《实行容错纠错鼓励干事创业暂行办法》，2016-08-22.

南湘江新区也于此时开始研究、学习、探索适合本地情况的容错纠错机制。由于容错纠错机制的建设及其运行尚未形成可供推广的经验，湖南湘江新区在这个阶段的主要任务是学习、领悟与执行中央、省、市相关政策精神，对上述讲话精神与政策文件进行"宣贯"，将容错纠错相关精神传达至基层。

2016 年 5 月，湖南湘江新区主要领导同志在《人民日报》发表"让容错机制助推改革"一文①，被中国共产党新闻网、中央或国家部委网站等几十家媒体转载，并作为当年国家公务员考试申论的重要素材。这是新区学习容错纠错相关政策精神的重要成果，为新区后续容错纠错机制的建设打下了良好基础。

二、拓展延伸阶段

2017 年 1 月，长沙市委、市政府提出建立容错免责机制的要求，鼓励创新、宽容失败、允许试错，明确规定了 10 种予以容错免责的情形②，为湘江新区办理相关案件提供了书面的依据。

2018 年 5 月，中共中央办公厅发文要求切实为敢于担当的干部撑腰鼓劲，对该容的错误大胆容③。作为中央层级的政策文件，该意见重点要求在选拔用人、考核评价、容错情形、教育培训、关心关爱等方面取得突破，为容错纠错机制的探索发挥了重要的指引作用。

2018 年 11 月，湖南省委要求全省各级党委在问责机制、纠错机制、澄清保护、谈心谈话、待遇保障、基层减负、组织保障等方面完善容错纠错机制④，并健全党性教育、考核体系、选拔用人、考核结果运用、能上能下、能

---

① 魏正贯.让容错机制助推改革[N].人民日报，2016-05-12(005).
② 中共长沙市委办公厅、长沙市人民政府办公厅，《关于为敢于担当的干部担当为敢于负责的干部负责的若干意见》，2017-01-19.
③ 中共中央办公厅，《关于进一步激励广大干部新时代新担当新作为的意见》(中办发〔2018〕28 号)，2018-05-20.
④ 中共湖南省委办公厅，《关于进一步激励广大干部新时代新担当新作为的实施意见》(湘办发〔2018〕34 号)，2018-11-19.

力建设等配套体系，进一步增强了容错纠错机制的可实践性，为湖南湘江新区建设容错纠错机制奠定了基础。

2018 年以来，湖南湘江新区以上述三个政策文件为抓手开展主题教育活动，对干部不担当不作为、干事创业精气神不够等问题进行了专项整治。基于三个政策文件，湖南湘江新区办理了一批容错纠错的案例，在实践中深化了容错纠错机制的运用。

此外，湖南湘江新区还探索建立了廉政风险防控机制。作为容错纠错机制重要的前置性组成内容，廉政风险防控机制注重事前防错，针对新区不同岗位，梳理出犯"错"率较高的领域，并强化风险风控措施，该机制是容错纠错机制的重要组成部分。实际上，湖南湘江新区从 2016 年就开始探索廉政风险防控机制，于 2017—2018 年初步形成了较完备的体系。

湖南湘江新区成立以来，就同步展开廉政风险排查工作。2017 年 11 月，新区纪工委总结以往廉政风险点排查的经验，根据职责和权限，将新区机关事业单位 201 个岗位定了风险等级，即分成一级、二级风险岗位等，重点对一二级风险岗位进行分类管理，提前预防[①]。2018 年，纪工委开始推进高廉政风险岗位履职检查，紧盯权力集中地、腐败易发地，防止权力滥用。直到现在，湖南湘江新区不断完善廉政风险防控机制，力图实现常态化廉政风险防控，努力建构不敢腐、不能腐、不想腐的长效机制。

三、发展创新阶段

随着容错纠错机制的不断完善，中央、省、市提出了更高的要求。在上级要求和实践需求的双重促进下，湖南湘江新区更新了容错纠错核心文件，出台了系列配套措施，同时也在查办问题线索过程中大胆适用，容错纠错机制的建设和运行步入了发展创新的新阶段。从 2020 年开始，湖南湘江新

---

① 中共湖南湘江新区工作委员会、湖南湘江新区管理委员会，《关于印发〈湖南湘江新区机关事业单位岗位廉政风险等级〉的通知》（湘新字〔2017〕63 号），2017-11-20.

区通过实地调研、与其他国家级新区交流学习，并和高校合作，从实践和理论两个层面来思考建立更加符合新区实际的容错纠错机制，对容错纠错机制的建设将更加全面和深入。

继党的十九届四中全会明确提出要"完善担当作为的激励机制"之后，国务院办公厅于 2019 年 12 月发文明确要求国家级新区建立健全激励机制和容错纠错机制，培养担当敬业、干事创新的干部队伍①。这是中央层面对国家级新区建立健全容错纠错机制的单独要求，成为国家级新区的新使命。为此，湖南湘江新区积极探索实践容错纠错机制，保护干部干事创业激情，在部分领域已形成了一些制度性成果。

2019 年 7 月，湖南省委办公厅将容错纠错的对象确立为全省各级党政机关、国有企事业单位的干部和其他行使公权力的公职人员，根据"三个区分开来"制定了"六看"标准，明确将党委（党组）、纪委监察机关、组织部门、宣传部门作为实施容错纠错的主体，并规定了具体的职责②。从内容上看，这些政策文件成为湖南湘江新区容错纠错机制建设的重要内容，政策执行也积累了较多实践经验。

结合中央、省、市的相关规定和工作实际，2019 年 4 月，湖南湘江新区党工委、管委会首次出台了具体的容错纠错实施办法，将习近平新时代中国特色社会主义思想、党的十九大精神、"三个区分开来"重要指示以及中央、省、市相关文件精神作为建立容错纠错机制的重要依据和践行目标；细化了 16 种具体可容错的情形，涵盖新区干部工作的方方面面；提出了 4 种不予容错的情形，进一步探索了容错与问责的边界问题；规定了"申请—受理—核实—认定—反馈"的容错认定程序，大大增强了容错纠错政策的可操作性。

---

① 国务院办公厅，《关于支持国家级新区深化改革创新加快推动高质量发展的指导意见》（国办发〔2019〕58 号），2019-12-13.
② 中共湖南省委办公厅印发《关于建立容错纠错机制激励干部担当作为的办法（试行）》［EB/OL］. http：//yjt.hunan.gov.cn/yjt/xxgk/zcfg/dffg/201907/t20190716_8442340.html，2021-02-04.

经过一年的试行、讨论、反馈，湖南湘江新区于 2020 年 8 月发文明确将"五看"作为容错纠错的甄别标准①，并且创造性地提出了"三同步"的认定机制，即在问责过程中同步启动、同步调查、同步认定是否可容错，进一步破解了"不敢容"的难题；建立了提前报备机制和容错联动机制，力图减少因政府协同不畅对容错纠错机制运行产生的消极影响；将予以容错的情形整合为 13 种，将不予容错的情形拓展为 10 种，增强了容错纠错机制的实践效果；在一般性容错认定机制的基础上，建立了容错纠错会商裁定机制，对新区省管、市管干部容错纠错的裁定也作出了相关规定。此外，还细化了容错纠错的结果运用，进一步解决了新区干部的后顾之忧。

此外，为统筹协调容错纠错机制的建设，发挥其激励效用，湖南湘江新区党工委提出以建立容错纠错机制为中心②，从价值导向、选人用人、绩效考核、干事防错机制、容错纠错机制、改革创新风险备案机制、澄清保护机制、关心关爱机制等八个方面，采取 20 项措施，全面激励广大党员干部担当作为、干事创业、改革创新，是湖南湘江新区容错纠错机制建设的纲领性政策，也是相关机制措施的总结性文件。

在配套机制方面，2019 年以来，湖南湘江新区党工委、纪工委出台了一系列相关措施，先后建立了澄清保护、关爱回访、廉政风险防控、改革创新风险备案机制，有效保证了容错纠错机制的落地实施。首先，建立了澄清保护机制。严肃查处诬告陷害行为，及时为遭到诬告陷害或举报人反映问题不属实的干部，予以澄清正名、消除不良影响，保护干部干事创业热情、鼓励担当作为。其次，对处分人员进行关爱回访。这是深入贯彻"惩前毖后、治病救人"的基本方针和"坚持严管和厚爱结合、激励和约束并重"的具体措施。再次，进一步完善廉政风险防控机制。着力落实三级防控、"双

① 中共湘江新区纪律检查工作委员会，《印发〈关于开展容错纠错工作的实施办法（试行）〉等制度构建"五位一体"激励关爱干部担当作为机制的通知》（湘新纪发〔2020〕12 号），2020-12-17.
② 中共湖南湘江新区工作委员会，《关于激励广大干部新时代新担当新作为的实施意见》（湘新发〔2020〕14 号），2020-07-23.

轨并行"，构建廉政风险防控网络，形成廉政风险防控合力，以巩固廉政风险防控成果，构建不敢腐、不能腐、不想腐的长效机制。最后，创造性地构建了改革创新风险备案机制体系。把6种事项纳入可报备范围，明确了"申请—审核—反馈"的申报程序，建立了跟踪监管机制和上下联动机制，试图充分调动和保护新区干部职工改革创新、敢闯敢干、先行先试的积极性、主动性和创造性，深化了容错纠错机制的运用。

湖南湘江新区下一步将谋划布局把前沿产业或项目、容缺受理或预审等十余项新区的重点工作纳入容错纠错范围，尤其是容缺受理机制需取得重点突破。目前，湖南湘江新区容错纠错"五位一体"的政策体系已基本形成，其激励干部担当作为、干事创业、改革创新的效用得到进一步彰显。

第二节　湖南湘江新区容错纠错机制的核心内容

容错纠错机制的核心内容是该机制的核心运作机制。湖南湘江新区容错纠错的核心内容包括目的依据、基本原则、实施主体等实施基础，以及适用对象、适用情形等适用范围，还包括甄别标准、监督机制、结果运用等认定程序，以及容错报备、改革创新风险备案等报备机制。

一、容错纠错的实施基础

确立容错纠错的实施基础是确保其顺利运行的首要步骤。首先，以"三个区分开来"为核心的目的依据是湖南湘江新区实施容错纠错机制的重要原则，并由此具化为执行省、市层级的相关政策精神；其次，以法治、激励、公正等精神为主的基本原则成为实施容错纠错机制的底线；最后，实施主体的合法化是关键一环，以文件形式将实施主体固定下来也是实施条件之一。由此，湖南湘江新区确立了以目的依据为精神、以基本原则为底线、以实施主体为关键的实施基础，构建了容错纠错的核心机制内容，成为湖南湘江新区容错纠错机制运行的"基石"。

（一）目的依据

2015 年，中央全面深化改革领导小组第十七次会议指出，要鼓励基层大胆探索、改革创新，也要允许试错、宽容失败①。2016 年，习近平总书记提出"三个区分开来"②，以进一步激发干部干事创业、担当作为的热情。自此以后，中央又密集提出建立干部激励和容错纠错机制的相关要求，各地纷纷结合自身实际出台相关政策文件，进行相关探索实践。由此，宣传贯彻中央相关政策精神既成为各地探索容错纠错机制的直接动力和目的，也是各地政策得以制定与执行的具体依据。

湖南湘江新区在制定和执行容错纠错政策时，明确将贯彻好习近平新时代中国特色社会主义思想、党的十九大精神和其他政策精神作为政策依据和政策目的，明确将习近平总书记关于"三个区分开来"的论述作为容错纠错机制建设的重要理论来源与实施原则，明确将湖南省、长沙市相关政策规定和法律法规作为实施依据与执行原则。

从中央到省市，对容错纠错机制建设既有充分的政策支持，也有巨大的政策需求。湖南湘江新区集国家级新区和省市共管新区为一体，可以说获得了充实的政策依据，但同时也进一步增强了湖南湘江新区探索容错纠错机制的必要性和紧迫性。

此外，作为国家级新区，湖南湘江新区是促进中部地区崛起、推进长江经济带建设、加快内陆开放发展的重要平台，承担了"三区一高地"的重要使命，致力于实现"一体两翼三个走在前列"的发展目标。在此背景下，湖南湘江新区亟须一大批勇于开拓创新、敢于担当作为的干部职工。为此，湖南湘江新区结合工作实际，探索建设出了一套符合新区实际的干部激励

---

① 新华网.习近平主持召开中央全面深化改革领导小组第十七次会议［EB/OL］. http://www.xinhuanet.com/politics/2015-10/13/1116812201.htm，2020-08-30.

② 人民网.习近平在省部级主要领导干部学习贯彻党的十八届五中全会精神专题研讨班上的讲话［EB/OL］. http://jhsjk.people.cn/article/28337020，2020-08-30.

和容错纠错机制。

(二) 基本原则

容错纠错机制是近几年才出现的新兴事物，因此有必要先明确基本原则，之后进一步拓展细化。湖南湘江新区容错纠错机制建设确立了如下原则：

1. 基本原则

第一，依法依规依纪、实事求是。目前，容错纠错机制的运行必须被限定于法治框架内已成为社会各界的共识，这就意味着，相关的规范性政策、具有司法约束力的法律法规以及中国共产党内部的纪律规定，都是容错纠错机制不可逾越的限定性因素。而实事求是的原则更加强调对事实的尊重和对诬陷行为的查处。第二，鼓励开拓创新、担当实干。容错纠错机制的目的在于激励干部开拓创新、担当作为，但除去开创性事务，日常事务是否也可适用于容错情形，则需要进一步的探索和论证。第三，客观公正、从宽相待。公正是现代社会精神的核心价值体现，为此，湖南湘江新区还建立了针对容错主体的监督体系，力保对新区干部"一碗水端平"。容错纠错机制体现了现代法治社会的宽容精神，亦是对错误进行人性化处理的生动体现。第四，有错必纠、立行立改。"重容轻纠"是诸多政府主体容错纠错机制的一大弊病，相比于其他国家级新区对纠错机制的"轻描淡写"，湖南湘江新区确立了纠错原则甚至设置了纠错程序，成为一大特色①。

2. "三个区分开来"

把干部在推进改革中因缺乏经验、先行先试出现的失误和错误，同明知故犯的违纪违法行为区分开来；把上级尚无明确限制的探索性试验中的失误和错误，同上级明令禁止后依然我行我素的违纪违法行为区分开来；

---

① 中共湘江新区纪律检查工作委员会，《关于开展湖南湘江新区容错纠错工作的实施办法 (试行)》(湘新纪发〔2020〕12 号)，第四条，2020-12-17.

把为推动发展的无意过失,同为谋取私利的违纪违法行为区分开来。"三个区分开来"是各地开展容错纠错机制探索的核心依据,也是重要的甄别原则,但其可操作性不强,因此,湖南湘江新区强调结合不同阶段、不同情况,认真研判当事人实施行为的具体背景、目的、过程和后果,辩证分析其失误和偏差,历史、客观、全面评价干部①。

(三)实施主体

职责清晰、分工明确的容错主体是实施容错纠错机制的重要保障,是将容错纠错政策从文本落实到实践的重要途径。因此,湖南湘江新区明确了四个容错主体:党工委(管委会)、纪工委(监察室)、组织人事部门和宣传部门。其中党工委、管委会对容错纠错工作进行统一领导;纪工委(监察室)具体组织、协调、监督实施容错纠错相关政策文件;组织人事部门协同做好容错纠错工作,并对给予容错纠错的干部,考核考察、选拔任用予以公正评价;宣传部门落实容错纠错宣传工作,广泛宣传改革创新、担当作为事迹,创造良好容错纠错氛围。容错纠错机制是一项系统工程,在实际运行过程中会遇到重重阻力。湖南湘江新区充分考虑到了该机制运行的难点,力图通过构建多部门联动协作体系来促进容错纠错机制的落地实施。

二、容错纠错的适用范围

为保证容错纠错机制有序运行,湖南湘江新区采用正反列举的方式划定容错纠错的适用范围,在规定三类主要适用对象的同时,一方面列举四大类(共 13 条)可容错的情形,另一方面列举了三大类(共 10 条)不予容错的具体情形,进一步加强了容错纠错机制的可操作性。

---

① 中共湘江新区纪律检查工作委员会,《关于开展湖南湘江新区容错纠错工作的实施办法(试行)》(湘新纪发〔2020〕12 号),第五条,2020-12-17.

（一）适用对象

湖南湘江新区容错纠错机制的适用对象主要包含三类人员：其一，新区党工委、管委会系统的政府机关人员；其二，新区党工委、管委会系统的事业单位人员；其三，新区内国有及国有控股公司党员和其他公职人员（含委托新区管理人员）。以上三类人员在改革创新、干事创业中出现了偏差失误，若符合容错情形，即可对其从轻、减轻或免除处理。

（二）容错情形

在政策允许的情形内，动机正义和决策程序正义普遍成为各地容错纠错机制运行的基本前提，即当事人在工作中出现过错，主观上出于公心、没有违反法纪政策的故意，客观上贯彻民主集中制，经过调研论证或履行相关程序，没有谋取私利，为推动改革发展出现的无意过失，又符合政策所列情形的，可以从轻、减轻或免除处理。湖南湘江新区在容错情形的划定上进行了持续探索，最终划定了四大类（共13条）可容错的情形。

1. 探索创新类

为了切实激励新区干部的改革创新热情，避免因"怕问责"而造成"不敢为"，湖南湘江新区明确指出在5种情形下，因开拓创新而出现失误或造成负面影响的干部，可按规定程序予以容错：

（1）落实上级和新区党工委、管委会重要决策、重点工作和重大项目，因担当履职、大力推进、开拓创新，出现失误或造成负面影响的；

（2）在推动改革创新过程中，大胆探索、先行先试，因缺乏经验出现失误错误或未达预期效果的；

（3）在发展"四新"（新技术、新产业、新业态、新模式）经济、招商引资、项目建设、征地拆迁、土地供应、国际贸易、股权投资、基金管理、污染防治、城乡规划、精准扶贫以及国企经营管理等工作过程中，为促进发展，主动担当、创新突破，出现一定偏差、损失或造成负面影响的；

（4）为了完成上级或新区党工委、管委会交办的某些任务，针对解决某些特殊问题而突破常规、采取创新性举措，出现了一定偏差、造成了一般损失，但有相关交办依据且实施了内部审批程序的；

（5）在服务项目、服务企业、服务群众、服务基层等服务工作中，为提高工作质效、优化营商环境，突破现有的操作规范、流程，采取容缺受理、容缺预审等创新性措施，并在事后进行跟踪监督，但仍出现失误、偏差的。①

2. 紧急事项处置类

为鼓励干部在处理紧急事项时勇于担当、敢于作为，湖南湘江新区将一些紧急事项列入可容错范围内，在这些事项中，干部因突破常规和惯例因时因地应对处置，出现了一定失误或造成负面影响时，可启动容错程序予以容错：

（1）在解决历史遗留问题、化解矛盾焦点过程中，攻坚克难、破除阻碍，打破固有利益出现失误或造成负面影响的；

（2）在承担应急工程、抢险救灾、群体性事件、重大舆情处置等急难险重任务、风险较大工作以及各类紧急、突发事件中或者直面实际工作中的特殊情况，因突破常规和惯例及时应对处置，合乎当时情理，出现一定失误、损失的。②

3. 政策法规空白类

在干部干事创业过程中，因工作尚属"无人区"或者情况较为复杂，尤其是在需要"先行先试"的国家级新区中，许多工作还存在政策法规的空白，因此，在这些工作中进行探索性实践而出现失误的，湖南湘江新区将予以容错：

---

① 中共湘江新区纪律检查工作委员会，《关于开展湖南湘江新区容错纠错工作的实施办法（试行）》（湘新纪发〔2020〕12号），第十条，2020-12-17.
② 中共湘江新区纪律检查工作委员会，《关于开展湖南湘江新区容错纠错工作的实施办法（试行）》（湘新纪发〔2020〕12号），第十条，2020-12-17.

（1）在推进某些复杂的工作中，因政策界限不明确，导致执行政策出现偏差的；

（2）法律法规和政策规定没有明确限制，或者尚无具体办法可循，贯彻上级方针政策、指示精神，探索性试验中出现失误错误的。①

4. 其他类

对于其他情形，例如因不可抗力因素造成损失，或者积极主动消除负面影响的干部，湖南湘江新区基于容错纠错机制给予其充分限度的容错免责空间。

（1）在推进全面从严治党、落实管党治党主体责任中，坚持原则、敢抓敢管、担当作为，出现失误错误或造成负面影响的；

（2）因受自然灾害、国家政策调整或上级决策部署变化等不可抗力、难以预见、难以避免因素影响，导致失误错误或造成负面影响、损失的；

（3）在出现失误或偏差后，积极主动采取有效措施整改，最大限度挽回损失或者消除负面影响的，也在容错范围内。最后，湖南湘江新区还给实施容错纠错留足了空间，即经新区党工委、管委会研究决定后可以容错免责的其他情形，也属可容错范围。②

（三）不予容错的情形

为防止容错纠错机制被滥用，湖南湘江新区规定了三大类（共 10 条）不予容错的具体情形：

1. 违反纪律类

首先，因违反政治纪律的，或者党章党规、法律法规、政策制度明令禁止，仍明知故犯、有禁不止的；其次，违反廉洁纪律，假公济私、以权谋私，

---

① 中共湘江新区纪律检查工作委员会，《关于开展湖南湘江新区容错纠错工作的实施办法（试行）》（湘新纪发〔2020〕12 号），第十条，2020-12-17.

② 中共湘江新区纪律检查工作委员会，《关于开展湖南湘江新区容错纠错工作的实施办法（试行）》（湘新纪发〔2020〕12 号），第十条，2020-12-17.

为个人、亲属、他人或单位谋取不正当利益的，均不予容错。

2. 不当作为类

在干部干事过程中，因不作为、乱作为而出现失误错误的，坚决不予容错，具体为：

（1）未经集体决策或法定程序决策，个人专断、一意孤行的；

（2）发现问题没有积极主动挽回损失、消除不良影响，坐视不管、任其发展的；

（3）在同一问题上重复出现失误错误或给予容错并且纠错后再次出现同样失误错误的；

（4）应履行而未履行、不当履行、违法履行职责出现失职渎职，造成重大损失和严重后果的；

（5）因不担当、不作为、慢作为、乱作为以及慵懒怠政、误事碍事，而造成损失、不良影响的，明知上级有政策项目不积极争取申报，明知投资者有投资意向简单敷衍对付，造成机会丧失的，均不予容错。[①]

3. 后果恶劣类

以结果为导向是考核干部绩效的重要标准，一旦出现严重损失或恶劣影响，容错纠错也不能成为所谓的"避难之所"，因此：

因落实全面从严治党责任不到位，造成严重损害或严重不良影响的；在重大安全责任事故、重大环境污染和生态破坏事件、重大群体性事件、重大食品药品安全事故中负有责任，从而造成重大损失或恶劣影响的，均不予容错。[②]

此外，经过新区党工委、管委会研究决定不符合容错情形的，也不予容错。

[①] 中共湘江新区纪律检查工作委员会，《关于开展湖南湘江新区容错纠错工作的实施办法（试行）》（湘新纪发〔2020〕12号），第十一条，2020-12-17.

[②] 中共湘江新区纪律检查工作委员会，《关于开展湖南湘江新区容错纠错工作的实施办法（试行）》（湘新纪发〔2020〕12号），第十一条，2020-12-17.

三、容错纠错的认定程序

认定程序是容错纠错机制运行的核心，是保障该机制成功运行的外在形式。湖南湘江新区设计实施了公开公正的认定程序，构建了以"审查—裁定—反馈"为主要步骤的一般程序，以"五看"标准为主的甄别标准，以监督机制和认定结果运用为主的后续程序，并形成了容错纠错上下联动机制，为该机制的有序运行提供了保障。

（一）容错纠错的一般程序

湖南湘江新区容错纠错的认定程序包括"审查—裁定—反馈"三个步骤（见图3-2）：

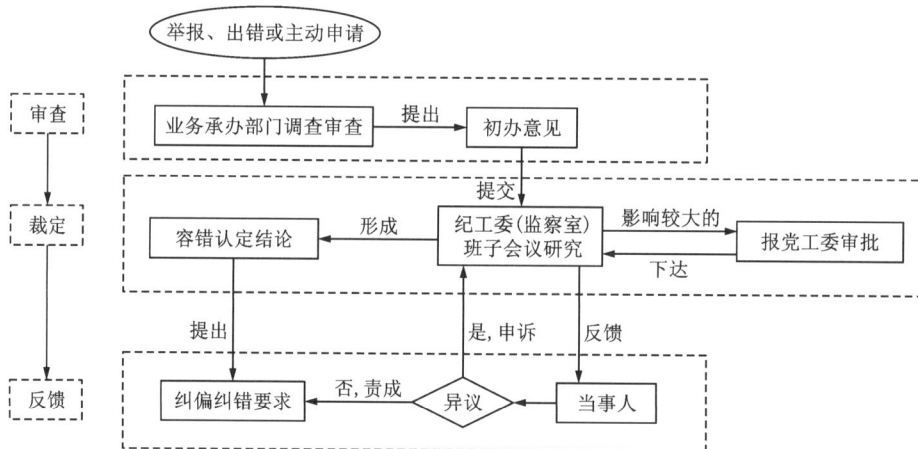

图3-2 干部容错纠错的一般程序

资料来源：作者自制

首先，纪工委(监察室)按照干部管理权限，对符合容错情形的当事人由业务承办部门进行调查审查，提出初办意见，提交纪工委(监察室)班子会议研究，形成容错认定结论。

其次，建立容错纠错会商裁定机制。对于情况复杂、影响较大、社会关注度较高的问题，邀请组织人事、宣传、政策研究、法制、业务主管部门以及党代表、人大代表、政协委员、有关专家或者委托第三方等进行会商，拿出结论性意见，由纪工委(监察室)班子会议研究认定，并报党工委审批。

最后，反馈和申诉。容错纠错认定结论作出后，3个工作日内反馈给当事人。当事人对认定结论有异议的，可以提出申诉，纪工委(监察室)另行组成核查组进行复核，并按原认定程序进行认定，一般应在10个工作日内反馈申诉结果。

(二)甄别标准

湖南湘江新区实行容错纠错坚持"五看"标准，在"三个区分开来"基础之上细化了甄别标准：第一，看问题性质，是探索创新还是有令不行、有禁不止，分清是失误错误还是违纪违法；第二，看工作依据，是界限不明还是故意曲解、随意变通，分清是先行先试还是肆意妄为；第三，看主观动机，是出于公心还是假公济私、以权谋私，分清是无心之过还是明知故犯，是开拓进取还是无视规律、急功近利；第四，看决策过程，是民主决策还是个人专断、一意孤行，分清是依规履职还是滥用权力；第五，看纠错态度，是及时补救还是消极应对、放任损失，分清是主动纠错还是坐视不管。[①]

(三)监督机制

在监督机制上，湖南湘江新区不仅对容错纠错适用对象进行监督，还对容错主体进行监督，如容错主体在容错纠错过程中存在隐瞒事实、弄虚作假、假公济私、失职渎职、纵容包庇等行为，则严肃责任追究。

(四)认定结果运用

对于普通干部而言，容错纠错只有切实融入他们的实际利益中，才能

① 中共湘江新区纪律检查工作委员会，《关于开展湖南湘江新区容错纠错工作的实施办法(试行)》(湘新纪发〔2020〕12号)，第六条，2020-12-17.

53

第三章 湖南湘江新区容错纠错机制探索

发挥真正功效。由此看来，对容错纠错的结果运用则显得尤为重要。湖南湘江新区作出规定，对容错的当事人，除从轻、减轻或免除党纪、政务处分和组织处理之外，还可在考核、晋升、评优、待遇等方面减轻或免除责任，具体看来，经历容错的干部，在党风廉政建设、平时考核、绩效考核、任期考核、试用期满考核等各类考核中；在提拔任用、职级职称晋升中；在评先评优、褒奖激励中；在获得党代表、人大代表、政协委员和后备干部资格时；在经济责任审计中均不受影响。此外，对于给予从轻、减轻处分处理的，有一定影响期的干部，影响期结束后在以上事项中均不受影响。①

（五）上下联动机制

湖南湘江新区建立了容错纠错上下联动机制。对于重大容错纠错事项，纪工委（监察室）应及时向上级纪委（监委）报告或报备，争取理解和支持；对于上级要求追责问责的，如果符合《关于开展湖南湘江新区容错纠错工作的实施办法（试行）》明确的容错情形，纪工委（监察室）积极向上级沟通，争取给予减责免责。

对新区市管干部实施容错纠错的，由纪工委（监察室）报党工委同意后，再请示上级纪委监委或组织人事部门，在获得上级相关部门同意授权后，新区纪工委（监察室）启动容错纠错核查相关工作，结果报党工委、管委会审议，提出相关建议报市委或者市纪委监委、市委组织部等相关部门。

四、容错纠错的报备机制

作为一项干部激励机制，容错纠错机制的根本设计目的是鼓励干部担当作为、改革创新，而其报备机制为其目的实现提供了重要途径。为此，湖南湘江新区设计了风险报备机制、改革创新风险备案机制，为真心想干事、

---

① 中共湘江新区纪律检查工作委员会，《关于开展湖南湘江新区容错纠错工作的实施办法（试行）》（湘新纪发〔2020〕12号），第十四条，2020-12-17.

敢干事、能干事的干部保驾护航。

(一)风险报备机制

为鼓励广大党员、公职人员在工作中开拓创新、担当实干,湖南湘江新区建立了容错纠错风险报备制度,即允许干部对相关风险进行预判、报告,为干部改革创新提供保障。以下为具体操作流程:在防范化解重大风险、历史遗留问题、突发事件,破解复杂矛盾、避免问题积压升级或者错失重大发展机遇,而采取必要的临时性、超常规措施,其决策和具体执行带有一定的政策风险、单位认为需要报备的,经所在单位集体研究,并经单位主要负责人签字后,及时向纪工委(监察室)报备。[①]

(二)改革创新风险备案

为充分调动和保护新区干部职工改革创新、敢闯敢干、先行先试的积极性、主动性和创造性,深化容错纠错机制运用,湖南湘江新区制定了改革创新风险备案制度。

改革创新风险备案,是指对于工作中有较大突破性、探索性的改革创新事项,只要不触犯党规党纪和法律、行政法规禁止性规定,按有关规定进行民主决策、风险评估论证后,经新区管委会分管领导审核同意,可向纪工委(监察室)进行改革创新风险备案。

1. 报备范围

改革创新风险备案制度适用于具有突破性、开创性、探索性的工作事项,或者在面临重大风险事项时,干部可以此为由减轻或免除责任,从而达到保障干部干事积极性的目的。具体看来,干部在下列事项中可考虑申请改革创新风险备案:

_____

① 中共湘江新区纪律检查工作委员会,《关于开展湖南湘江新区容错纠错工作的实施办法(试行)》(湘新纪发〔2020〕12号),第八条,2020-12-17.

（1）贯彻落实上级和新区党工委、管委会重要决策，推进重点工作和重大项目方面，敢于突破、大胆创新的；

（2）破除思维定式、工作惯性和路径依赖，在一些滞后于改革要求、不利于优化营商环境、制约新产业新业态新模式发展的旧做法、"老套路"上敢于突破，有利于激发新活力、塑造新优势的；

（3）在产业发展、招商引资、项目建设、征地拆迁、土地供应、国际贸易、股权投资、基金管理、污染防治、城乡规划、审批改革、执法监管、精准扶贫以及国企经营管理等方面进行开拓性、创造性举措的；

（4）在服务项目、服务企业、服务群众、服务基层等方面，实施容缺审批等探索性、创新性举措，有利于减轻基层负担的；

（5）化解重大风险、解决历史遗留问题、执行急难险重任务等方面。①

此外，党工委、管委会认为可予以风险备案的其他事项，也适用于改革创新风险备案制度。

2.报备程序

改革创新风险备案按照"申请—审核—反馈"的程序执行，每一环都有具体的程序规定，并经过充分的研究讨论、评估论证：

（1）申请。各部门（单位）、公司将需要报备的事项，经所在单位集体研究讨论、经主要负责人签字，向纪工委（监察室）报备。②

（2）审核。纪工委（监察室）受理申请后，由相关职能处室牵头提出审查意见，按程序报批；必要时可要求申请单位相关人员到场说明情况，也可组织法制等相关部门、有关专家、党风廉政监督员或者委托第三方等方式进行评估论证，形成结论意见后，提请纪工委（监察室）班子会议集体审议决定。重大或复杂敏感事项应与上级纪委、新区党工委、管委会相关领导

---

① 中共湘江新区纪律检查工作委员会，《关于开展改革创新风险备案工作的实施办法（试行）》（湘新纪发〔2020〕12号），第五条，2020-12-17.
② 中共湘江新区纪律检查工作委员会，《关于开展改革创新风险备案工作的实施办法（试行）》（湘新纪发〔2020〕12号），第六条，2020-12-17.

汇报沟通，再提请纪工委（监察室）班子会议集体研究决定。纪工委（监察室）集体研究后，将决定结果向党工委报备。[1]

（3）反馈。纪工委（监察室）原则上在受理后10个工作日内向有关申请单位送达《改革创新风险备案告知单》。[2]

3. 监管报告机制

改革创新风险备案后并非"一备了之"，有关单位对报备的改革创新风险备案事项需要做到备前科学预判，备后跟踪监管，制定内控措施，明确内部具体责任处室、责任人，全过程监管。报备事项实施过程中发现的问题，有关单位应当及时采取措施，防止损害、影响扩大，并及时报告有关部门。

4. 改革创新风险备案上下联动机制

对于走在全国、全省、全市前列的突破性、重大改革创新风险备案事项，纪工委（监察室）有责任及时向上级纪委（监委）报告或报备，最大限度争取理解和支持；对于已备案事项，纪工委（监察室）要根据不同情况通过下发工作提醒函、廉政谈话等方式，强化对报备单位的再监督。

5. 对特殊情况的处理

对于报备事项在实施过程中出现的下列问题，实行分类处置，个别问题个别研究：首先，涉及信访举报的，要严格控制影响范围，包容审慎地开展调查处置，并采取必要措施减少对改革创新工作的影响；其次，涉及负面舆情的，加强正面引导，及时发布权威信息，争取干部群众理解和支持；再次，涉及需由新区纪工委（监察室）实施问责追责的，只要符合容错条件，按有关规定实施容错，并坚持容纠并举，及时纠偏纠错；最后，涉及上级纪检监察机关要求问责的，如符合容错条件的，由纪工委（监察室）积极与上级有关部门沟通，争取免予或从轻、减轻处理处分。

---

[1] 中共湘江新区纪律检查工作委员会，《关于开展改革创新风险备案工作的实施办法（试行）》（湘新纪发〔2020〕12号），第六条，2020-12-17.

[2] 中共湘江新区纪律检查工作委员会，《关于开展改革创新风险备案工作的实施办法（试行）》（湘新纪发〔2020〕12号），第六条，2020-12-17.

第三节　湖南湘江新区容错纠错的联动机制

干部在中国政治话语体系中占据独特地位，他们在国家治理体系中起着举足轻重的作用。然而，近年来干部"庸政懒政""为官不为"等行为却屡见不鲜，干部"避责"行为也引起了社会各界的广泛关注。随着我国改革进入攻坚期和深水区，发挥干部"敢闯敢干""勇担先锋"的精神亦成为迫切需要。对此，容错纠错机制应运而生，作为干部激励机制被寄予厚望。然而，容错纠错机制作为创新机制，必须和当前相关机制相互融合嵌入才能发挥实效。因此，湖南湘江新区容错纠错机制与当前的风险防控机制、澄清关爱机制、选拔任用机制、绩效考核制度、问责追责制度等形成联动，试图形成各个机制相互促进、相互发展的良好局面。

一、风险防控机制

对于存在较大犯错风险的领域，湖南湘江新区秉持预防为主、监督"前移"的思路，构建了以廉政风险防控体系、容缺审批体系为主的风险防控机制，成为湖南湘江新区特色预防机制的重要组成部分。

(一)廉政风险防控

湖南湘江新区将廉政风险防控体系作为防错容错机制的重要组成部分[①]，构建了廉政风险防控动态管理工作体系。首先，确立了动态管理工作的主要内容。一是建立健全廉政风险防控动态更新机制，及时更新调整职权目录和权力运行流程图，排查廉政风险点，完善防控制度与措施，实行动态更新、精准防控。二是建立健全职权廉政风险分类处理机制，即根据职

[①]　中共湘江新区纪律检查工作委员会，《关于廉政风险防控动态管理工作的实施办法（试行）》（湘新纪发〔2020〕12 号），2020-12-17.

权、事项内容、风险程度的具体情况，按照执行职权廉政风险防控工作方案、执行改革创新风险备案制度、执行容错纠错制度、执行问题线索移送制度等方式实施分类处理。三是建立健全岗位廉政风险动态监控机制，通过指定专门的工作机构或人员、常态化收集岗位廉政风险信息、开展岗位廉政风险针对性预警和防控等工作，构建动态监控体系。四是建立健全廉政风险防控体系效果评估机制，规定各级党组织每年应至少组织开展一次对廉政风险防控整体工作质效的自查和评估，及时发现问题、探究原因、整改完善，确保廉政风险防控体系适应新时代全面从严治党工作新要求。

其次，明确了动态管理工作的监督机制。湖南湘江新区将廉政风险防控动态管理工作纳入日常监督检查内容，分别从权力行使、制度机制、作风效能等方面监督管理。此外，湖南湘江新区实行对高廉政风险领域的政治生态分析制度、执行高廉政风险岗位履职检查制度，并坚持发挥绩效考核的"导向"作用，把廉政风险防控机制建设及动态管理等工作情况作为落实党风廉政建设主体责任的专项工作，纳入党风廉政建设责任制年度考核。

（二）容缺审批

2019 年，国务院办公厅发文要求建立健全信用承诺制度[①]。在办理适用信用承诺制的行政许可事项时，申请人承诺符合审批条件并提交有关材料的，应予即时办理。申请人信用状况较好、部分申报材料不齐备但书面承诺在规定期限内提供的，应先行受理，加快办理进度。可见，容缺审批既是政府"放管服"改革的内在要求，也是激发市场主体活力的有力保障，尤其在疫情期间"复工复产"过程中起到了重要作用。容缺审批对于完善容错纠错机制具有重要意义，使需要高效率的项目事项不受审批制度的掣肘。但是，目前湖南省、长沙市和湖南湘江新区还未出台正式的"容缺受理"的

[①] 国务院办公厅，《关于加快推进社会信用体系建设构建以信用为基础的新型监管机制的指导意见》（国办发〔2019〕35 号），2019−07−09.

文件，容缺审批还停留在经验层面，未来还应当加大探索力度。

二、澄清关爱机制

随着社会力量的强势崛起，社会问责悄然兴盛，这为监督干部提供了重要力量，但是，干部遭到诬告陷害的现象时有发生。为消除不良影响，以制度温情抚慰干部情绪，湖南湘江新区出台了较为详细的澄清关爱政策。一方面，澄清、消除由诬告陷害或不实信息造成的不良影响，对诬告陷害人员予以一定程度的惩戒，保护干部的干事热情；另一方面，对经历容错纠错过程的干部进行关爱回访，教育引导其转变消极思想，更好地投身于为人民服务的广阔天地中去。

(一) 澄清机制

2020 年，湖南湘江新区发文对澄清的定义、范围、程序、方式等内容作出了规定①：

1. 澄清的定义

澄清工作，是指纪检监察组织在检举控告调查工作中，对纪检监察对象受到失实检举控告且造成不良影响的，按程序作出认定结论，在征求本人意见的基础上，对符合澄清条件的，采取适当方式澄清问题、维护合法权利、消除负面影响，实事求是、客观公正地为担当者担当、为负责者负责。

2. 澄清的范围

对于失实检举控告的澄清工作，湘江新区采取列举的方式划定范围，即经核查认定检举控告反映内容失实，但被检举控告人在换届选举、选拔任用、评先评优等工作中受到或者可能受到影响的，或其人身权利、财产权利受到侵害或者正常工作、生活等受到不良影响的，又或者失实检举控告

---

① 中共湘江新区纪律检查工作委员会，《失实检举控告澄清工作办法 (试行)》(湘新纪发〔2020〕12 号)，2020－12－17.

在一定范围或者社会上造成不良影响的，以及经本级纪检监察机关研究认为确有必要澄清的其他情形，应当予以澄清。

对于经核查认定检举控告反映内容部分属实的情况，只要被检举控告人的被反映问题已经在新区纪工委（监察室）进行改革创新风险备案，属于提前预测的风险性问题的，或者被检举控告人的被反映问题符合容错纠错情形，已经予以容错免责的，湖南湘江新区为保护干部干事创业的主动性、积极性、创造性，及时消除不良影响，也予以澄清。

对于被检举控告人被反映问题线索采取谈话函询、暂存待查的方式处置的，或者被检举控告人尚有其他问题线索拟进行核查的，或者被检举控告人被反映问题涉及个人隐私的，或者失实检举控告未造成不良影响的，抑或是经本级纪检监察机关研究认为不宜澄清的，则一般不予澄清。

3. 澄清的程序

失实检举控告澄清工作由新区各级纪检监察机关（部门）负责承办，其中监督检查、审查调查等检举控告承办处室负责澄清工作核实认定、提请评估、组织实施、结果反馈、澄清回访的具体工作；案件审理处室负责对失实检举控告事实是否核查清楚、认定是否准确无误、证据是否确凿完整进行把关，并为承办处室提供审核意见；案管信访处室负责澄清工作的协调、调度、统计分析、梳理汇总，并为承办处室提供相关意见，会同相关处室建立健全相关制度，总结推广经验。具体按照以下程序实施：

第一，提起。承办处室核实认定检举控告失实认为有必要澄清且已征得被检举控告人同意的，或者被检举控告人主动向纪检监察组织提出申请的，填写《失实检举控告澄清征求意见表》，视为提起澄清。

第二，评估。由承办处室牵头，会同案件审理、案管信访处室，按照澄清的标准和要求，结合被检举控告人一贯表现等进行综合评估，形成一致意见。对是否应予澄清存在争议的，由承办处室提请本级纪检监察机关班子会议研究。

第三，审批。由承办处室填写《失实检举控告澄清审批表》，参与评估处室分别签署意见后，报本级纪检监察机关分管领导、主要负责人审批。涉及重要岗位领导干部，或者造成较大社会影响、拟予以公开澄清的，必要时呈报同级党委主要负责人审批。

第四，实施。由承办处室按照审批同意的澄清方式，牵头组织实施。

第五，反馈。澄清工作完成后，承办处室应及时向分管领导反馈有关情况。涉及澄清对象换届选举、选拔任用、评先评优等事项的，还应及时向组织人事等有关部门反馈。

一般工作环节要求在 2 个工作日内完成，涉及处室间配合的环节在 5 个工作日内完成，总体要求在 10 个工作日内完成澄清工作，保证工作进度，减少失实检举控告对被检举控告人造成的不良影响。

4.澄清的方式

实施澄清工作可以采取以下方式：

第一，书面澄清。由承办处室向澄清对象送达澄清函，载明澄清事项、澄清机关和时间等，抄送其所在单位党组织主要负责人，并根据需要抄送相关组织人事部门。

第二，当面澄清。对澄清对象造成心理影响的，由承办处室派员或者发函委托其所在单位党组织负责人当面澄清事实，帮助其消除思想顾虑，激励其担当作为、履职尽责。

第三，会议澄清。在澄清对象所在单位等一定范围造成不良影响的，承办处室可报请本级纪检监察机关主要负责人派员或者发函委托澄清对象所在单位党组织负责人，在相应范围内开会澄清。

第四，通报澄清。涉及澄清对象换届选举、选拔任用、评先评优等事项的，承办处室及时向其所在单位或者组织人事部门通报情况，消除影响。在一定区域或行业造成不良影响的，承办处室在相应范围内通报情况，或者发函委托有关单位在相应范围内通报情况，消除影响。需要进行书面通报的，由承办处室报请本级纪检监察组织出具。

第五，其他方式。根据工作实际情况，其他澄清方式更为适宜的，经本级纪检监察机关研究,可以使用其他方式。

以上澄清方式可以合并使用,使用当面澄清、会议澄清、通报澄清等方式的,应当同时使用书面澄清方式。

5.对检举控告人的监督与保护

在澄清工作中,要依法保障检举控告人的合法权益,防止实名检举控告人受到打击报复。检举控告人因对事实了解不全面而发生错告、误告的,可以不追究其责任,对造成一定影响的,在实施澄清的基础上,应以适当方式告知检举控告人事实真相并对其进行批评教育。对以任何方式追查打击报复检举控告人的,一经查实,依照有关规定严肃处理。

对经认定属诬告陷害、恶意中伤,干扰改革创新或持续上访造成恶劣影响的单位和党员干部个人,要视情节轻重给予批评教育、通报批评、诫勉谈话、组织处理或者纪律处分。对非党员和非监察对象,要视情节轻重协调有权机关采取有效手段妥善处置。涉嫌违法犯罪的,移送有关机关按照国家法律规定处理。对典型案例,要及时予以通报曝光。

(二)关爱回访机制

为深入贯彻"惩前毖后,治病救人"基本方针和"坚持严管和厚爱结合、激励和约束并重"的要求,进一步加强对受处分人员的教育引导和关爱激励,促进其思想转变,帮助其卸下思想包袱轻装再出发,新区对以下事项作了详细规定①:

1.关爱回访的对象

关爱回访的对象主要是受到党工委和纪工委(监察室)给予的党纪和政务处分的人员。受上级纪委监委委托,纪工委(监察室)可以对上级纪委监委处分的人员进行回访。被开除党籍、被行政开除或已辞职离开新区机关

---

① 中共湘江新区纪律检查工作委员会,《对受处分人员关爱回访工作办法(试行)》(湘新纪发〔2020〕12号),2020-12-17.

事业单位和国有公司的，则不再进行回访。

2.关爱回访的方式

回访可以采取以下方式：

第一，直接走访。通过到受处分人员所在单位与受处分人员面对面谈心，找相关党组织主要负责同志、分管领导、所在部门负责人和纪检监察机关负责人或纪检委员谈话，调阅有关资料等方式了解情况。

第二，委托走访。委托相关党组织帮助走访，了解情况。

第三，致函致电。致函致电到受处分党员所在单位和其本人，要求对方书面反映相关情况。

3.关爱回访的内容

关爱回访的内容主要有五个方面：第一，了解受处分人员本人对所犯错误的认识、吸取的教训、整改情况、存在的困难和对组织的合理诉求；第二，了解所在单位对受处分人员的思想、学习、工作情况的评价和反映；第三，了解所在单位对被处分人员的教育、疏导和帮扶情况；第四，了解所在单位对党纪政纪决定的执行和落实，对党员、公职人员的日常教育监管，制度建设等情况；第五，认真做好受处分人员的思想教育、心理疏导和政策解释工作，传递组织关爱，帮助改过自新，保障合法权益，激励担当作为。

三、选拔任用制度

干部是中国政治实践的核心和关键，国家各项政策和举措都需要依靠干部予以实施，因此，干部激励机制具有重要的现实价值，而干部晋升机制则是重要的干部激励工具。湖南湘江新区通过优化干部标准，完善选任用人、能上能下、学习培训等机制，从干部晋升的角度完善干部激励机制，鼓励干部敢担当、干实事。

（一）优化干部标准

一是在制定干部标准时，突出信念过硬、政治过硬、责任过硬、能力过硬、作风过硬，大力选拔敢于负责、勇于担当、善于作为、开拓创新、实绩突出的干部，对在重大项目、援藏援疆等重要工作推进中表现突出的干部，优先考虑提拔使用。二是从对党忠诚的高度看待干部是否担当作为，注重从精神状态、作风状况考察政治素质，既看日常工作中的创新与担当，又看大事要事难事中的表现。三是坚持有为才有位，突出实践实干实效，让那些想干事、能干事、干成事、不出事的干部有机会、有舞台。

（二）完善选人用人机制

积极探索实施岗位聘任制，进一步拓宽选人用人渠道。深入推进干部交流轮岗工作，重点加强关键岗位干部、年轻优秀干部的交流，探索新区机关干部与区县、园区、国有企业干部和优秀人才的交流机制。选派优秀年轻干部参与脱贫攻坚、巡视巡察等工作，选派到国家部委、省市机关跟班学习，到沿海发达地区、贫困边远地区和世界 500 强、中国 500 强、民营 500 强企业以及产业园区、金融机构锻炼，让干部在丰富实践中提高本领、成长成才。探索创新新区管理机构选人用人机制和绩效激励机制。

（三）落实能上能下机制

2018 年，为进一步从严管理新区干部队伍，推进干部能上能下，激励鞭策广大干部重实干、强担当，湖南湘江新区规定了干部能下情形、能下程序、能下措施等①，具体内容见附录四。

所谓"能上"，是根据《党政领导干部选拔任用工作条例》等选人用人规定，建立健全具有新区特色的干部素质培养、知人识事、选拔任用、从严管理、正向激励体系，注重培养选拔敢于担当作为的干部，注重选拔优秀年轻干部。所谓"能下"，意在重点解决"批评教育不管用、纪律处分够不上、不

---

① 中共湖南湘江新区工作委员会，《关于印发〈推进干部能上能下实施办法（试行）〉的通知》（湘新发〔2018〕18 号），2018-11-12.

贪不腐但不为"等非涉及问责和党纪政务处分情形、不适宜担任现职干部的"能下"问题。

1. "能下"情形

为应对不作为、虚作为、乱作为等不良行为，湖南湘江新区试图从干部选拔任用机制上对此进行治理，形成了四大类共 9 条情形。首先是消极作为类，即因消极对待、缺乏责任担当、工作不在状态等，造成严重失误或不良影响；其次是能力受限类，即因个人工作能力不足，缺乏理解力、执行力、创造力，难以按要求完成任务，难以适应工作岗位；再次是胡作非为类，即搬弄是非，制造事端，动机不纯，危害党和国家的事业；最后是考核不良类，即年度绩效考核或民主测评的称职率不达标的干部，均属于"能下"范围内。

2. "能下"程序

湖南湘江新区干部"能下"程序在党工委授权下由党政综合部运行，在干部出现上述情形后，按照"启动—考察核实—提出建议—组织决定—通报—办理手续"的程序实行，对干部实行"能下"措施后，干部的任免、人事、薪酬等将受到不同程度的影响。值得一提的是，干部本人对决定不服的，可书面向党工委申请复核或提出申诉，复核、申诉期间不停止决定的执行。

3. "能下"措施

"能下"措施包括综合使用组织处理和降低薪酬等方式。在职务调整上，"能下"干部将受到诫勉、调离现职、免去领导职务、降职等处理；在薪酬调整上，"能下"干部将按照比例扣发当年度业绩奖金，并按照新任职务或职级确定薪酬等级。此外，干部受"能下"处理影响期满，若德才表现、工作实绩突出，因工作需要经所在部门（单位）提出，考察后符合条件的，经党工委研究可重新任用或者提拔任职、恢复原薪酬等级。①

(四)健全学习培训机制

湖南湘江新区按照建设高素质专业化干部队伍要求，着力突出干部学习培训的精准性和实效性，采取多种形式，按计划推动全员学习培训，进一步强化干部专业知识、专业能力培训，全面提高干部的学习本领、政治领导本领、依法执政本领、改革创新本领、高质量发展本领、群众工作本领、狠抓落实本领、驾驭风险本领等。2018年，新区发文对学习培训的管理机制、实施细则、培训保障等作了详细规定。②

1. 管理机制

新区干部教育培训工作在党工委的统一领导下，由党政综合部主管，新区机关事业单位分工负责。党政综合组织人事处进行归口管理，发展组织实施干部教育培训。此外，财政局根据党工委审定的年度培训计划，编制干部教育培训经费预算，管理监督经费使用。

2. 实施细则

首先，对于上级组织实施的、委托或联合组织的、单位自主组织的、出国培训以及个人自主学习等不同类型的学习培训活动，有不同的规定。其次，在学习培训活动期间确有特殊情况需要请假的，按规定办理请假审批手续。最后，新区各部门、单位接到上级业务部门下达的调训计划，报党政综合部组织人事处审核，审批手续按照分类程序办理。

3. 培训保障

新区为干部学习培训制定了一系列的保障机制，主要有经费、制度和待遇保障：第一，经费保障。干部教育培训经费列入财政预算，实行专款专

---

① 中共湖南湘江新区工作委员会，《关于印发〈推进干部能上能下实施办法(试行)〉的通知》(湘新发〔2018〕18号)，2018-11-12.
② 中共湖南湘江新区工作委员会，《关于印发〈湖南湘江新区干部教育培训管理细则〉的通知》(湘新发〔2018〕7号)，2018-04-16.

用，按照"谁组织、谁报批、谁使用、谁负责"的原则进行管理。第二，制度保障。新区实行干部教育培训登记备案制度，建立干部教育培训档案，并作为干部选拔任用、职务晋升、干部竞聘、职称评定等的重要依据。第三，待遇保障。经组织选派参加教育培训的干部，教育培训期间保持原有薪酬待遇不变①。

四、绩效考核制度

容错纠错是激励干部担当作为、改革创新的重要机制，在设计伊始就将作用客体对准了广大干部。归根结底，容错纠错的本质目标是激励干部，因此容错纠错机制运行效果如何还有赖于另一项机制的有效运行——干部绩效考核制度。湖南湘江新区自建立以来就充分重视发挥绩效考核指挥棒的作用，力图解决"干与不干、干多干少、干好干坏一个样"的问题，使绩效考核真正成为调动干部开拓创新、担当作为积极性的强劲动力。注重平时考核，构建以年度考核为重点，以专项考核和绩效考核为重要内容的干部综合考核体系，突出对党中央和省、市、党工委管委会决策部署贯彻执行情况的考核，突出政治考核、作风考核、实绩考核、差异化考核。

以2020年为例，新区制定了非常具体的绩效考核办法，详细规定了考核对象、考核体系、考核等次、考核步骤、结果运用、实施细则、项目清单等②。值得注意的是，湖南湘江新区将考核体系和考核对象分为单位绩效考核与个人绩效考核两种类型。

（一）单位绩效考核

由于有些如重大任务、组织建设等考核目标在考核时很难落实到个人，

---

① 中共湖南湘江新区工作委员会，《关于印发〈湖南湘江新区干部教育培训管理细则〉的通知》（湘新发〔2018〕7号），2018-04-16.
② 中共湖南湘江新区工作委员会、湖南湘江新区管理委员会，《关于印发〈湖南湘江新区2020年度绩效考核办法〉的通知》（湘新发〔2020〕9号），2020-05-09.

将单位作为一个整体进行考核更容易达成考核目标。湖南湘江新区是经济功能区，其单位主要由综合管理部门、经济建设部门和委属国有企业三部分组成，因此单位考核体系主要围绕这三部分进行。

1. 考核对象(共13个)

单位考核对象分为三类：综合管理部门、经济建设部门和委属国有企业，基本涵盖了湖南湘江新区所有单位。

综合管理部门(3个)：新区党政综合部(含规划档案中心、人才服务中心)、纪工委、政务服务中心。

经济建设部门(6个)：经济发展局、财政局(含财政投资评审中心、金融发展服务中心)、国土规划局、住建环保局(含建设工程质量安全监督站)、产业促进局、土地储备中心。

委属国有企业(3个)：湘江发展集团、湘江国投公司、湘江智能公司，长沙城发集团单列考核，不参与排名。

涉及新区的工作职责任务，由新区制定考核目标并进行考核。

2. 考核体系

考核体系是政府绩效考核的重要内容，往往直接影响政府绩效考核的成效。湖南湘江新区的考核体系采用记分制，总的记分公式为：单位绩效总分=工作目标得分+加分项目得分-扣分项目得分。工作目标基本分为100分(见附录四)，包括重点专项、职责目标、党的建设和公认评估四类考核指标。考核指标性质分为排名制(A类)、扣分制(B类)两类。

第一，重点专项。主要考核综合督办、基础设施项目、产业项目等中心工作情况。设置专项指标，综合督办采取排名制考核方式，基础设施项目、产业项目采取扣分制考核方式，由新区考核工作领导小组办公室(简称新区考核办)会同考核责任单位制定考核细则(见附录四)、组织实施考核和按排名或得分比例提供差异化考核结果。

第二，职责目标。主要考核单位职责范围内的重点工作任务和经营目标完成情况。采取扣分制考核方式，新区考核办根据党工委经济工作会议等重要会议精神和上级有关规定，组织制定考核指标和要点，通过集中考核，提供考核结果。

第三，党的建设。主要考核单位基层党建和党风廉政建设工作。采取扣分制考核方式，分别由机关党委、纪工委制定考核细则并组织实施考核，按得分比例提供差异化考核结果。

第四，公认评估。主要对单位工作总体情况进行公认评估，采取排名制方式计分。管委会领导、机关事业单位及公司干部、服务对象分别进行评估。服务对象满意度测评由新区考核办年底制定方案并组织。

第五，加分项目。加分项目包括招商引资贡献加分、专项债发行及上级预算内资金争资加分和产业基金返投新区规模贡献加分三类。同一单位总加分最高不超过 5 分。

第六，扣分项目。扣分项目包括负面影响扣分、工作目标调整扣分两类。采取就高不就低扣分原则，同一事项或同一人因同一行为受到处理处分，不重复扣分。因同一事项单位、个人皆受处理，单位、个人按扣分清单规定分别扣分，计入绩效总分。

3. 绩效考核等次

单位绩效考核等次分为一等、二等、三等。综合管理部门绩效总分排名第 1 名，经济建设部门绩效总分排名前 2 名，委属国有企业绩效总分排名第 1 名且超过 90 分，评为一等；除以上 4 个单位外，绩效总分较上一年度增加最多的单位，评为一等。湘江发展集团绩效总分超过 90 分，向市国资委呈报 A 级。

单位绩效总分排所有考核单位最后一名且负面影响扣分有"不能评为一等单位"情形的，或新区党工委认为有必要的，列为三等甄别考察对象，由新区考核办组织进行深入考察，提出等次建议。

(二) 个人绩效考核

对于干部个人而言，湖南湘江新区的单位绩效考核体系和个人绩效考核体系组成了双重考核体系，既包括集体也包括个人，这种双重组合更加科学合理。

1. 考核对象

考核对象包括新区管委会机关公务员、事业单位工作人员和新区雇员以及湖南湘江新区国有资本投资有限公司(简称湘江国投公司)、湖南湘江新区智能科技创新中心有限公司(简称湘江智能公司)领导班子成员。根据干部管理权限，考核对象名单年底由新区考核办确定。

2. 评价计分

湖南湘江新区干部个人绩效考核的评价积分公式如下：市管正职及湘江国投公司、湘江智能公司正职评价计分(100分)＝新区党工委、管委会主要领导评价(40分)＋管委会领导评价(30分)＋民主测评称职以上票率(30分)；其他市管干部评价计分(100分)＝新区党工委、管委会主要领导评价(30分)＋管委会领导评价(30分)＋单位正职评价(20分)＋民主测评称职以上票率(20分)。

机关事业单位正科职以下干部和湘江国投公司、湘江智能公司副职由各单位组织考核，干部的等次建议由单位领导班子研究呈报。其中各机关事业单位正科职干部作为独立序列进行考核，一等比例一般不超过其他干部。

3. 绩效考核等次

干部绩效考核等次分为一等、二等、三等、四等。市管干部绩效考核等次，由新区党工委根据评价计分情况、德能勤绩廉等情况研究审定，一等名额不超过纳入考核市管干部总数的25%。湘江国投公司、湘江智能公司正职由新区党工委研究审定等次。

各单位需参照本办法制定本单位工作目标责任考核管理制度，并报新区考核办备案。机关事业单位正科职以下干部和湘江国投公司、湘江智能公司班子副职考核等次，由各单位根据本单位工作目标责任考核管理制度执行结果研究提出，报新区党工委审定，一等名额由新区考核办根据单位等次和纳入考核的干部基数审核下达。

(三)绩效考核结果运用

为解决政府绩效考核"重考核、轻行动"的问题，湖南湘江新区坚持奖惩结合，将绩效考核结果运用于薪酬待遇、政治待遇、奖金福利等多项激励手段中，旨在提升绩效考核结果运用的实用性和公正性。值得注意的是，湖南湘江新区还设立了"重大贡献奖"，以保护表现突出干部的干事热情。

1. 机关事业单位考核结果运用

总的来说，机关事业单位考核结果可分为三等，而每个等级都与业绩奖金直接相关，对干部个人存在较大影响。单位评为一等的，授予"湖南湘江新区2020年度绩效考核一等单位"称号，业绩奖金单位考核系数为1.1(单位正职系数为1.0)，干部评为一等的比例不超过25%；单位评为二等的，业绩奖金单位考核系数为1.0，干部评为一等的比例不超过20%；单位评为三等的，业绩奖金单位考核系数为0.9，干部评为一等的比例不超过15%，评为三等以下等次的干部不低于5%。评为一等的市管干部不占用所在单位一等名额。①

2. 干部考核结果运用

第一，与公务员及事业单位工作人员年度考核结果挂钩。公务员及事业单位工作人员，按照市委组织部、市人社局规定的比例确定年度考核评优名额，评优干部从一等等次公务员及事业单位工作人员中产生，由新区党工委研究确定。新区干部赴外挂职、借调评优或到新区挂职干部评优，不占新区干部评优名额。绩效考核评为三等、四等的，年度考核结果由新区党工委研究确定。

第二，与干部薪酬待遇挂钩。干部绩效考核结果与当年业绩奖金、次

① 中共湖南湘江新区工作委员会、湖南湘江新区管理委员会，《关于印发〈湖南湘江新区2020年度绩效考核办法〉的通知》(湘新发〔2020〕9号)，第五条，2020-05-09.

年岗位工资紧密挂钩。干部评为一等的，单位正职和调研员业绩奖金个人考核系数为1.05，单位副职及以下干部系数为1.1。干部评为二等的，业绩奖金个人考核系数为1.0。干部评为三等的，当年业绩奖金个人考核系数为0.6，次年岗位工资发放60%。干部评为四等的，当年业绩奖金个人考核系数为0，次年停发岗位工资①。

第三，与干部政治待遇挂钩。干部的考核结果等级的最终确定，与干部的"政治前途"息息相关，尤其是对于绩效考核不优或者受到处理处分的干部，其影响更为显著。干部评为一等的，颁发"湖南湘江新区2020年度先进工作者"荣誉证书。受组织处理或党纪政纪处分的干部，参照《公务员考核规定》《加强受组织处理纪律处分领导干部管理实施意见》等文件规定，经新区党工委研究确定考核等次和组织处理意见。市管干部年度考核结果定为基本称职以下的，除按照市委组织部要求执行外，新区党工委可根据实际情况对其进行工作调整。对民主测评结果显著异常或反映比较集中的，按照《推进干部能上能下实施办法(试行)》，启动甄别考察，根据考察核实结果，给予相应组织处理。②

3.委属国有企业考核结果运用

湘江发展集团、长沙城发集团、湘江国投公司和湘江智能公司作为委属国有企业，其绩效考核结果的运用与湖南湘江新区机关干部不尽相同。因而，湘江发展集团绩效分数，报市委组织部直接运用为市管企业领导班子年度综合考核评价经营业绩得分，报市国资委直接运用为市属经营类国有企业负责人经营业绩考核得分。长沙城发集团绩效分数，报市国资委直接作为城发集团负责人经营业绩考核的组成部分。湘江国投公司、湘江智能公司(董事长除外)班子成员根据党工委审定的考核结果，按照公司薪酬

---

① 中共湖南湘江新区工作委员会、湖南湘江新区管理委员会，《关于印发〈湖南湘江新区2020年度绩效考核办法〉的通知》(湘新发[2020]9号)，第五条，2020-05-09.

② 中共湖南湘江新区工作委员会、湖南湘江新区管理委员会，《关于印发〈湖南湘江新区2020年度绩效考核办法〉的通知》(湘新发[2020]9号)，第五条，2020-05-09.

办法与薪酬待遇直接挂钩。[①]

(四)设立"湖南湘江新区重大贡献奖"

为充分调动各方面主动性和积极性，设立了"湖南湘江新区重大贡献奖"，奖励委属国有企业和新区范围内园区、区市在经济建设、产业项目、基础设施项目、科创合作、征地拆迁、招才引智、财税贡献等方面取得重点突破作出重大贡献的单位或个人。

五、问责追责制度

湖南湘江新区作为国家级新区，严格遵循中央、省、市有关党纪法规、文件制度开展干部问责追责工作。

(一)中央层面的问责追责制度

中央层面出台了《中国共产党问责条例》以及《中国共产党纪律处分条例》等文件，为党员干部的责任追究提供了纲领性要求。2016年7月，中共中央印发了《中国共产党问责条例》(下面简称《条例》)，为推动失责必问、问责必严成为常态发挥了重要作用，是开展全面从严治党工作的重要利器。2019年9月，为适应新形势、新任务、新要求，中共中央对《条例》进行了修订。《条例》在问责主体、问责对象、问责情形、问责方式等方面作了详细规定。其中，党委(党组)在干部问责追责过程中负有主体责任、领导责任和监督责任，纪委协助同级党委开展问责工作，党的工作机关则依据职能履行监督职责。问责对象是党组织、党的领导干部，重点是党委(党组)、党的工作机关及其领导成员，纪委、纪委派驻(派出)机构及其领导成员。对党组织问责的，同时也要对该党组织中负有责

---

① 中共湖南湘江新区工作委员会、湖南湘江新区管理委员会，《关于印发〈湖南湘江新区2020年度绩效考核办法〉的通知》(湘新发〔2020〕9号)，第五条，2020-05-09.

任的领导班子成员进行问责。

1. 予以问责的情形

党组织、党的领导干部违反党章和其他党内法规，不履行或者不正确履行职责的，应当予以问责。对此，《条例》将予以问责的情形分为四大类（共10条）。第一，党的领导弱化，即"四个意识"不强，在党的基本理论、基本路线、基本方略没有得到有效贯彻执行，导致党的领导弱化，在"五位一体"建设中出现了重大偏差和失误。第二，党的建设不实，即因未贯彻执行党的建设方针，导致党的政治建设、思想建设、组织建设、作风建设、纪律建设、廉政建设效果不佳，甚至造成严重后果或者恶劣影响。第三，履职尽责不力，即在党内管理、监督责任落实不力，不负责不担当，或者在职责范围内发生重特大事故事件，造成了重大损失或者恶劣影响。第四，损害群众利益，即在教育医疗、环境保护、社会保障等人民群众最关心的问题上作为懒散或作为不当，造成恶劣影响。①

2. 不予问责的情形

有下列情形之一的，可以不予问责或者免予问责。首先，在推进改革中因缺乏经验、先行先试出现的失误，尚无明确限制的探索性试验中的失误，为推动发展的无意过失；其次，在集体决策中对错误决策提出明确反对意见或者保留意见的；最后，在决策实施中已经履职尽责，但因不可抗力、难以预见等因素造成损失的。对上级错误决定提出改正或者撤销意见未被采纳，而出现上述所列应当予以问责情形的，依照不予问责情形的规定处理。上级错误决定明显违法违规的，应当承担相应的责任。②

3. 从轻或减轻问责的情形

对于及时采取补救措施，有效挽回损失或者消除不良影响的，或者积极配合问责调查工作，主动承担责任的，可以从轻或减轻问责。

---

① 中共中央，《中国共产党问责条例》(2019年修订)，第七条，2019-09-04.
② 中共中央，《中国共产党问责条例》(2019年修订)，第十七条，2019-09-04.

4. 从重或加重问责的情形

对党中央、上级党组织三令五申的指示要求，不执行或者执行不力的，或者在接受问责调查和处理中，不如实报告情况，敷衍塞责、推卸责任，或者唆使、默许有关部门和人员弄虚作假，阻挠问责工作的，予以从重或加重问责。

5. 问责方式

对党组织的问责，根据危害程度以及具体情况，可以采取"检查、通报、改组"的方式；对党的领导干部的问责，根据危害程度以及具体情况，可以采取"通报、诫勉、组织调整或处理、纪律处分"的方式。这些问责方式，可以单独使用，也可以依据规定合并使用。

6. 问责程序

当相关部门获得问题线索或举报后，需要依照"问责调查启动—问责调查开展—问责决定作出—问责决定执行—问责决定通报—问责决定申诉—问责决定纠正"的程序运行，以确保问责程序公正，并切实保障广大干部的合法权益。

第一，问责调查启动。需要进行问责调查的，有管理权限的党委（党组）、纪委、党的工作机关应当经主要负责人审批，及时启动问责调查程序。其中，纪委、党的工作机关对同级党委直接领导的党组织及其主要负责人启动问责调查，应当报同级党委主要负责人批准。

第二，问责调查开展。启动问责调查后，应当组成调查组，依规依纪依法开展调查，查明党组织、党的领导干部失职失责问题，综合考虑主客观因素，正确区分贯彻执行党中央或者上级决策部署过程中出现的执行不当、执行不力、不执行等不同情况，防止问责不力或者问责泛化、简单化。此外，查明调查对象失职失责问题后，调查组应当撰写事实材料，与调查对象见面，听取其陈述和申辩，并记录在案；对合理意见，应当予以采纳。调查工作结束后，调查组应当集体讨论，形成调查报告，列明调查对象基本情况、调查依据、调查过程，问责事实，调查对象的态度、认识及其申辩，处理意见以及依据，由调查组组长以及有关人员签名后，履行审批手续。

第三，问责决定作出。问责决定应当由有管理权限的党组织作出。对同级党委直接领导的党组织，纪委和党的工作机关报经同级党委或者其主要负责人批准，可以采取检查、通报方式进行问责。对同级党委管理的领导干部，纪委和党的工作机关报经同级党委或者其主要负责人批准，可以采取通报、诫勉方式进行问责；提出组织调整或者组织处理的建议。

第四，问责决定执行。问责决定作出后，应当及时向被问责党组织、被问责领导干部及其所在党组织宣布并督促执行。有关问责情况应当向纪委和组织部门通报，纪委应当将问责决定材料归入被问责领导干部廉政档案，组织部门应当将问责决定材料归入被问责领导干部的人事档案，并报上一级组织部门备案；涉及组织调整或者组织处理的，相应手续应当在 1 个月内办理完毕。被问责领导干部应当向作出问责决定的党组织写出书面检讨，并在民主生活会、组织生活会或者党的其他会议上作出深刻检查。

第五，问责决定通报。需要对问责对象作出政务处分或者其他处理的，作出问责决定的党组织应当通报相关单位，相关单位应当及时处理并将结果通报或者报告作出问责决定的党组织。

第六，问责决定申诉。问责对象对问责决定不服的，可以自收到问责决定之日起 1 个月内，向作出问责决定的党组织提出书面申诉。作出问责决定的党组织接到书面申诉后，在 1 个月内作出申诉处理决定，并以书面形式告知提出申诉的党组织、领导干部及其所在党组织。申诉期间，不停止问责决定的执行。

第七，问责决定纠正。问责决定作出后，发现问责事实认定不清楚、证据不确凿、依据不充分、责任不清晰、程序不合规、处理不恰当，或者存在其他不应当问责、不精准问责情况的，应当及时予以纠正。必要时，上级党组织可以直接纠正或者责令作出问责决定的党组织予以纠正。党组织、党的领导干部滥用问责，或者在问责工作中严重不负责任，造成不良影响的，应当严肃追究责任。

为全面加强党的纪律建设，确保党的各项方针政策得到顺利实施，2018 年 8 月中共中央修订并发布《中国共产党纪律处分条例》。作为党内追责问责制度的重要组成部分，该条例详细规定了适用范围、纪律处分种类、运用规则、违法处分方式等具体内容①，其适用对象为由于违犯党纪应当受到党纪责任追究的党组织和党员。"四种形态"是党内监督执纪工作的重要原则，即经常开展批评和自我批评、约谈函询，让"红红脸、出出汗"成为常态；党纪轻处分、组织调整成为违纪处理的大多数；党纪重处分、重大职务调整的成为少数；严重违纪涉嫌违法立案审查的成为极少数。

首先，以党员和党组织为依据，将纪律处分划分为不同的种类。对于党员的纪律处分，主要有警告、严重警告、撤销党内职务、留党察看、开除党籍五种。对于违犯党的纪律的党组织，上级党组织应当责令其作出检查或者进行通报批评。对于严重违犯党的纪律、本身又不能纠正的党组织，上一级党的委员会在查明核实后，根据情节严重的程度，可予以改组或解散。

其次，为体现惩前毖后、治病救人原则，纪律处分运用规则划分出了具体的适用情形。对于主动交代本人应当受到党纪处分问题的，或者能够配合核实审查工作如实说明本人违纪违法事实的，或者如实检举同案人或者其他人应当受到党纪处分或者法律追究问题的，或者主动挽回损失、消除不良影响或者有效阻止危害结果发生的，或者主动上交违纪所得的，或者有其他立功表现的人员，可以从轻或减轻处分。对于强迫、唆使他人违纪的，或拒不上交或者退赔违纪所得的，或违纪受处分后又因故意违纪应当受到党纪处分的，或违纪受到党纪处分后，又被发现其受处分前的违纪行为应当受到党纪处分的，或适用于另外规定的人员，则应给予从重或加重处分。

最后，对于涉嫌违法犯罪的党员，原则上先作出党纪处分决定，并按照

---

① 中共中央，《中国共产党纪律处分条例》(2018 年修订)，2018-08-26.

规定给予政务处分后，再移送有关国家机关依法处理。对党员的纪律处分种类划分，仍适用于对违法犯罪党员的处分决定，但应依据情节的严重程度做出合法的处分决定。例如，党组织在纪律审查中发现党员有贪污贿赂、滥用职权、玩忽职守、权力寻租、利益输送、徇私舞弊、浪费国家资财等违反法律涉嫌犯罪行为的，应当给予撤销党内职务、留党察看或者开除党籍处分①。此外，对于违反政治纪律、组织纪律、廉洁纪律、群众纪律、工作纪律、生活纪律等行为的党员，其纪律处分都作出了详细的规定。

(二) 地方层面的问责追责制度

从湖南省和长沙市两级政府来看，可以发现地方层面的问责追责制度更加聚焦于具体领域的事务，如工作作风、环境保护、信访工作等。湖南省于2011年发文规定，对群体性事件预防和处置工作中有可能出现的14情形实行问责，以提高党政领导干部驾驭复杂局面的能力和水平，积极预防和妥善处置群体性事件②。2016年，为落实信访工作责任，维护正常信访秩序，湖南省就信访工作规定，对相应情形对责任单位、直接责任者和领导责任者进行信访工作责任追究，并区分集体责任和个人责任、领导责任和直接责任、主要领导责任和重要领导责任③。此外，湖南省就环境保护工作责任追究制定了实施细则，厘清了省委、县级以上政府、县级以下政府、乡镇党委等的环境保护工作责任，进行分级分部门责任规定。同时，还规定了重大环境问题(事件)问责的情形、方式、程序等，强化了各级党政机构的环境保护责任④。

---

① 中共中央，《中国共产党纪律处分条例》(2018年修订)，第四章第二十七条，2018-08-26.
② 中共湖南省委办公厅、湖南省人民政府办公厅，《关于群体性事件预防和处置工作实行党政领导干部问责的暂行规定》(湘办发〔2011〕2号)，2011-01-24.
③ 中共湖南省委办公厅、湖南省人民政府办公厅，《湖南省信访工作责任追究办法》(湘办发〔2016〕29号)，2016-06-23.
④ 中共湖南省委、湖南省人民政府，《关于印发〈湖南省环境保护工作责任规定〉和〈湖南省重大环境问题(事件)责任追究办法〉的通知》(湘发〔2018〕4号)，2018-01-30.

值得注意的是，2013 年 12 月，中共长沙市纪委、中共长沙市委组织部、原长沙市监察局联合发文规定了问责情形、方式、程序和结果运用等具体内容①，并将问责对象瞄准长沙市各级党政机关、群团组织、国有及国有控股企业、事业单位，以及经授权、委托具有公共事务管理职能单位的领导干部和机关工作人员，以增强领导干部和机关工作人员的责任意识和担当精神，强化"有错无为皆问责、不换状态就换人"的理念，力图解决少数领导干部和机关工作人员"等着干""混着干""浮着干"的现象和"不作为""虚作为""乱作为"的问题，为长沙新一轮大建设、大发展、大提升提供坚强的纪律和组织保证。此外，2014 年 4 月，中共长沙市纪委、原长沙市监察局发文要求进一步加强监督检查②，对吃请受礼、索拿卡要、敷衍失职、违规检查评比、违规打牌玩耍、铺张浪费等情形进行责任追究，规定了批评教育、诫勉谈话、书面检查、公开道歉等 11 种个人追责方式，以及书面检查、公开道歉、通报批评等单位追责方式。

总的来说，容错纠错机制作为干部激励机制的重要组成部分，若能与作为干部约束制度的问责追责机制相得益彰，就能从不同方向激发广大干部的担当责任与创业热情。但是，相对于问责追责机制而言，无论是从历史传统还是制度完善性来看，容错纠错机制都还存在极大的完善空间，未来应不断揭示和破除制度执行的阻滞因素，只有这样才能真正成为干部之"福音"。

---

① 中共长沙市纪委、中共长沙市委组织部、长沙市监察局，《关于对领导干部和机关工作人员"有错无为"、"不在状态"实施问责的暂行办法》(长纪发〔2013〕14 号)，2016-12-18.

② 长沙廉政网. 长沙市违反改进工作作风有关规定责任追究办法[EB/OL]. http://www.ljcs.gov.cn/h/95/20140416/459.html，2020-02-05.

第四章 湖南湘江新区容错纠错经典案例解读

　　对经典案例展开分析和解读，是深入和透彻了解湘江新区容错纠错机制建设和运行实践的重要渠道和方式。经典案例能够从客观上反映新区容错纠错机制运行实践效果，更能够为湘江新区持续优化和完善容错纠错机制提供宝贵的经验借鉴和学习。容错纠错典型案例分析，一方面直接反映出湘江新区容错纠错早已实际落地开展工作，已经取得相当程度的实践经验，相关制度机制和指导体系已然经过实践环境的检验。另一方面，既能够帮助湘江新区从中学习到表面难以观察和识别到的经验，促进新区领导干部及时发现并封堵容错纠错机制中存在的不足，也能够为其他新区推进容错纠错机制建设提供经典案例情景的参考和学习，进而起到加速国家级新区容错纠错机制建设的作用。更为关键的是，对容错纠错机制实践运行中的经典案例进行解读，能够客观而全面地呈现容错纠错在实际环境中的操作程序与步骤，以及对各种应急情况的处置等。也即，经典案例解读具有极其强大的容错纠错学习和示范效果，能够有效地提高新区领导干部和有关组织容错纠错机制的运行能力和掌控能力。基于此，本章首先在明确湘江新区容错纠错类型划分基础上，从湘江新区诸多实践案例中挑选出具有典型性和代表性的案例，以呈现出湘江新区容错纠错机制如何在实践中运行和操作，为其他国家级新区建设容错纠错机制提供必要的参考和实践指导，共同推进整体制度体系的完善和优化。

第一节　湖南湘江新区容错纠错的规定

　　湖南湘江新区结合容错纠错机制建设和运行经验，对新区可以启动容错纠错程序的各类情形进行了详细规定。同时针对可以进行容错免责、容错减责和不予容错的类型进行划分。情形界定在很大程度上为新区开展容错纠错工作，推动容错纠错机制持续运行提供了明确的标准，能够有效地确保领导干部在容错纠错过程中把握好容错纠错尺度，不至于让容错纠错机制成为保护干部犯错和失误的"保护伞"和"避风港"。

一、容错免责、减责、不予容错的规定

　　对于可予以容错免责或减责情况的，在适用具体情形前还有一个基本的判断依据。不符合首要原则的不能予以免责或减责，即领导干部干事创业必须是主观上出于公心、矢志改革发展，没有违反法纪政策的故意；客观上经过调研论证，履行相关程序，没有谋取私利，没有造成重大损失、影响或者事故。只有满足了首要原则的要求，才能够适用于具体情形。对可以免责和减责的具体情形主要包含落实上级和新区党工委、管委会重要决策、重点工作和重大项目，因担当履职、大力推进、开拓创新，出现失误或造成负面影响的等十三种情形。此外，湖南湘江新区也确定了四种不予容错的基本情形。

二、容错认定的规定

　　容错认定主要由湖南湘江新区纪工委(监察室)按照干部管理权限，对符合容错情形的当事人由业务承办部门进行调查核实，提出初办意见，提交纪工委(监察室)班子会议研究，形成容错认定结论。情况复杂、影响较大、社会关注度较高的，先由纪工委(监察室)认定，并报党工委审批。纪

工委(监察室)在作出容错认定的同时，应当一并对当事人提出纠偏纠错要求，责成有关人员限期进行纠偏纠错。容错纠错认定结论作出后，3 个工作日内反馈给当事人。当事人对认定结论有异议的，可以提出申诉。纪工委(监察室)另行组成核查组进行复核，并按原认定程序进行认定，一般应在 10 个工作日内反馈申诉结果。对新区市管干部实施容错纠错的，由新区纪工委(监察室)报请新区党工委研究同意后，再请示上级纪委监委、组织人事部门。在获得上级相关部门同意授权后，新区纪工委(监察室)启动容错纠错核查工作，结果报党工委、管委会审议，经党工委、管委会审议后提出相关建议报市委或者市纪委监委、市委组织部等相关部门。

第二节　湖南湘江新区容错纠错案例描述

　　湖南湘江新区自 2016 年开展容错纠错机制建设以来，着力将容错纠错机制与新区实践发展相结合。不仅大力推进新区容错纠错机制、体制和政策体系建设和完善，也积极探索将容错纠错机制与实践工作相结合。既是为了在实践工作中检验新区容错纠错机制理论设计的可行性、可操作性，也是为了能够从实践中发现问题，从实践中提炼经验，进一步推动容错纠错机制更加完善、科学。正是由于湖南湘江新区始终将容错纠错机制建设与发展同实践工作相结合，由此涌现了一些可供参考和学习的典型案例。容错纠错机制是否合理、是否科学可行，关键要看容错纠错能否经受住实践的检验。这些典型案例反映了湘江新区容错纠错机制运行的实践效果，为其他国家级新区或政府部门的深入探索提供了宝贵的学习范例。

一、免责案例

（一）案例一：A新区国际会议中心项目违规投资问题

2018年12月27日，某市委巡察发现A新区发展集团有限公司（简称"XJ集团"）国际会议中心项目存在未按规定履行决策和审批程序擅自投资，造成资产损失的问题。接到线索移交后，新区纪工委（监察室）进行了初步核实。线索反映国际会议中心项目违规决策造成较大国有资产流失风险，项目启动未按工程项目建设程序办理，工程停工，造成国有资产损失。根据2016年8月2日国务院办公厅《关于建立国有企业违规经营投资责任追究制度的意见》，未按规定履行决策和审批程序，擅自投资，造成资产损失，应当追究相关责任人的责任。

经查，反映国际会议中心项目启动存在未按工程项目建设程序招投标，实行招投标工作后置审批的问题属实，违反2003年国家七部委发布的《工程建设项目施工招标投标办法》（七部委30号令）第八条"项目应当在取得初步设计批复、概算批复后，才能进行项目的施工招标"。根据A市《关于对领导干部和机关工作人员"有错无为"、"不在状态"实施问责的暂行办法》规定（以下简称《暂行办法》），应给予直接责任人张三、李四、王五、赵一（均为化名）等4人诫勉谈话处理。

由于张三等人行为产生在改革创新、先行先试、全力支持服务项目建设的大背景下，以及容缺审批是当时普遍做法的事实，相关责任人向纪工委提出了容错的书面申请。经集体研究决定，按照A新区党工委、管委会印发的《激励干事创业容错纠错实施办法》规定，对张三、李四、王五、赵一等4人免于处理。

（二）案例二：P大道南延线道路工程合同变更金额大的问题

2018年12月，市委巡察发现XJ集团部分子公司合同变更金额大，部分变更无审批手续的问题。收到线索移交后，纪工委对该问题进行了初步核实。经查，P 大道南延线道路工程一标段项目 4 个变更事项没有填写审批日期、系补办审批手续问题属实，暂未发现其他方面违纪违规违法的问题。根据 A 市《暂行办法》规定，应给予直接责任人书面检查处理，给予主要领导责任人及重要领导责任人诫勉谈话处理。

鉴于该问题的发生有其特殊背景：一是该项目是某省重点工程之一，是促进 A、B、C 三市一体化的重要项目，省市成立了专项督查小组，加强调度、加快进度；二是调整了建设目标，工程期限缩短、进度加快，新区管委会领导要求担当作为、加快进度；三是 4 个变更事项虽未事前完成审批，但大部分经过联合现场勘查、专家论证会议、施工协调会议等程序，以及有相应《工程变更表》等事实依据。上述责任人为加快项目进度，在审批手续未完成情况下，先进行了工程变更，后续再补充审批手续。在调查过程中，上述责任人提出容错免责申请，纪工委经受理、核实并经研究决定，按照新区党工委、管委会《激励干事创业容错纠错实施办法》规定，决定对上述责任人免于处理。

(三)案例三：创投公司数百万国有资产流失问题

2018 年 3 月 28 日，中央第八巡视组接到信访举报反映 A 市某创投公司"数百万国有资产流失问题"的线索。A 市高新区纪工委接到移交线索后，对反映问题进行了初步核实。经查，A 市某创投公司是一家混合所有制企业，成立于 2007 年。2008 年 10 月，由 A 市高新区管委会下属事业单位委任陈五(化名)出任创投公司总经理，2008 年 12 月至今陈五任创投法定代表人。2011 年 1 月 16 日，创投公司通过前期对 A 公司考察，认为该公司近年来企业经营状况良好，有一支行业经验丰富的管理团队，且所在的自动化设备行业具备不错的发展前景，董事会成员一致认为该笔投资估值合理，因此通过决议批准对 A 公司投资数万元，其中公司投资×××万元，另外由公司员工个人投资××万元。

2009 年 4 月因 A 公司计划申报上市，券商经评估后认为，A 公司与 B 公司的法定代表人为同一人，为解决关联交易问题，券商建议将两个公司合并后申报上市。2011 年 5 月 30 日，为配合 A 公司与 B 公司两家公司合并申报上市，经创投公司董事会批准对 B 公司投资×××万元，持股 10%，2011 年 10 月 31 日资金投资到位。同时，为保证创投公司在两家公司持股一致，2011 年 5 月 30 日，创投公司董事会批准同意转让 A 公司超出 10%的股份作价×××万元，2011 年 12 月 7 日资金回收到位。至此，创投公司对两家公司持股一致，各占 10%。后因 A 公司与 B 公司两家公司股东在利益分配方面发生了不可调和的经济纠纷，以至走上司法程序，公司账号冻结，日常生产经营受到严重影响，导致对该两家公司的投资未收到分红回报。

综上，创投公司自 2011 年来先后对 A 公司与 B 公司两家公司共投资×××万元，收回×××万元，实际投资×××万元，其中国有资本占×××万元，该笔投资未收回，未分红情况属实。

廖五作为 A 市高新区管委会委任负责管理国有资本的代表人，负有保证国有资本安全投资的责任，根据 A 市《暂行办法》规定，应给予廖五诫勉谈话处理。

鉴于该问题的发生有其特殊情况：一是创投公司是一家混合所有制企业，其投资行为完全是按企业风险投资模式进行；二是该两笔投资都通过了公司董事会同意批准；三是未发现廖五在该投资过程中存在其他违纪行为。在调查过程中，经高新区纪工委认真核实研究，按照 A 市《实行容错纠错鼓励干事创业暂行办法》文件精神，决定对责任人廖五免于处理。

(四)案例四：对企业房屋补助资金申请审核把关不严问题

2019 年 4 月 15 日，A 市高新区纪工委收到关于反映 A 市信息产业园管委会产业发展局袁一(化名)对企业房屋补助资金申请审核把关不严的问题线索。该纪工委接到移交线索后，对反映问题进行了初步核实。该问题显示，2015 年至 2017 年期间，9 家企业向 A 市信息产业园管委会产业发展局申请房屋补贴的过程中，出现了以下几类问题：①几家企业为同一法人或股东关联企业在同一时间段租赁房屋之后同时申请房屋补贴；②部分企业上报职工缴纳社保人数出现异常变动；③部分企业申请补贴年份收入和税收均为零。

经查，高新区为大力引进企业入驻，支持企业发展，于2014年颁布了《A市高新区落实省市政府加快移动互联网产业发展政策的实施办法》（以下简称《办法》）和《A市高新区移动互联网产业发展专项（扶持）资金评审管理实施细则》（以下简称《细则》）。依据该两个文件相关规定：对租赁面积超过100平方米的企业申报房租补贴的，按签订一年以上劳动合同的人员给予人均10平方米的标准补贴；对租赁面积不足100平方米的，直接给予连续三年的房租全额补贴（不按人均10平方米的标准）。但该规定对同一法人成立多家企业或同一自然人在多家企业持有股份均申报房租补贴的情况并未作明确规定，且对企业员工的社保、企业的收入及纳税情况没有作具体限制性规定。

面对旧政策在执行过程中出现的新问题，A市信息产业园产业发展局从两个方面入手以规范资金的使用：一方面，提高审核标准。在与员工签订劳动合同的基础上要求企业提供员工社保作为补充材料进行审核。另一方面，采取一事一报。针对租赁房屋超过100平方米并产生实际租金，但无法提供确切员工参保人数信息的企业，报请A市信息产业园党工委会议集体研究决策，以最低补贴标准给予发放。在实际操作过程中，鉴于初创期企业人员逐步扩招且流动性比较大，A市信息产业园产业发展局对企业提供的申报期内三个月社保人数取平均值给予人均10平方米的补贴。但这一措施也造成部分企业为了达到三个月社保人数最大平均值，而出现缴纳社保人数异常变动的情况。

尽管A市信息产业园管委会产业发展局袁一对个别企业发放房屋补助资金审核把关不严属实，但因为其在服务企业、解决政策未明确规定出现的问题时实际操作措施考虑不周全，导致出现信访举报问题，根据A市《暂行办法》规定，应给予袁一书面检查处理。

鉴于以下实际情况：①举报反映的问题均属于政策未明确规定的情形；②A市信息产业园管委会产业发展局针对出现的新问题主动作为，提高了审核标准，并就具体问题一事一报上级进行集体决策；③袁一在审核发放企业房租补贴资金的过程当中不存在利益输送的问题。在调查过程中，经高新区纪工委认真核实研究，按照A市《实行容错纠错鼓励干事创业暂行办法》文件精神，决定对责任人袁一免于处理。

二、减责案例

（一）案例一：某国际文化艺术中心部分项目未批先建问题

2018年11月，M投资有限公司纪委对A新区党工委巡察移交的关于某国际文化艺术中心项目相关问题线索进行了初步核实。该项目存在未完成直接委托审批程序即先行启动建设，未完成变更审批程序即先行开工、边审批边施工的行为。以上行为违反了集团公司《A新区发展集团有限公司采购管理暂行办法》第四条第2款"达到依法招标规模标准的工程建设项目，采用邀请招标方式或者不招标。应依据《中华人民共和国招标投标法实施条例》第七条、第九条，经项目审批、核准部门审批、核准后方可实施"，以及《A新区发展集团有限公司建设项目变更与签订管理暂行办法》第十条、第二十条"工程变更须遵循'先批准后变更'、'先设计后施工'的程序，实行分类管理、分级审批""如项目在施工过程中无法停工等待变更审批……但须在5个工作日内按程序补办变更审批手续，并提供相关影像佐证资料"的规定，属于典型的对公司决策部署执行不力的行为。

经查，某国际文化艺术中心项目的"未批先建"问题，与项目主管领导、项目负责人、专业工程师在工程管理实施过程中程序意识不到位，监管领导工作疏忽有关，属于违反公司经营管理秩序的行为，违反了集团公司《A新区发展集团有限公司工作人员问责追责实施办法（试行）》第二十六条第

3 款"项目实施过程中，不能严格按照相关规定进行质量管理、监督检查和认证的，应予以问责追责"规定，相关责任人应根据其职能职责承担相应责任。项目负责人周七，在项目建设过程中不正确履行职责，不按职责、权限、程序等规定开展工作，属于对公司决策部署执行不力的行为，对多个直委合同签订事件的发生负有领导责任。刘六、周二、王五、李四、周七、余八、刘一(以上均为化名)作为多个合同的主要经办人，在项目实施过程中，不能严格按照相关规定开展工作，对该事件的发生负有直接责任。根据《A新区发展集团有限公司工作人员问责追责实施办法(试行)》第四条、第五条、第六条、第十九条之规定，应当给予上述责任人员诫勉处理。

鉴于上述人员行为属于为重大项目建设确保工作进度特事特办，该项目已投入运营、实际运营正常，并举行了系列影响力重大的大型活动且获得了许多国家级的奖项，以上人员也未存在违反廉洁纪律等问题，符合容错减责条件。根据《A新区发展集团有限公司为担当者担当、让实干者实惠实施办法(试行)》第九条相关规定，给了周七进行提醒谈话；对刘六、王五、李四、周七、余八进行告诫(周七、刘六已离职，不再予以追究)。

(二)案例二：2010—2016年四个合同金额超200万元的土方工程项目未公开招标的问题

根据2017年《N市委第二巡察整改督查组问题整改交办函》中复查情况反馈，A新区下属N市高新投资控股有限公司在2010—2016年间共有4个合同金额超200万元的土方项目存在未经公开招投标、直接由镇村推荐承包人施工的情况。接到线索移交后，区纪工委进行了调查核实。

问题一：2010年实施的O汽车交易市场土方工程项目，合同工期为2010年6月至8月，合同金额为×××万元。当时项目业主代表为王五(化名)，工程部负责人为刘十一，××公司负责人为廖九。该项目合同发包单位为北京某汽车交易市场有限责任公司，承包方为N县T建设开发有限公司。后因其拆资，××公司与 C 重签了土方合同，但未提供会议纪要。

问题二：2013 年实施 D 土方工程项目，合同工期为 2013 年 3 月至 6 月，合同暂估金额高达数百万元。当时项目业主代表为沈十，工程部负责人为汤四，新城公司负责人为周七，未提供上会研究的会议纪要。

问题三：2015 年实施的×科技场地土方工程项目，合同工期为 2015 年 9 月至 11 月，合同总造价为×××万元。当时项目业主代表为沈十二，工程部负责人为王十三，××公司负责人为周十四，未提供上会研究的会议纪要。

问题四：2016 年实施的 S 新材二期土方平整工程项目，合同工期为 2016 年 4 月至 5 月，合同总造价为×××万元。当时项目业主代表为沈九，工程部负责人为李四，××公司负责人为马三。2015 年 5 月 22 日的书记主任联席会议明确 S 新材二期项目土方工程的承包优先安排支持征拆工作的村镇推荐队伍施工。

以上四个土方工程项目的背景，系开发区为招商企业提供项目用地，根据《某省实施〈中华人民共和国招标投标法〉办法（2014 年修正本）》第十一条规定，"施工单项合同估算价在 200 万元人民币以上的项目必须按照国家的规定进行招标"。同时根据该办法第四十二条规定，应当公开招标而未公开招标的，由项目审批部门责令限期改正，对单位直接负责的主管人员和其他直接责任人员依法给予行政处分。

王五、周十四等多人身为委属国有公司高管，在负责公司项目实施过程中违反了招投标办法，依法应给予行政处分。鉴于以上项目未公开招标的原因是按照拆迁时的约定，优先镇村推荐队伍进行施工；主要目的是为推进加快项目建设，上述人员在项目实施过程中也没有发现廉洁方面的问题。且 O 汽车交易市场土方工程项目、D 土方工程项目的实施发生在《N 县人民政府行政问责办法》实施之前，建议免予问责；根据《N 县人民政府行政问责办法》第五条、N 市委办公室《关于对六类问题必须进行严肃问责的通知》第六条、《N 县政府投资建设项目管理若干规定》第三十二条相关规定，经党工委会议研究，给予周四等三人诫勉谈话处理。

（三）案例三：B路未批先建问题

2018年8月10日，G市国土资源局向G市经开区纪检监察室移交了H市某开发建设投资有限公司未经依法批准，擅自在G市某镇高新社区占地修建B路路段的问题。接到线索移交后，区纪检监察室对该问题线索进行了初步核实。

经国土资源部卫星遥感照片发现，H市某开发建设投资有限公司未经依法批准，于2017年3月开始，擅自占用G市某镇高新社区集体土地建设B路路段。该行为触犯了《中华人民共和国土地管理法》第二条、第四十三条和第四十四条之规定，构成违法占地行为。G市国土资源局于2018年4月13日立案调查，认定H市某开发建设投资有限公司未经依法批准，并作出行政处罚。

经查，B路标准厂房建设存在部分土地未报批先建的问题属实，属于2008年国家三部委发布的《违反土地管理规定行为处分办法》第十条"未经批准或者采取欺骗手段骗取批准，非法占用土地的。对有关责任人员，给予警告、记过或者记大过处分；情节较重的，给予降级或者撤职处分；情节严重的，给予开除处分"的情况。马六系H市某开发建设投资有限公司法人代表，对违法用地行为负有领导责任。鉴于B路项目是市政工程项目，是园区配套发展需要，马六本人在推进项目建设过程中也无其他违法违纪行为，根据《N县人民政府行政问责办法》第五条规定，决定给予马六诫勉谈话处理。

第三节　湖南湘江新区容错纠错案例分析

湖南湘江新区开展容错纠错制度建设以来，在容错纠错制度实践方面已经取得了较大的成就，不仅容错纠错制度体系建设走在了国家级新区甚至是地方政府容错纠错建设前沿，更是将容错纠错制度与新区发展实践相结合，真正做到了容错纠错制度在湖南湘江新区的成功实践。自 2016 年湘江新区提出容错纠错制度建设以来，新区在容错纠错方面已经取得诸多实实在在的实践成果。在既有容错纠错实践中，湘江新区容错纠错实践案例已经覆盖了容错纠错全部范围。为了更加客观真实地呈现湖南湘江新区容错纠错制度建设的亮点和特色，有必要对实践案例展开深入分析。实践案例作为湖南湘江新区容错纠错制度实践结果，是检验制度效果和体现亮点特色的重要观察口。基于此，本部分拟对湖南湘江新区典型代表性的容错纠错案例展开剖析，以呈现湖南湘江新区容错纠错制度运行全貌，从而为总结和提炼制度亮点奠定必要基础。

由于容错纠错制度启动运行必然要经历一定的程序或阶段，本部分将从界定"错"的依据、判定标准、基本事由、基本程序和结果及其判定依据等方面客观呈现典型案例中的实践做法。

一、湖南湘江新区容错纠错中界定"错"的依据

"错"的界定是容错纠错制度运行的基本前提条件。只有清晰地界定了哪些"错"是可容可纠的，以及哪些行为可以被认定为"错"，才能保障制度实践效果。从上述典型案例看，湖南湘江新区容错纠错制度对于"错"的界定依据可以简要概括为以下几点。一是违反国家法律或上级政策规定。需要说明的是，违法行为本身应当是不可容错的，但对于部分因为突破而取得重大成就或做出突出贡献的，在综合考虑功过的情况下也可以予以容错。二是违反长沙市或湖南湘江新区的政策法规规定。三是违反湖南湘江新区

下属各单位部门条例或规章。这部分界定依据主要适用于特定部门工作人员，但在实践中也被作为特定部门界定"错"的一个依据。

二、容错免责或减责的判定标准

在容错免责方面，湖南湘江新区主要将以下几方面因素作为考虑或判断免于追求相关责任人或责任单位错误的主要标准。一是为了落实上级要求而突破既有规章限制以加快项目进度，保障项目顺利完成。二是在落实重大项目建设过程中，为了更快投入使用以服务经济社会发展，而不得已跳过某些程序。比如案例二中因项目建设变更需要而缺失变更审批手续，后续再补的情况。三是对按市场方式进行运行的公司单位，在不存在其他违法违纪行为的情况下，对因市场变化而导致的国有资产损失不予追究。四是对在改革发展中勇于创新而犯错，并且积极想方设法予以补救，不存在利益输送等违纪违法行为的，可免于追究责任。在容错减责方面，湖南湘江新区已经使用的减责标准主要有以下几个：一是为落实上级决策加快项目进度而违反法规政策规定的，项目建设取得突出成就且不存在其他违法违纪行为的；二是对于出现违反国家相关规定的错误行为，如果是为了完善市政配套设施以服务社会，并且不存在利益关联或其他廉洁问题的，可适当予以减责。

三、湖南湘江新区容错纠错的基本事由

容错纠错是对干部干事创业的一种激励性制度安排，是为了更好地激发领导干部创新服务方式和提升服务效率，而不是干部犯错的"保护伞"。因此，明确哪些事由可纳入容错纠错是十分重要的。简而言之，就是容错纠错的范围。从湖南湘江新区容错纠错典型案例来看，被容错纠错的事由主要涉及以下几方面：一是重大或重要项目手续审批事项；二是国有资源管理有关事项；三是政策落实与行政程序相关事项；四是土地征收与环境治理方面的事项。由此可见，湖南湘江新区容错纠错范围基本涉及新区范

围各项事务。

四、湖南湘江新区容错纠错的基本程序

湖南湘江新区依据干部管理权限差异，在容错纠错程序上稍有差异。对新区拥有干部管理权限的当事人，由新区纪工委（监察室）提出初办意见，提交纪工委（监察室）班子会议研究，形成容错认定结论。对于情况复杂、影响较大、社会关注较高的问题，邀请组织人事、宣传等多部门进行会商，拿出结论性意见，由纪工委（监察室）班子会议研究认定，并报党工委审批。对新区市管干部实施容错纠错的，由纪工委（监察室）报党工委同意，再请示上级纪委监委或组织人事部门。获得上级相关部门同意授权后，新区纪工委（监察室）启动容错纠错核查相关工作，结果报党工委、管委会审议。提出相关处理建议报市委或者市纪委监委、市委组织部等相关部门。与此同时，湖南湘江新区在实施容错纠错过程中，始终坚持"三同步"原则。即在开展问责追责过程中，同步考虑当事人是否符合容错条件、有无容错情形；同步开展容错纠错调查核实，既调查可以容错的情形，也要调查是否具有不予容错的情形；在案件审理过程中同步认定，根据事实和证据及相关规定，对当事人的动机态度、客观条件、程序方法、性质程度、后果影响以及挽回损失等方面进行综合考量，并在审理报告中提出有关容错纠错的审理意见。

五、容错纠错结果及其判定依据

从湖南湘江新区既有典型案例来看，容错纠错结果主要分为三大类型。首先是容错免责，也就是在主动提出容错或组织启动容错纠错程序基础上，综合考量行为人失误的缘由，进而根据容错纠错相关规定作出免责决定。换言之，容错免责不需要行为人承担任何责任，但需要谨记同样的错误要尽量规避。其次是容错减责。容错减责主要是在行为人触犯相关政策法规，但其行为结果较好或取得突出成就，并且没有其他违法违纪行为时，可

综合考量予以适当减责。对减责的行为人需要承担部分责任。最后是不予容错。对严重触犯法律法规或造成严重损失的行为，坚决拒绝容错纠错，严格依据相关法定程序予以处理。从容错纠错结果判断依据来看，湖南湘江新区判定容错纠错结果类型的依据主要以政策法规为主。具体而言，主要涉及湖南湘江新区《激励干事创业容错纠错实施办法》、长沙市《实行容错纠错鼓励干事创业暂行办法》《关于对领导干部和机关工作人员"有错无为"、"不在状态"实施问责的暂行办法》、长沙市《实行容错纠错鼓励干事创业暂行办法》《湖南湘江新区发展集团有限公司为担当者担当让实干者实惠实施办法(试行)》以及《宁乡市人民政府行政问责办法》等。

第四节　湖南湘江新区容错纠错案例启示

湖南湘江新区容错纠错经过多年实践探索与发展，已经在制度实践中取得了诸多成就，也摸索出一些值得学习和推广的科学经验。从上述实践情况来看，湖南湘江新区容错纠错制度运行有以下几个值得学习的经验。

一、健全政策法规体系是容错纠错制度运行的基础

从湖南湘江新区容错纠错典型案例分析看，其有两个明显特征。一个是"错"的界定依据。湖南湘江新区严格依据相关法律法规对行为主体的"错"进行界定，并且明确指出具体适用的法规政策条款，极大地提升了容错纠错制度的公信力。第二个是容错纠错结果认定。湖南湘江新区在法律法规和顶层政策指导下，结合长沙市容错纠错有关政策法规，出台了《湖南湘江新区容错纠错实施办法》等多项政策法规。这些政策法规为新区容错纠错制度运行提供了关键性支持。也正是因为新区不断完善和健全政策法规体系，其容错纠错制度才得以成功运行。

二、始终坚持在实践中检验和创新制度

容错纠错制度建设要坚持从实践中来到实践中去的建构路径。唯有如此，才能始终保障制度建构的科学性、适用性与可操作性。湖南湘江新区容错纠错制度从实践中汲取经验、学习知识，进而促进容错纠错制度不断完善的特征是十分明显的。一个有力的例证就是，湖南湘江新区容错纠错典型案例中有很大部分容错纠错事项是涉及重大型项目审批手续问题的，也即，很多重大项目在建设过程中，或为了落实上级领导决策加快进度，或为了更快投入使用以服务社会经济发展。无论是哪一种情况，都会在一定程度上突破项目建设审批程序，出现诸如未批先建、变更无审批手续的问题。基于此，湖南湘江新区在严格依据相关法律法规政策对行为主体错误进行界定和启动容错纠错制度同时，依据审批手续问题创建容缺审批制度。容缺审批制度主要解决湘江新区领导干部推动项目建设中的手续审批问题，在特殊情况下允许项目在手续尚未履行完成或时间不足情况下现行建设，在项目后续过程再经由正常程序审批相关手续。例子表明，湖南湘江新区容错纠错制度建设坚持从实践中汲取经验，以完善容错纠错制度。

三、执行严谨透明以保障制度公平与公信力

湖南湘江新区在开展容错纠错工作中，坚持将透明化和严谨性作为制度执行的基本原则和标准。一方面，湖南湘江新区在制度执行中秉持对当事人负责的严谨态度，对收到的问题线索予以严格调查核实。只有证据充分，才会依据相关法律法规政策规定对当事人进行责任认定。这既是对当事人合法权利和声誉的一种保护，也体现出制度执行的严谨性，从而为培育制度信任奠定基础。另一方面，湖南湘江新区在调查核实有关问题线索时，同步启动对当事人的容错纠错调查。在坚持依法调查其责任问题的同时，也坚持保护干部原则，对其行为进行严格评估论证。在调查取证和责任界定的多个阶段，同步认定是否存在特殊情况可以予以容错纠错认定。

同步调查和同步启动容错纠错，既摆脱了传统行政体制下倾向于责任追究而忽视行为主体贡献的弊端，也能够时刻体现保护干部、公平衡量功过的制度公平。湖南湘江新区坚持将严谨性和调查过程透明化作为基本原则，在很大程度上助推新区领导干部与工作人员形成了对容错纠错这一创新性制度的信任感，从而间接强化了制度公信力。

四、明确制度底线是确保制度持续运行的关键

制度要落到实地运行并发挥其被期待的效果，这不仅要求制度设计足够科学合理，更要求制度作用对象对制度本身具有足够的尊重和服从。否则，制度悬浮在实际环境之上而难以发挥作用就是必然的结果。湖南湘江新区容错纠错制度能够在实践中顺畅运行的关键点就在于湖南湘江新区领导干部及其工作人员对容错纠错制度有着相对较高的尊重和认同。因此，如何建构和获得制度实践运行所需要的制度威慑力和制度认同就成了关键。从湖南湘江新区容错纠错制度建设来看，建构和获得制度威慑力和制度认同，最为重要的一点就在于明确制度运行的底线。只有明确地向制度约束对象亮明制度底线所在，制度约束对象才能够形成一个关于制度限度的认知，从而约束其行为。湖南湘江新区容错纠错制度底线十分明确，即容错纠错制度是保护干部鼓励创新的制度安排，但绝对不是包容干部错误的"保护伞"。基于此，湖南湘江新区在实际开展容错纠错工作中，严格坚守这一底线原则。比如，对于积极创新、大力推进项目建设，并且项目建成后取得诸多国际成就的行为主体，即使其功劳再大，但违反了国家和新区相关政策法规规定，就必须承担相应的后果。简而言之，功劳再大有错误也只能考虑减责而不能免责，必须要维护法规、制度和政策权威。唯有如此，才能以党纪法规、政策制度的权威作为容错纠错制度的坚强后盾，确保该制度的运行稳定及高效。

第五章　湖南湘江新区容错纠错机制的特色、创新与成效

　　经过几年的探索与实践，湖南湘江新区逐步形成了兼具开创性和独特性的容错纠错建设和实践经验。湖南湘江新区容错纠错机制建设以及落地实践，离不开新区领导干部的共同努力和开拓创新。在新区领导干部协同合作下，湘江新区容错纠错机制建设与实践发展步入常态化轨道。同时，容错纠错机制已然运用到新区实践工作中，对激励干部创新创业、主动干事担当，推动湘江新区实现创新发展起到了积极的促进作用。对湖南湘江新区容错纠错机制建设的特色亮点和典型经验进行总结和提炼，既有助于为湘江新区持续稳定推动容错纠错机制建设提供基本经验参考，明确未来新区容错纠错发展和努力的方向，也有助于为其他国家级新区推进容错纠错机制建设提供先行者的经验参考，为其他国家级新区容错纠错机制建设打下必要的基础。基于此，本章将在重点提炼和呈现湖南湘江新区容错纠错机制建设典型经验和特色亮点的基础上，以典型案例的形式来呈现湘江新区容错纠错机制运行状况，以期能对推动湘江新区容错纠错机制持续运行，以及对其他新区推进容错纠错工作有所裨益。

第一节　湖南湘江新区容错纠错机制的特色

湖南湘江新区在竭力推进容错纠错机制建设过程中，积极主动地将容错纠错机制建设与新区发展相结合，以确保容错纠错机制既能够与新区既有体制机制相配套，也能够为容错纠错机制在新区的顺畅运行，创设相对稳定和协调的制度环境。湘江新区在建设和推进容错纠错机制建设和完善中，主要在最大限度扩展容错纠错范围、最大能力强化制度保障、大力推进制度渐进性调适三方面形成了相对明显和典型的容错纠错经验特色。

一、最大限度扩展容错纠错范围

容错纠错范围是指在国家级新区范围内，哪些错误是能够被列入容错纠错范围之内的，也即干部在工作中的哪些失误是可以包容和可以纠正的。容错纠错范围除明确哪些错误是可容可纠外，还明确界定了哪些错误是坚决不能予以容错和纠错的。也就是说，容错纠错范围实际上是双重性质的，既需要界定哪些失误适用于容错纠错机制，也需要明确哪些错误是坚决需要避免和反对的。容错纠错范围界定在很大程度上是容错纠错机制运行的基本前提条件，对容错纠错机制的效果呈现具有十分明显的影响作用。当前中央顶层设计层面并未出台关于容错纠错机制建设相关的法律规章，而是以政策文件作为指导国家级新区和地方政府容错纠错机制的基本载体。囿于政策文件指导有效性和模糊性缺陷的存在，就使得不同国家级新区在对容错纠错适用范围的界定上，存在差异化认知和理解。换言之，不同国家级新区基于新区实际情况和现实背景，对容错纠错适用范围作出的合理性考量，必定会在资源禀赋和发展程度不同的新区之间形成较为明显的差异性。

不同国家级新区对容错纠错适应范围界定的差异将会对新区容错纠错机制建设和实践运行产生十分明显的影响。同时，由于容错纠错机制尚且处在探索阶段，这也使得很多新区在推进容错纠错工作过程中相对保守，进而使得其界定的容错纠错适用范围也相对较小。湖南湘江新区由于容错纠错工作起步较早，已然形成相对成熟的制度建设和实践经验。这也使得湘江新区对容错纠错范围的界定更加精准。相比之下，湘江新区容错纠错机制适用范围更为宽泛，更有利于激发新区干部干事创业的积极性和信心。具体体现在以下几方面：

一是容错纠错适用对象实现全覆盖。湘江新区容错纠错工作主要由党工委、管委会对容错纠错工作进行统一领导，纪工委（监察室）具体组织、协调、监督实施。组织人事部门协同做好容错纠错工作，并对给予容错纠错的干部的考核考察、选拔任用予以公正评价，不予负面评价；宣传部门落实容错纠错宣传工作，广泛宣传改革创新、担当作为事迹，创造良好容错纠错氛围。容错纠错适用对象为新区党工委、管委会系统的机关事业单位、国有及国有控股公司党员和公职人员（含委托新区管理人员），主要涉及300多名机关单位工作人员和3000名左右的企业职工。也就是说，目前湘江新区容错纠错机制已然覆盖到了新区每一名干部和工作人员，覆盖到了新区的每一个正式组织机构、国有公司以及委托代为管理的机构，基本上实现了容错纠错对象的全覆盖。

二是容错纠错适用情形最大化覆盖。为深入贯彻习近平新时代中国特色社会主义思想和党的十九大精神，落实好习近平总书记关于"三个区分开来"的重要要求，推动容错纠错机制落地见效，激励新区广大党员和公职人员勇于开拓创新、敢于担当实干，为开拓创新、担当实干者撑腰鼓劲，湘江新区在结合中央、省、市相关政策规定、法律法规和新区容错纠错实际情况，不触及法律法规底线基础上，最大限度地包容新区干部主动探索和积极创新试验中出现的失误。2019年，湘江新区在中央精神指示下，出台《中共湖南湘江新区工作委员会关于激励广大干部新时代新担当新作为的实施意见》（以下简称《意见》），将容错纠错适用情形界定为"对干部在体制机制改革创新、重大项目建设、征地拆迁、招商引资、政府引导基金运作、处理重大事故事件、解决历史遗留问题等工作中，能够坚持原则，敢于碰硬、敢讲真话、不怕得罪人，能够创造条件、排除阻力积极推进落实，出现失误或错误，符合容错条件的，党组织和纪检监察部门应主动为干部担当，大胆容错，给予干部免责或从轻、减轻处理"。2020年湘江新区在《意见》基础上出台《湖南湘江新区容错纠错实施办法》进一步明确和扩展新区容错纠错机制的具体适用情形与不适用情形。其中，详细列明了十三种可以予以容错的具体情形：上级和新区党工委、管委会重要决策、重点工作和重大项目，因担当履职、大力推进、开拓创新，出现失误或造成负面影响的；在推动改革创新过程中，大胆探索、先行先试，因缺乏经验出现失误错误或未达预期效果的；在发展"四新"经济、招商引资、项目建设、征地拆迁、土地供应、国际贸易、股权投资、基金管理、污染防治、城乡规划、精准扶贫以及国企经营管理等工作过程中，为促进发展、主动担当、着力创新突破，出现一定偏差、损失或造成负面影响的；为了完成上级或新区党工委、管委会交办的某些任务，针对解决某些特殊问题而突破常规、采取创新性举措，出现了一定偏差、造成了一般损失，但有相关交办依据且实施了内部审批程序的等情形在内的；等等。同时列出了四种不予容错情形：违反有关政治纪律的；违反有关廉洁纪律的；故意违反党规党纪、法律法规的；造成了重大安全责任事故、严重环境污染、重大群体性事件、重大损失或恶劣影响的。

二、最大能力强化制度保障

湖南湘江新区容错纠错机制建设已经形成相对成熟的制度体系，为容错纠错机制顺畅运行提供了全方位的制度保障。具体而言，湘江新区在探索推进容错纠错机制建设过程中，始终坚持习近平总书记"三个区分开来"和中共中央容错纠错相关政策文件的指导，坚持将制度建设和完善作为推进容错纠错机制的重要方面。经过数年探索发展和对实践经验的总结，湖南湘江新区已然形成功能区分明显、制度协同配套的事前、事中和事后全过程容错纠错机制运行保障体系，为湘江新区大力推进容错纠错机制和促进容错纠错机制功能发挥，打下了坚实的制度基础。

一是事前保障制度建设趋向完善。湖南湘江新区为最大限度调动新区领导干部干事创业，开创性推进新区工作的积极性和激发新区干部创新工作的热情，在广泛调研、联合研究和科学论证基础上，形成了容错纠错事前风险备案制度。事前风险备案制度主要针对新区领导干部，在推进重大项目或探索性工作中可能出现或面临的失误风险问题。在备案审查通过后，为其大力推进创新工作提供容错纠错保障，消除其大胆干事创业的后顾之忧。具体而言，事前风险备案机制主要针对重大改革创新事项，以及落实上级和党工委、管委会重要决策、重点工作、重大项目，在推动转型升级、征地拆迁、三大攻坚战、化解历史信访难题、执行急难险重任务等方面有较大突破和探索性的工作。只要没有违反法律、行政法规禁止性规定，不存在以权谋私、不廉洁等情形，经所在单位党组织集体研究并报新区党工委审核后，可向新区纪工委（监察室）进行改革创新风险备案。备案的改革创新事项可作为今后免责、减责的参考和依据，最大限度给想干事、敢干事的广大党员、公职人员松绑解套减压。

二是为干部干事创业设立过程保护机制。为确保新区领导干部能够全身心、创造性地推进工作，以实现新区变革发展和创新前进，湘江新区在积极吸纳和借鉴干部保护关爱机制的基础上，着力构建起与新区实践工作相配套的干部澄清保护机制。具体而言，一方面建立诽谤诬告行为快速核查制度，对捏造歪曲事实，通过短信、传单、网络等方式向社会公众散布谣言损害干部形象的行为，相关部门要依法依规快速核查，给出明确结论。对调查核实确属诽谤、诬告陷害的，相关部门要及时采取有效措施为干部澄清和正名。另一方面对经调查核实确属诽谤、诬告陷害行为的，根据相关法律法规对诽谤、诬告陷害人进行劝阻、批评或教育。经劝阻、批评或教育无效的，由相关单位、部门予以警告、训诫或制止；违反法律、构成犯罪的，依法移送公安机关、司法机关处理。诬告陷害他人、意在使他人受纪律处分，是中共党员的，同时按照情节轻重予以党纪处分。对于有严重捏造歪曲事实、手段恶劣、严重干扰干部选拔任用工作以及造成其他严重后果等情形之一的，应当从重处理，狠刹歪风邪气，激扬清风正气。

三是为新区干部构建事后关心关爱机制。针对新区干部对容错纠错认知不足，或因为容错纠错而带来的心理压力与负担，新区在严格依据相关法律法规的前提下，构建与新区容错纠错实践相匹配的关心关爱干部制度，以最大限度消除干部心理压力与精神负担，保障新区干部心理健康和持续创新工作能力。具体包含两方面内容。一方面是对于已经作出容错决定的干部，不作负面评价，不影响其考核定级、评先评优、推荐资格、选拔任用等。对于进行了容错减责，但仍给予纪律处分或组织处理的干部，在问责影响期满后，应根据其德才素质、现实表现和工作需要及时进行妥善安排。不得混淆干部工作失误或所犯错误的性质，或夸大失误、错误的影响程度，对干部作出不适当的处理。大力宣传推介敢于担当负责的优秀干部典型，在全社会形成尊重、关心、支持干部干事创业的环境和氛围。另一方面，经常性开展健康心理谈话，及时了解干部履职情况和思想动态，做好思想引导和心理疏导，培养干部阳光心态，重点关注那些工作压力过大、遭遇重大挫折、个人家庭生活存在实际困难的干部，还有思想情绪波动大、受到诬告诽谤错告、受到问责处理的干部。针对工作推动不力，存在苗头性、倾向性问题的干部，以及职务岗位调整的干部，要及时走访，安排谈心谈话，切实为干部减压减负。纪检监察机关应建立健全对受处分人员关爱回访制度，彰显组织的关心和温暖。为一时犯错者指航引路，让被处分干部放下思想包袱再出发，重拾干事创业热情。对表现良好、业绩突出的，应主动向党工委和组织人事部门反馈。

三、大力推进制度渐进性调适

制度作为规范主体行为和实现特定目标的基本载体，对制度目标的实现有着极其重要的影响作用。尤其是在国家治理能力现代化和治理体系现代化背景下，制度如何形成优势，制度优势如何转化为推动治理现代化目标实现的治理能力①，都是值得深入思考和分析的问题。作为中央顶层应对高压问责状态下干部群体出现不敢为、不愿为，甚至不作为等为官不为负面情况的有力制度措施，容错纠错机制旨在试图完善既有问责制度体系，同时激发干部群体积极有为的主动治理能力。然而，容错纠错机制建设既缺乏可供参考的经验知识，也面临着大量的环境障碍和观念阻力。这就决定了国家级新区在建设容错纠错机制过程中，必然会面临各种各样的问题。同时由于实践环境的不确定性，在实际推进机制建设过程中也会出现持续性的制度调适和改善情况。也就是说，国家级新区推进容错纠错机制建设的过程必定是曲折和艰难的，必定会是一个渐进前进、盘旋上升的过程。湖南湘江新区在着力推进容错纠错机制建设的过程中，也体现出十分明显的渐进式发展的特点。湘江新区之所以能够构建起相对完整和体系化的容错纠错制度体系，实际上也是在不断依据环境变化和政策变化，不断吸取新区容错纠错实践经验的基础上，对容错纠错机制进行渐进调试和阶段修正的结果。

湖南湘江新区容错纠错机制在很大程度上消除了干部干事创业的心理顾虑，极大地推动了新区创新发展进程。纵观湘江新区容错纠错机制建设历程，其明显呈现出逐步完善和渐进调试的特征。这种渐进式制度建设理念与新区容错纠错实践工作和顶层政策指导是分不开的。在 2016 年新区开始探索推进容错纠错工作初期，尚缺乏正式性政策文件的指引，实际上主要是在习近平总书记"三个区分开来"思想下探索推进。这也使得新区容错纠错机制建设相对缓慢，各项制度机制建设都处在持续论证状态。由于缺乏实践经验和顶层政策文件的指导，新区容错纠错机制建设步子不大，带着试验和探索的精神在新区领导支持下不断推进。2018 年，为响应国家反腐倡廉号召，摆脱单打独斗的不足和化解探索中遭遇的困境和问题，湖

---

① 李海青.制度优势如何转化为治理效能——基于制度建设模式的思考[J].理论探索，2020（04）：44-49.

南湘江新区主动与教育部重点高校中南大学就新区领导干部廉政风险防控问题展开联合研究。联合研究一方面对新区容错纠错建设经验进行了总结提炼，为后续快速发展提供了经验参考；另一方面，借助高校科研机构力量，湘江新区迈出了容错纠错机制制度化建设的重要一步。在对不同岗位进行廉政风险等级划分的基础上，湖南湘江新区构建了相对完善的廉政风险防控制度体系，奠定了容错纠错机制制度化建设的基础。此后，随着中共中央政策文件的出台和长沙市政府有关指导文件的出台，湘江新区容错纠错制度体系建设进入快速发展阶段。

自 2018 年至 2020 年初，湖南湘江新区基于前期容错纠错机制建设经验，特别是廉政风险防控研究成果的基础，先后出台了《关于常态化推进廉政风险防控工作的通知》、《关于激励广大干部新时代新担当新作为的实施意见》、《关于改革创新风险备案的实施办法（试行）》、《关于建立干部澄清保护机制的实施办法（试行）》、《对受处分人员关爱回访工作办法（试行）》和《容错纠错实施办法》等政策文件，湘江新区容错纠错制度体系建设进入高速发展阶段。基于上述政策文件精神和中央顶层有关政策法规指导，湖南湘江新区依据容错纠错发生阶段，构建起全过程全范围的容错纠错制度体系，形成了独具特色的五位一体容错纠错制度体系。总体上看，湘江新区容错纠错相关制度体系建设始终是在实践经验和政策文件指导下以渐进式方式推进的，体现了制度建设的渐进性特征与梯度完善的特点。

第二节　湖南湘江新区容错纠错机制建设的创新

湖南湘江新区在形成新区容错纠错工作特色亮点的同时，也有众多有别于其他国家级新区容错纠错机制建设的独特之处与创新点。湘江新区在摸索建设容错纠错机制过程中，不断通过各种形式，与其他容错纠错建设主体或新区保持着密切联系和互动。同时，也积极与高等院校合作开展理论实践研究。这些都为新区创新容错纠错机制建设提供了有力的外部支持，也在很大程度上保证了新区容错纠错机制各项创新特色，推动了湖南湘江新区容错纠错工作，并为其他新区或组织推进容错纠错机制建设，加速容错纠错实践提供了有益的参考和指引。目前，湘江新区在多方力量共同助力下，已经形成较为完善和健全的容错纠错制度体系。其中就包含了诸多值得学习和推广的创新特色点。对这些创新特色进行总结提炼，既能够凸显湖南湘江新区容错纠错机制建设的完善有效，又能为推动全国新区及其他组织的容错纠错机制建设工作提供难得的经验参考。从湖南湘江新区容错纠错机制建设创新特色上看，主要有以下几个较为明显的创新之处。

一、三同步容错纠错原则

容错纠错机制制度体系建设的完善和健全并不意味着容错纠错机制就具有了较强的实践可操作性。也就是说，制度体系的建设完善，只是为容错纠错机制实践运行提供了基本的制度平台和运行载体。容错纠错能否实现落地运行，切实发挥容错纠错机制所具有的激励保障作用，还有待操作层面的优化和提升。基于此，为提高容错纠错机制的可操作性，湘江新区通过走访调研与其他新区充分交流，结合湘江新区容错纠错实践工作经验，创造性地提出了容错纠错"三同步"原则（见图5-1）。

三同步原则主要包含同步启动、同步调查和同步认定。具体而言，一是同步启动。容错纠错的负责机构和问责机关（纪工委等）在接到举报，或者了解到有关干部的工作出现失误、错误、损失或造成负面影响时，在启动相关调查或问责程序的同时，根据规定的"十三条"容错情形，同步考虑有无容错情形，是否符合容错条件，并同步启动对容错情形的调查核实。同时，也可由当事人主动提出申请，相关单位或干部在受到调查或问责追责时，如果认为符合容错情形，即向纪检监察机关或问责机关书面提出容错申请。不仅是个人，当事人所在党组织也可以提出容错纠错申请。与其他新区相比，这是个比较大的创新点。二是同步调查。在对案件的审查调查或对干部的问责追责过程中，相关机构要同步开展容错纠错可能性调查，

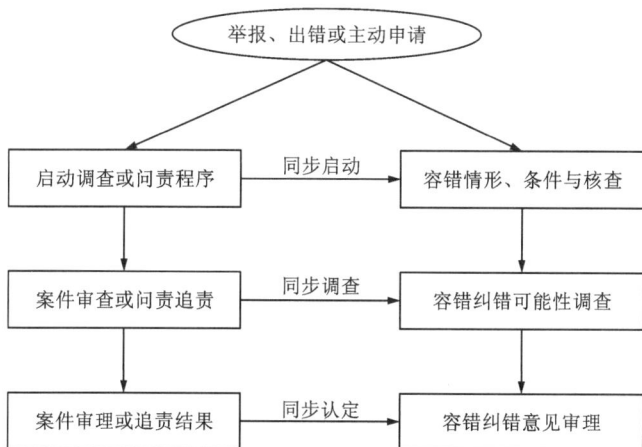

图 5-1 湖南湘江新区容错纠错"三同步"概念图

资料来源：作者自制

既要调查可以容错的情形，也要调查不予容错的情形。在此过程中，要认真听取被调查单位和相关干部的意见，若符合容错情形，则在调查报告中提出容错建议。三是同步认定。在案件审理或追责认定过程中，相关机构要根据事实证据及相关规定，对调查报告中提出的容错纠错意见进行同步审理，提出审理意见，对容错纠错进行认定。

容错纠错"三同步"原则旨在将容错纠错理念和意识贯彻到新区领导干部责任审查和追究的全过程，始终坚持对错分区，期望对领导干部在干事创业过程中出现的非主观性探索失误最大限度地予以保障和容错。换言之，容错纠错"三同步"原则不仅体现出新区贯彻和落实容错纠错机制的坚定决心，同时也真正地从全过程角度为干部提供容错纠错机制保障。即便是在对干部进行责任审查和追究的情况下，仍旧坚持有错必纠、有失误必包容的理念，最大限度地保障干部利益，维护干部主动干事创业的积极性和工作热情。

二、五位一体容错纠错保障机制

为保障容错纠错机制落到实处，湘江新区通过联系现有制度和创造新制度，制定了一系列保障措施，形成了五位一体的综合保障体系(见图5-2)。所谓"五位"是指廉政风险防控机制、改革创新风险备案制度、容错纠错机制、澄清保护机制及关爱回访机制；所谓"一体"是指干部激励关爱机制，这是核心工作，也是最终目的。

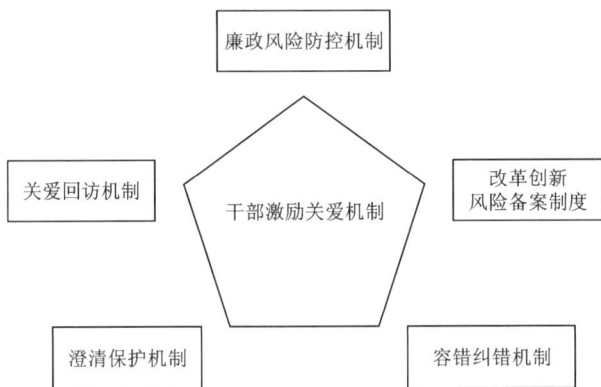

图5-2　湘江新区"五位一体"干部激励关爱机制

资料来源：作者自制

(一)廉政风险防控机制

湘江新区以严格查处违反《关于新形势下党内政治生活的若干准则》的现象为核心，制定了一系列廉政风险防控机制，加强高风险岗位人员的监督，对思想、作风、纪律等方面出现倾向性或苗头性问题的干部，及时运用谈心谈话、组织调整等措施进行提醒和处理。新区运用"MAP"模式①共排查重要风险点147个，评定出风险岗位385个，其中一级风险岗位75个、

---

① MAP模式由三个模块组成：摸清家底(master resources)、找准问题(analyse flaws)、防控风险(prevent risk)。

二级风险岗位 114 个、三级风险岗位 196 个，完善廉政风险防控制度和举措175 项①，随后制定了《高廉政风险岗位履职检查若干规定（试行）》，对相关情形进行了认定。2020 年，新区制定了《关于常态化推进廉政风险防控工作的通知》，将廉政风险防控体系作为防错容错机制的重要组成部分。

（二）改革创新风险备案制度

为充分调动和保护新区干部职工改革创新、敢闯敢干、先行先试的积极性、主动性和创造性，深化容错纠错机制运用，湘江新区制定了改革创新风险备案制度，详细明确了改革创新风险备案制度的报备范围和报备程序：

第一，报备范围。对工作中有较大突破性、探索性的改革创新事项，只要不触犯党规党纪和法律、行政法规禁止性规定，相关单位严格按有关规定民主决策、进行风险评估论证，经新区管委会分管领导审核同意的，可向纪工委（监察室）进行改革创新风险备案。明确了包含贯彻落实上级和新区党工委、管委会重要决策、推进重点工作和重大项目方面，敢于突破、大胆创新的以及破除思维定式、工作惯性和路径依赖，在一些滞后于改革要求、不利于优化营商环境、制约新产业新业态新模式发展的旧做法、"老套路"上敢于突破，有利于激发新活力、塑造新优势的六种情形在内的报备范围。

第二，报备程序。改革创新风险备案事项按以下程序申报：先申请。各部门（单位）、公司将需要报备的事项，经所在单位集体研究讨论，经主要负责人签字，并报管委会分管领导同意后，向纪工委（监察室）报送《改革创新风险备案申请表》。再审核。纪工委（监察室）受理申请后，由相关职能处室牵头提出审查意见，按程序报批。必要时可要求申请单位相关人员到场说明情况，也可组织法制等相关部门、有关专家、党风廉政监督员或者委托第三方等方式进行评估论证。形成结论意见后，提请纪工委（监察室）

① 彭忠益，文山虎.湖南湘江新区廉政风险防控：模式、特色与成效[M].长沙：中南大学出版社，2019：46.

班子会议集体审议决定；重大或复杂敏感事项应与党工委、管委会相关领导汇报沟通，然后提请纪工委(监察室)班子会议集体研究决定；纪工委(监察室)集体研究后，将决定结果向党工委报备。最后反馈。纪工委(监察室)原则上在受理后 10 个工作日内向有关申请单位送达《改革创新风险备案告知单》。

(三) 容错纠错机制

容错纠错机制是新区五位一体容错纠错保障机制中的重点。新区出台了《激励干事创业容错纠错实施办法》，结合工程项目多、投资体量大的特点，把提前谋划布局前沿产业或项目、招商引资、项目建设等与新区密切相关的内容，以及因提高效率进行容缺受理、容缺预审等情形，积极纳入了容错纠错的范畴，具体明确了 16 种可容错、4 种不予容错的情形。湖南湘江新区容错纠错机制在调查核实过程中增加了容错纠错审查环节，从有制度"可以容"升级到实践中的"大胆容"，迈出了开创性的一步，也为深化干部担当负责机制改革探路。与此同时，为进一步完善和优化新区容错纠错机制，充分激发新区干部干部创业积极性和热情，新区专门组建了"湖南湘江新区容错纠错机制研究"课题小组，推进容错纠错课题研究与机制创新，进一步支持和鼓励干部大胆探索、开拓进取。

(四) 澄清保护机制

2020 年，新区制定了《关于建立干部澄清保护工作机制的实施办法》，确立了通过澄清、消除不良影响以保护干部干事创业热情、鼓励担当作为的目的。具体分为以下两部分。

第一，对纪检监察对象的澄清保护。首先，将澄清保护的对象确定为纪检监察对象。其次，规定了澄清保护的程序。相关部门经过调查后出具书面意见—征求纪检监察对象的个人意愿—相关部门制定澄清保护的实施方案。最后，确定了出具书面材料、向单位通报反馈、通报调查结果、避免影响晋升绩效、消除社会不良影响等五种澄清保护的方式。

第二，对诽谤诬告的处理。一方面，纪检监察部门要维护举报人的合法权益，防止举报人受到打击报复；另一方面，对经核实属诬告陷害行为的，要依法依规追究责任。

(五)关心关爱机制

2020年，新区制定了《湘江新区纪工委(监察室)对受处分人员关爱回访工作办法(试行)》，首先将关爱回访的对象确定为受到党纪和政务处分的人员，或受上级纪委监委委托回访的人员。其次规定了直接走访、委托走访、致函致电等三种关爱回访的方式。最后指明了错误认识、评价反映、帮扶情况、决策执行落实、后续帮助等五个方面的关爱回访内容。

三、保障型容错纠错结果运用机制

湖南湘江新区在依据中央精神指示和政策文件开展新区容错纠错工作和制度机制建设过程中，始终坚持将容错纠错视为对新区领导干部积极主动干事创业、主动创新的一种保障方式，始终将最大限度保障领导干部，以推进新区各项工作创新开展，作为容错纠错机制建设的目标追求。基于此，湘江新区在着力夯实容错纠错制度体系基础的同时，也在不断地探索如何能够借由容错纠错实践逐步转变领导干部对容错纠错机制存在的心理顾虑，以制度和实践效果示范双重动力，树立起新区领导干部对容错纠错机制的正确认知。这既是为了确保容错纠错机制的建设和实践运行能够得到新区领导干部的配合与认同，以降低机制顺畅运行的各种阻力，也是为了坚守容错纠错机制初衷，保障干部工作热情和积极性，以促进新区领导干部创新工作实现新型发展的目标使命。在这样的理念和认知指导下，湖南湘江新区结合新区容错纠错实践经验和执行情况，创造性地提出并建立起了具有强大干部保障功能的容错纠错结果运用机制。

容错纠错结果运用机制是指在对可容可纠的干部失误进行容错纠错

后，还需要对容错纠错处置结果所具有的影响效果和涉及面进行详细的界定和区分。其目的在于尽可能地规避因容错纠错而导致新区干部出现心理上或精神上的压力，而影响到干部职业生涯发展和工作顺利开展。具体而言，一方面界定了对容错纠错结果的运用范围和限度，避免了被容错纠错的干部在容错纠错后被二次追责或二次审查的可能性，以期能够最大限度地降低容错纠错结果对领导干部职业生涯发展的负面影响，包括显性化的影响和潜在性的影响。也就是说，湘江新区对容错纠错的结果有着十分明确的导向界定，即不将容错纠错结果作为影响干部考核晋升的因素，从根本上认为被容被纠的错误是可以原谅的，是改革创新过程不可避免的失误，不应当成为影响干部绩效考核与晋升发展的因素。由此可见，湘江新区容错纠错结果运用机制实际上能够在很大程度上消除领导干部将被容被纠视为"错"和"污点"的心理顾虑，不仅能够起到激励新区领导干部主动创新积极开拓的作用，而且能为新区容错纠错机制建设推进和持续实践提供土壤。

在容错纠错结果具体运用方面，湖南湘江新区对容错纠错结果运用进行了明确的界定。具体来看，湘江新区对容错的当事人，除从轻、减轻或免除党纪、政务处分和组织处理之外，还可在党风廉政建设、平时考核、绩效考核、任期考核、试用期满考核等方面减轻或免除责任。此外，在容错纠错过程中，也有当事人不配合、不主动、不积极的情况。针对这些情况，新区也作出了较为明确的规定。在纠偏纠错过程中，当事人不积极、不及时、不到位，忽悠、欺骗组织的，有关机关可对其不予容错。对于部分情节严重的，可对当事人从重追责。可见，湘江新区容错纠错机制在最大限度保障领导干部利益和干事创业积极性的同时，也考虑了机制运行中可能出现的各种阻碍因素，因而设计了相应的处理机制，形成正向激励与负向激励相结合的制度保障体系。

四、协商型容错纠错争议裁决机制

容错纠错机制作为激励领导干部主动担责、积极干事的一项制度安排，在执行中必定会受到多重复杂因素的影响和制约，甚至会遭遇到设计层面和理论层面所预测不到的复杂情况。为保障容错纠错机制在实际工作环境中的顺利运行和持续实践，也为了尽可能地提升容错纠错机制的环境适应能力、应急处理能力，湘江新区在充分调研基础上，结合湘江新区容错纠错实践情况以及调研资料，构建了旨在化解复杂性容错纠错情况的争议裁决机制，其主要有两方面的亮点特色：

一是突出了协商合作的特色。复杂性容错纠错问题必定涉及多元影响因素和多元主体，需要对多元影响因素和多元主体开展协商工作。这对单一协调主体而言无疑是十分困难且成本巨大的。这意味着复杂性容错纠错问题本身就要求化解问题需要多元力量的参与、合作与协商，从而在多方力量共同努力的基础上实现对复杂性容错纠错问题的高效化解。湘江新区经过数年容错纠错实践探索，深刻明白复杂性容错纠错问题化解的高难度和高成本，所以构建了以多元主体共同参与为特色的上下联动协商机制。比如，在处理复杂性容错纠错问题时，为最大限度争取上级的理解和支持，新区建立了容错纠错上下联动机制。在实际工作过程中，对于存在较大争议的容错纠错事项，纪工委会对一些风险比较大的工作进行预判。在实施容错纠错的时候，及时向上级纪委监委或者党工委进行报备。一旦上级启动问责追责程序，如果符合容错情形的，新区纪检会及时和上级沟通，争取免责、减责。在得到上级认可和支持的情况下，下级甚至是基层干部才会积极参与到容错纠错问题化解的程序和议程中，为复杂问题化解贡献力量。

二是结合实际情况设计了多元主体参与解决容错纠错问题的基本标准。首先，实行容错纠错应当坚持"五看"标准。看问题性质，是探索创新还是有令不行、有禁不止，分清是失误错误还是违纪违法；看工作依据，是界限不明还是故意曲解、随意变通，分清是先行先试还是肆意妄为；看主观动机，是出于公心还是假公济私、以权谋私，分清是无心之过还是明知故犯，是主动担当、开拓进取还是无视规律、急功近利；看决策过程，是民主决策还是个人专断、一意孤行，分清是依规履职还是滥用权力；看纠错态度，是及时补救还是消极应对、放任损失，分清是主动纠错还是坐视不管。其次，针对部分争议较大并且比较复杂的问题，在小范围内难以快速形成共识的，新区引入外部力量的参与，建立一个多元主体共同组成的会商裁决机制。多元主体主要包含组织部门、政策研究室、法制部门、业务主管部门，甚至是外部的一些党代表、专家。在多元主体共同协商与合作的基础上，将最终形成的问题处置意见和建议，提交新区纪律检查与工作委员会会议研究决定，重大情况报党工委。由此可知，湘江新区针对与容错纠错机制运行中出现的复杂性有争议的问题，积极主动地通过制度机制设计和外部力量支持来予以消解。通过科学民主制、专家论证等这些方式，建立内部与外部相互联动的会商裁决机制，尽量公正科学地对复杂性有争议的容错纠错情况作出裁决。

第三节　湖南湘江新区容错纠错机制的运行成效

湖南湘江新区经过多年探索和实践，容错纠错机制已被广泛应用于新区各个工作领域，在其中发挥了重要且明显的激励保障作用，有效地保护和激发了新区领导干部主动干事的热情和积极性，这也为湘江新区创新发展和持续进步奠定了必要的基础。从湘江新区容错纠错机制各项制度机制、配套性保障措施，以及制度实践效果和基本建设导向情况来看，湘江新区在着力推进容错纠错机制建设的过程中，已然形成相对完整和全面的制度体系结构和相应的各种配套性制度措施为容错纠错机制实践提供了强大的保障。更为关键的是，湘江新区容错纠错机制已经取得了良好的制度实践效果。这既得益于湘江新区容错纠错机制制度体系和配套性措施的完善，也得益于湘江新区容错纠错机制明确的制度建设导向。明确的制度建设导向不仅为容错纠错机制运行提供了必要的方向和价值指导，也为制度持续运行源源不断地吸纳动力，保障制度建设与发展的可持续性与科学性。具体而言，湖南湘江新区容错纠错机制的运行成效可归纳为以下几点：

一、制度体系趋向完善成熟

一项正式制度机制的成功运行与落地实践，首先需要化解制度合法性问题和制度有效性问题，才能够为制度运行奠定最为基础的运行条件。然而，仅仅具备了制度合法性身份和制度有效性并不足以保障制度机制长远可持续运行，还需要各项配套性制度体系的辅助与完善。也就是说，完善而健全的制度体系才是某项制度长远可持续高效化运行的关键。这就意味着制度体系建设完善是制度运行和制度成熟不可或缺的重要保障。湖南湘江新区在着力推进新区容错纠错机制建设的过程中，既专注于核心制度机制的建设，又关注辅助性配套制度体系的建设，最终构建起了以容错纠错为核心，以完善廉政风险防控、改革创新风险备案、澄清保护、关爱回访等机制为载体，涉及事前预防、过程控制、事后处置全过程的"五位一体"闭环式制度体系。具体体现在以下几个方面：

一是容错纠错制度体系建设趋向完善。制度体系主要由两部分主体构成，一个是核心制度机制，另一个是辅助制度机制。从容错纠错机制建设看，容错纠错制度是该制度体系需要重点关注的核心机制，而其他的配套性、保障性制度机制则是辅助性质。湘江新区首先花费大力气结合新区工作实践，着力搭建起与新区发展实践相适应的核心容错纠错机制，为后续容错纠错制度体系建设奠定了基本的基础性条件。核心制度骨架的建构相当于为新区容错纠错制度体系建设和完善提供了焦点与目标导向，确保了新区各项容错纠错举措能够始终围绕核心机制建设完善和健全的容错纠错制度体系。此外，湘江新区在大力推进容错纠错制度体系建设中，也意识到容错纠错机制作为一项制度机制，并不能独立于现有的制度体系和行政体系而单独运行与实践，其不仅无法脱离现实制度环境，更需要主动地融入既有制度环境中，与其他制度机制形成协同效应而发挥应有之作用和效果。基于此，湘江新区在推进容错纠错机制建设的过程中，坚持在顶层法律法规和政策文本指导下，将容错纠错机制建设与党和国家各项正式性质的制度机制予以衔接和融合。同时，依据容错纠错机制实践运行情况构建大量的配套性制度，从而使得容错纠错机制逐步在核心机制建设完成和辅助性制度健全优化的基础上，形成相对完整和成熟的制度体系，保障容错纠错机制的可持续运行。

二是对容错纠错机制建设保持了持续性的政策关注。国家级新区作为承担重大战略任务和改革创新的综合性功能区，其任何的动作和变革都应当在顶层设计的指导下作出和实现。换言之，国家级新区任何的变革与创新只有得到顶层的支持与认可，才能够具备进行变革的基本条件。与此同时，国家级新区在接受顶层设计指导的同时，也具有一定的自我发展需求。在外部环境日益复杂和不确定性不断提升的背景下，国家级新区要想推进制度机制建设同样需要新区领导者对制度的大力支持和关注。总而言之，政策注意力和领导注意力的配置强度决定了新区制度机制建设的成效。容错纠错机制作为湘江新区激励干部干事创业、防避为官不为问题的创造性举措，其本身就是在顶层设计的支持下予以推进和建设的。并且，顶层设计也为国家级新区推进容错纠错机制建设出台了多份指导性政策文件，不同政策文件对容错纠错机制建设都予以了相当的重视，并逐步明确了容错纠错机制建设的具体要求。在顶层设计和上位政策的支持和指导下，新区领导者具有强烈的落实和推动容错纠错机制建设的动力。这种动力既是为了落实上级指示，也是期待能够借助容错纠错机制来激励干部干事，从而推动新区实现创新发展。这也使得湘江新区为加快落实和推进容错纠错机制出台了大量的政策文件，用以指导新区容错纠错机制的建设。由此可见，不论是高层政策注意力还是新区本身政策注意力配置，都对容错纠错机制建设予以了较多的关注。更为关键的是，这种关注和重视得益于容错纠错机制所蕴含的巨大期待，保障了政策关注的连续性，使得湘江新区容错纠错机制能够在相对连续的政策支持下稳步建设，最终形成相对完整和健全的容错纠错制度体系。

二、配套机制力求全面科学

湖南湘江新区在着力构建和打造科学化、合理化和高效化容错纠错核心制度机制的基础上，为保障容错纠错机制与其他制度体系的协调可持续运行，还相应地设计了相对完善和健全的辅助性配套机制。这些配套措施既为容错纠错机制顺畅运行构建起合适的制度环境和氛围，也最大限度地确保容错纠错机制能够在繁杂的制度体系中落地执行。基于此，湘江新区在综合考量新区容错纠错实践情况和新区发展实际的基础上，围绕三同步和五位一体容错纠错制度机制，建立起了相对成熟和完善的配套性保障制度机制。一方面为进一步完善和健全了新区容错纠错整体制度体系，另一方面也为容错纠错机制融入行政制度体系提供了桥梁。湘江新区容错纠错配套性措施完善和成熟主要体现在以下两个方面：

一是配套性制度建构理念明确。任何制度体系的成功运行，既离不开核心制度作用的发挥，又不可忽视配套辅助性制度的作用。然而，制度休系要想真正实现高效化和持续化发挥作用，无论是核心机制还是辅助机制都需要确立一个基本的前提条件，也即核心机制与辅助机制所追求和倡导的制度理念与价值目标应当是一致的，或者至少应当是相对一致的。因为只有保障核心机制与辅助机制制度理念与价值目标的一致性，才能够确保制度体系整体用力方向一致，进而形成达成目标和发挥制度效能的强大合力。湘江新区在推进容错纠错机制建设过程中，十分重视容错纠错制度体系中各个制度机制理念与价值目标的统一认识。或者说，在湘江新区推进容错纠错机制建设的过程中，辅助性配套制度的制度理念和价值目标本身就是从容错纠错核心机制中延伸而来，这也使得其与核心机制理念与价值目标具有相当程度的一致性和共同性。湘江新区容错纠错机制制度理念与价值目标追求相对一致，主要得益于其在建设容错纠错机制前，就已然具有十分明确的制度理念和价值导向。容错纠错机制是中央层面大力倡导和推进的制度，其内含的制度理念和价值目标追求实际上十分明确和清晰。

湘江新区在此基础上，结合新区发展使命和实践工作，进一步明确容错纠错机制建设的制度理念和价值目标，始终将推动新区发展和激发新区领导干部积极干事、主动创新，防避新区领导干部将为官不为、消极怠政行为作为基本价值追求。这为新区容错纠错整体制度体系建设树立了十分明确的制度理念与价值导向。

二是配套性制度建设完善。湘江新区在着力建构与容错纠错机制具有直接关联作用的核心制度机制体系之外，还对其他可能产生影响的相关制度进行了充分的思考。因此，湘江新区在既有法律法规和政策框架内，或是对既有制度进行调整完善，或是构建新制度以配合新区容错纠错工作。在经历多次调整和变化后，湘江新区已形成了相对完善和成熟的容错纠错制度体系，特别是建构起了相对完善的辅助性制度，为容错纠错机制长久可持续运行提供支持。首先是调整和完善了干部选拔任用制度。具体而言：第一，在制定干部标准时，突出信念过硬、政治过硬、责任过硬、能力过硬、作风过硬，大力选拔敢于负责、勇于担当、善于作为、开拓创新、实绩突出的干部，对在重大项目、援藏援疆等重要工作推进中表现突出的干部，优先考虑提拔使用。第二，从对党忠诚的高度看待干部是否担当作为，注重从精神状态、作风状况考察政治素质，既看日常工作中的创新与担当，又看大事要事难事中的表现。第三，坚持有为才有位，突出实践实干实效，让那些想干事、能干事、干成事、不出事的干部有机会、有舞台。

三、运行效果实现四个转向

制度机制作为正式结构设计中的组成部分，必然需要为结构运转和体系运行提供必要的辅助和支持。只有这样，才能够得到结构设计者和参与者的持续关注和重视，否则制度就会被认为无效或低效，从而逐渐被整个体系所抛弃。这意味着某项制度或机制的设计与运行，必定是需要在实践中产生一定制度运行效果，才能够被持续使用的。容错纠错机制只有在实践环境中表现出制度应有的效果，才能够被新区领导干部和上级所重视和关注，才能够获得持续运行的动力。湘江新区能够在长时间范围内，持续加大力度地推进容错纠错机制建设，并逐步保障各项辅助性机制趋向于完善，意味着湘江新区容错纠错机制必定依然满足制度运行有效性的问题。简而言之，容错纠错机制在实践中已经对新区各方面的发展和建设产生了十分明显的积极作用，显示出了容错纠错机制的高效能。从湘江新区容错纠错工作实践来看，容错纠错机制在带动新区不断朝创新性和变革性发展方向前进的同时，也极大地改善了新区创新性发展的理念环境和思维环境，极大地松绑了束缚在新区领导干部身上的"包袱"，使得他们能够轻装前行、锐意进取。具体而言，其实践运行效果主要体现在以下几个方面：

一是实现了从严格问责转向"容错+问责"、从惩戒约束转向"激励+约束"的双重转向，极大地改善了新区组织风气和政治生态环境。容错纠错机制本身具有十分明显的激励功能，其在本质上是为了激励干部在多重制度和政策规章约束下尽可能地发挥创造性，以实现在既有规则框架下的创新性发展，从而摆脱传统经济功能区发展的老套路。也就是说，容错纠错机制的实践运行，将会对新区组织风气和生态环境产生积极的影响。

首先，容错纠错机制能够有效地矫治高压问责状态下新区"不干事、不作为"的为官不为风气。在容错纠错机制正式建设运行之前，为了最大限度地压缩政府官员腐败发生空间，尽可能地减少官员权力寻租机会空间，以及督促官员有效完成上级交办任务和履行职能，中央和地方政府均采取了十分严密而严苛的高压问责机制来推进目标。在高压问责状态下，重点关注对官员行为过程以及行为结果的推论，目标指向的重点在于观察官员是否在履职和行为过程中出现责任问题，旨在惩戒其不负责行为，它重在惩戒而非激励，意在借助与官员直接利益相关联的负向激励来反向推动官员改善行为。高压问责虽然较大减少了腐败寻租可能，但也在一定程度上打击了官员干事和创业的积极性。因为越少做事、不做事，就越能够规避问责带来的利益风险而实现对自我的保护。久而久之，也就产生了地方官员普遍转向不干事、少干事的消极应对状态，容错纠错机制的建立有助于缓解种种不良后果。

其次，容错纠错有助于激励干部干事，弥合问责机制的不足。容错纠错机制所具有的包容和保障作用，既能够有效地保持对主观故意违法违规行为的严格惩戒，不丢失制度的本源，也能够对领导干部在探索性、改革性试验中出现的失误予以及时的包容，从而直接维护干部利益，更强化了领导干部积极干事创业的信心和勇气，消除了其改革创新的后顾之忧。这能够在很大程度上促使新区领导干部摆脱"少做事、不做事就不会有事"的认知，从而极大地改善新区组织风气和干事创业的生态环境。

二是实现了从注重惩处转向"保护＋惩处"的转变，从而为新区领导干部放开手脚干事创业，推动新区经济创新发展提供强大保障力。容错纠错机制实际上并不会直接对湘江新区经济发展产生推动作用，其主要是起到间接的促进作用。新区经济建设与发展本质上是需要能动性的个人来操作和运行的。也就是说，人是推动新区经济发展和进步的关键性要素，甚至是决定性要素。容错纠错虽不直接作用于新区经济发展，但却直接影响那些对新区经济发展有推动作用的领导干部。容错纠错机制有效地松绑了束缚领导干部干事创业的心理和精神包袱，为领导干部创新思路和积极试验提供了必要保障和支撑。从湘江新区容错纠错机制建设来看，湘江新区为保障领导干部干事创业积极性和主动性，不仅最大限度地细化了领导干部积极试验和改革试错可以被容错纠错的范围领域，更是为领导干部积极试错和主动创新的探索性行为是否归属于容错纠错范围提供了十分精细和严格的界定标准。这些范围和标准的确立，相当于为新区领导干部积极主动作为提供了一个可以参照行为的坐标体系，从而确保了那些真正为新区经济发展奉献精力的领导干部能够得到最大限度的保障。而对于那些企图在推进新区经济发展中消极应对的领导干部，则能够起到筛选和剔除的作用。这样一来，不仅能促使新区领导干部创新经济发展的思维理念，也能够从长远时间跨度上逐步优化新区领导干部队伍，帮助新区领导干部提升整体素养和更新观念认知。

三是实现了从事后处置转向"预防+处置"的转变，为廉政文化建设创设了有利环境。湖南湘江新区在大力推进容错纠错机制后，基本上实现了对官员犯错由注重事后结果惩戒和警告的传统管理方式到事前预防、事中监督和事后惩戒相结合的全过程处理的转变。湘江新区自成立以来，积极探索和尝试建设完善和健全的廉政文化体系，意在推动新区形成廉洁、透明、高效的廉政风气和氛围，为新区经济发展打下坚实的组织基础。然而，由于处于高压问责的环境下，领导干部普遍奉行"少干事、少出错"的明哲保身原则。新区少数干部的消极作风对党风廉政建设纵深推进有所影响。廉政风险防控体系建设的不够完善也在很大程度上使得湘江新区难以形成事先风险防范思维，而将事后处置作为重点环节。容错纠错机制建设和落地实践运行后，一方面因为为领导干部干事创业提供了有力的支持而消除了其后顾之忧，在很大程度上起到了改善不良组织风气的作用，打开了新区推进廉政文化建设的机遇窗口，为新区推进廉政文化体系建设提供了良好的组织环境氛围。另一方面，廉政文化体系建设与容错纠错制度体系建设相类似，必定不是单一制度的建设和运行就能够实现的，而是需要整个制度体系协同运行才能实现。廉政文化实际上与容错纠错建设是相辅相成的，两者是可以相互配合、相互促进的。由此，湘江新区在着力推进容错纠错机制建设的同时，也在大力推进廉政风险防控体系的建设与完善，在很大程度上促进了新区领导干部心理认知的变化，从心理上逐步形成了对全过程容错纠错和自我监督的认知，从而借由容错纠错廉政风险防控制度实现了湘江新区容错纠错机制从事后惩戒向事前预防、事中监督和事后惩戒的全过程治理转型。在实践环境中，湘江新区容错纠错机制和廉政风险防控实际上就是处在同一个制度体系框架之内的不同制度，相互之间有着较强的关联性和互动性。容错纠错机制在为领导干部积极干事和创业提供保障支持的同时，实际上也能够起到逐渐引导新区领导干部思维理念转变的作用。在容错纠错与追责问责的界定之间，领导干部会逐渐趋向于朝向对积极干事和主动创新予以保障的容错纠错范围，而不愿意付出较高成本朝向追责问责的范围，从而起到了事前预防犯错的效果。这样的一个隐性化的驱动过程实际上会逐渐地塑造新区领导干部的行为模式和思维模式，促使他们朝清正廉洁的方向发展，进而为新区推进廉政文化体系建设打下坚实基础。

四、制度发展导向逐渐明确

任何组织行为都必须借助一定的载体形式，只有这样才能够在实践环境中呈现出来。制度作为行为的基本承载体，实际上是组织行为呈现与落实的重要中介载体和呈现形式。这也就意味着制度设计和制度运行必须有一定的导向性。导向性既是为了规范制度运行保障组织行为朝既定方向发展，同时也是赋予组织行动以意义和价值的重要举措。特别是在环境复杂性和不确定性程度持续提高的社会背景下，制度导向性越明显，就越有助于制度在复杂环境中保持运行方向，持续性地输出与制度设计初衷相符合的制度效能，而不至于被环境所扰乱而导致制度出现运行偏差。由此可见，越是复杂和多变的环境，越是需要明确而清晰的制度导向。湘江新区领导干部在大力推进容错纠错机制建设的过程中，既花费大量心思和精力注重容错纠错制度体系的完善化，也对容错纠错机制建设的未来导向予以了十分的重视和关注。这使得湘江新区容错纠错机制未来发展导向清晰，为制度持续建设和实践提供了可持续发展的方向指引。具体而言，湘江新区容错纠错机制导向清晰主要体现在以下几个方面：

一是始终坚持实践出真知。湘江新区在着力推进容错纠错机制落地运行的过程中，并不是罔顾新区发展实际，或者照搬上级或其他地方容错纠错机制建设经验予以套用。湘江新区在容错纠错机制建设和探索过程中，表现出十分明显的实践导向的特征，也即湘江新区在新区缺乏足够容错纠错机制建设和运行经验的情况下，选择不断摸索和调整运行，从而逐渐形成了与湘江新区各项工作和制度机制相适应的容错纠错制度体系。这也是湘江新区容错纠错机制能够适应新区各项工作并在实践中取得诸多成效的关键原因。

首先，湘江新区坚持探索性制度建设理念。由于容错纠错机制提出时间较晚，在全国范围内尚缺乏足够或者可供借鉴的学习经验。这需要新区主动摸索和探索，在不断的试验中推进制度建设，而试验必然需要在实践环境中推进。湘江新区在建设容错纠错机制过程中，都是在严格制度设计和论证基础上，将某项制度放置实践环境中进行探索，从制度运行状况和实践对象的反馈中不断得到修正和完善制度的信息，从而使得制度在实践试验中得到持续性的修正。如此保障了容错纠错相关制度机制的环境适应性，也意味着制度本身具有较高的灵活性从而能够在复杂环境中逐步修缮以保持有效性。

其次，湘江新区主动走出去，学习其他新区容错纠错实践经验。湘江新区容错纠错制度实践并不局限于新区范围内。毕竟，对于一项制度运行而言，新区实践环境所能提供的信息是有限的，难以有效应对新区创新经济发展路径过程中所遇到的其他复杂情形。这就需要新区主动走出去学习和借鉴其他国家级新区的实践经验。一方面，湘江新区走出去并非普通的外出学习和参观，而是由新区领导亲自带队，并邀请高校专家学者共同组成调研队伍，分赴国内各个国家级新区展开调研和考察。由此可见，湘江新区走出去学习是实实在在做好了充分的准备。不仅新区主要领导带队调研与考察，而且邀请专家学者参与其中，既能够同其他新区交流湘江新区容错纠错机制建设经验，也能够借由专家学者的专业眼光，发现其他新区在推进容错纠错机制建设中可供借鉴和学习的亮点、特色与创新之处。高规格、组合科学的调研队伍，既向其他国家级新区表明了学习经验的诚意，为更好交流打下基础，也为实践层面和理论层面的双向交流提供了良好的人力基础支持。另一方面，湘江新区与双一流建设高校中南大学组成联合研究队伍，不仅全方位地对湘江新区容错纠错机制设计、实践和运行进行了评估与分析，总结了大量可供改进和完善之处，也借助实践调研结果，运用科学研究和分析方法对各个新区的特色进行总结提炼，为湘江新区容错纠错机制完善和实践改进提供了更多更加科学的经验知识参考，极大地保障了湘江新区容错纠错机制实践的科学性。

二是重视专家参与和合作。政府行政系统行为相对更多地面向实践、面向实实在在每时每刻都在发生的日常生活，具有极其明显和突出的实在性与实践性特征。这也就意味着长期处在行政组织系统内部的工作人员，特别是身处其中具有决策权力的领导干部，更加习惯以实践性的眼光去看待、分析和解决问题。国家级新区作为承载国家重要使命的功能分区，从其功能定位看就具有十分明显的实践性导向特征，需要以化解实际问题和创新发展路径为主要目标。然而，实践性导向固然有助于国家级新区领导干部在复杂情境中始终坚持以实践发展为基准，有效地应对实践难题并解决相关障碍。但过于强烈的实践导向，也有可能使得国家级新区领导干部在推进工作的过程中，忽视理论经验和知识的总结与应用，而使得各项工作部署和决策悬浮于理论之上，看似符合实践需求但实际上并未从深层角度理解和化解问题。由此可见，国家级新区要想发现阻碍容错纠错机制建设推进的深层根源问题并制定科学合理的机制建设方案和优化方案，就必须对理论知识有足够的理解和重视。

正是由于实践源自理论，理论又在实践中不断得到优化和提升。因此，唯有将实践与理论相结合，才能够在复杂环境中发现新形势下的新知识和新问题，才能够为更好地优化容错纠错建设环境和提升建设质量提供良好的基础。湘江新区在建设容错纠错机制的过程中，十分注重利用专家学者的专业知识基础，结合新区容错纠错实践思维，来合力推进新区容错纠错机制建设。一方面，新区领导邀请高校研究容错纠错机制的专家学者与新区工作人员组成联合研究队伍，将实践看法与理论观点紧密结合起来，对湘江新区容错纠错建设存在的问题和障碍进行研讨和分析，通过对表象的解读深入理论层面的解构分析，进而识别出阻碍新区容错纠错机制建设和运行的根源。这样的一个发现问题和分析问题的过程，就是充分地借助了专家学者的专业知识，用专业理论知识解读湘江新区容错纠错实践问题，能够更精准地识别根本症结，抓住主要问题。另一方面，湘江新区在邀请所在地高校专家学者组成联合研究队伍的同时，也十分注重聘请高水平专家学者来把关容错纠错机制建设。湘江新区在推进容错纠错机制建设和完善的过程中，多次邀请相关领域高水平学者、具有丰富经验的实践者，以及高层政府领导参谋和评估容错纠错机制。显而易见，专家学者参与容错纠错机制建设，在很大程度上弥补了湘江新区领导干部理论知识不足带来的缺憾，从基础专业知识层面保障了新区容错纠错机制建设知识基础的稳固性。并且，湘江新区在与专家学者合作开展容错纠错机制建设研究项目的同时，也逐步意识到了专家学者对于推进新区容错纠错机制科学化建设与发展的重要性。争取容错纠错制度体系建设的每一步和每项制度的出台，都必须有专家的参与，都要经过专家学者的严格论证，才能够放到实践环境中进行试运行。综上而言，湘江新区在着力推进容错纠错机制建设的过程中，形成了实践导向与专家导向相结合的制度导向特征，将实践经验与理论知识较好地结合在一起，为容错纠错机制建设提供了良好的环境支撑，保障了机制建设的实践适应性和理论科学性。

第六章　湖南湘江新区容错纠错机制建设面临的问题与成因

如前所述，湖南湘江新区在近几年的实践中取得了较好的成效。但是，无论是容错纠错机制的探索，还是湖南湘江新区的建设发展，都处于一个相对模糊而充满不确定性的发展语境之中。新事物的发展需要经历实践的考验，才能从特殊转变为一般，进而成为全国逐步推广的重要制度补充。公务员体系处于一个相对稳定的组织环境中，容错纠错这样的新事物在其推行过程中必然面临诸多的难点。本章根据实地调研和访谈情况，总结了湖南湘江新区容错纠错机制建设中面临的问题和产生的原因。

第一节　面临的问题

湖南湘江新区在容错纠错机制的实践方面取得了良好的成效，并逐步将该制度常态化，使之成为激励广大干部干事创业积极性的心理动力。然而，由于容错纠错机制尚未形成系统完善的操作细则，在实际操作中依然可能面临一些问题。

一、容错纠错的标准模糊

制度设计是制度活性长期稳定发挥的基础。湖南湘江新区的容错纠错实践过程反映出其制度设计依然难以充分适应现实的多元化要求。更清晰的关于"错"的界定将有助于减少争议的出现频度，更明确的容错纠错的适用情形将有助于"错"的精准化认定，科学化的容错纠错程序能够明晰容错纠错的技术依据，决策主体的目标和谐化有助于确保容错纠错机制的功效发挥并避免行政资源的浪费。

(一)关于"错"的界定不明确、不统一

首先，关于"错"的内涵没有统一的阐释。习近平总书记的"三个区分开来"是一种原则性的表述，而且党内法规、国家法律以及规范性文件均没有对哪些错可以容、哪些错不能容作明确规定。实际工作中主要存在两种观点：一是只有在改革创新性工作、探索性工作中出现失误和错误的才可以容；二是没有私心，为了推动工作，不论是创新性、探索性工作，还是一般性工作，只要是轻微违纪违法，都可以容错。究竟什么样的情形符合容错纠错的范畴呢？

> 某领导在访谈中谈道："我以前在检察院工作过，在反腐(部门)工作过，也在反渎职(侵权局)工作过。在实干的过程中，在开拓创新的过程中，很容易碰到这种(事情)。你搞好了，可以说这个是创新，你搞得不好，也可能是乱作为，是吧？就很难把握标准这个东西。"(×集团 M 总，2020-08-19)

可见，无论是湖南湘江新区的制度设计者，还是处于执行层面的基层干部，都难以对充满不确定性的、从属于未来场景的"犯错"情境进行合理而完整的系统化解读。

其次，关于"错"的行为如何认定。干部在创业干事的过程中，势必会碰到这样或者那样的困境问题，因而就有可能或者有机会犯各种各样的错

误。那么，这种错误如何认定？如何认定其是主观性还是非主观性？

最后，"错"是个体的错误还是群体的错误。由于容错纠错制度是一个相对新而缺乏实践检验的事物，因而难以将理论与实践进行比较系统化的融合。因此，在认定错的归属为个人还是群体时，极易陷入模糊性认定的困境。

(二) 适用情形难以明确

容错纠错的适用情形难以细化为具体的文字，这是因为犯错的时间、地点、人物、事由、决策风险、执行风险等均具备较大的不确定性。就湖南湘江新区现有的文件资料而言，容错纠错的适用情形依然是宏观而抽象的，难以对具体的情形进行细致的条件化指导。容错纠错机制建设目前处于摸索阶段，因而难以对具体的适用语境、适用条件和情境等进行系统的规定。举例来说，如何界定犯错的主观性和客观性？如何区分干部创业干事中的私人动机与公共服务动机？如何判断需要容错纠错的时机？就干部的行为类型和行为空间来说，充满不确定性的干事创业环境增加了明确各种适用情形的难度。从个体的行为空间来说，难以切实把握每一个行为的真实动机，更难以发现隐性的犯错行为，特别是在寻找容错申请者的非主观性犯错依据时。

"在调研中我们发现，很多地方都有一个问题，就是说这个度怎么把握。很担忧的一点就是，我给他容错了，是不是就给他搞了纪律松绑。所以，从长远来看，我还是更倾向于违反了党纪国法就不能容，无论是有意还是无意的。这个其实很难判断的，实际又该怎么操作呢？"(×教授，调研研讨会，2020-08-07)

(三) 程序设计的科学性不足

容错纠错的程序设计依然存在较大的自由度，其关键原因在于相关的容错纠错文件难以细化"错"的内涵、空间、类型、条件、情境、情景等。由于容错纠错的对象是来自自由度最大的人的行为，且由于场景的多元性与行为的多向性，使得容错纠错过程的程序设计存在主观化倾向而变得欠缺科学性。因此，在实践过程中也就难以公平客观地核实"错"的真实来源和其相关证据材料的客观性水平。从监管层的角度来看，核实需要花费诸多人力、物力、财力，且难以根据既有的程序设计进行，继而难以发现容错申请者的犯错真实动机，也难以还原当时的真实情况，即存在着一定的主观化评价和经验化决定。从容错申请者的角度来看，维护个人利益并规避问责风险的内生性动力将促使其倾向作出有利于自身的辩述。

（四）决策主体的目标存在潜在矛盾

容错纠错制度体系的决策主体一方面希望这个制度能够改善目前"不敢为、不作为、不想为"的不良懒政风气，另一方面又担心这种制度的常态化存在可能会激发难以控制的"智能化问责风险规避"现象，从而不利于发掘和激励真正干事创业的干部，继而导致决策主体的目标存在潜在矛盾。从湖南湘江新区的容错纠错实践来看，监管层担忧制度"变味"而成为主观性犯错者的"绿色通道"，从而对是否应大范围进行制度宣传存在疑虑；从实践效果来看，潜在的有容错需求的干部依然存在怀疑性心理而难以成为制度有效的见证者，因而这种难以实现预期效果的现实情况使得决策主体处于"进退维谷"的矛盾性境地。需要进一步指出的是，上级部门决策者的矛盾化境地使得基层部门的干部群体不能精准化地进行容错申请或者及时中止错误行为。

"最后讲一点意见，我们一定要避免一个现象，就是做得多、错得多，不做事就不会追责。为什么？如果说你做得多，你就可能有多犯错的风险，但这个事情你不去做，肯定不会犯错。我不主动去推，我最多说（是因为）慢了一点，（也）可以讲（存在）更多困难。如果主动去推，就面临着更多的风险，就是这样的。比如说在分工或者派任务的时候，你给他管一个项目，可能他做好这个项目，他的风险不会变，因为他的岗位在那里，那么他的风险应该少一些，可能有3个至5个风险点。同样的，如果他管10个项目，可能就有30个至50个风险点。如果说你做得多，你被追责问责的概率还大一些，那么这样的话肯定会打击人。确实我们平时也会听到一些同事的反馈，就感觉做得多、累得多，面临被追责的可能性也更大。这个现象我觉得就不应该，对不对？看应怎么样从体制机制上，把这个东西从容错纠错上把它规避一下。"(湘江×集团 Y 总，2020-08-19)

二、基层干部信任度不高

基层干部是社会主义事业建设的中坚力量，他们在干事创业的实践过程中会遇到许多影响主动性和积极性的主客观问题，这些问题可能引发的"非主观化"犯错行为是亟须得到解决的。基层干部对容错纠错机制的信任水平将会大大影响该政策的统一推行，进而难以及时消除心理包袱，亦无法及时控制基层工作风险。

(一)容错免责减责的自由度较大

容错纠错机制是把"双刃剑"，它既可以为改革创新者撑腰鼓劲，把干部干事的"大包袱"变成干事的"护身符"；也可能在容错免责条件、情形不完善的情况下，出现权力寻租，产生庇护式腐败，成为庸官的"护身符"、腐败分子的"挡箭牌"和"免死牌"。

"刚才我们说了，容错纠错的自由裁量权很大，这个权力有可能滋生腐败，容错纠错有可能会被滥用。"(湖南湘江新区座谈会，2020-08-04)

就湖南湘江新区的容错免责减责实践过程来看，由于容错免责减责的过程尚无法引入第三方监督机制，在容错情形的精确性把握、免责的判断依据、减责力度等方面，存在着较大的自由度。容错免责减责的本意是促动广大公务员群体的工作积极性、干事热情、创业创新精神，却极易产生"负效应"：高层级的官员是否拥有影响容错纠错具体执行的"能量"？是否能够真正以公平正义作为容错免责减责的原则？被容错者是否是出于一种折中考虑？容错情形考量是否会存在"大事化小、小事化了"的"潜在逻辑"？

（二）正面案例宣传不多

基层干部的信任是容错纠错机制发挥激励效用的基础，而这种信任的构建关键在于高位决策者对该制度的详细解读和广泛宣传，尤其是正面案例的宣传和示范。这里的正面案例所指的是由于非主观因素而导致的犯错行为，所涉干部被公平公正地容错纠错。正面案例宣传的目的在于向广大干部树立政府推行容错纠错机制的决心和威信，并深刻诠释真正踏实创业干事的干部被容错纠错的重要发展意义。目前，湖南湘江新区对正面典型案例的宣传还做得不够，特别是由于对新制度的认识不足和理解不充分，亟须从上至下进行相关案例的介绍和学习，树立信心。

> 但是就是说，澄清举报可能我们知道的，应该是你举报，但我没做过这个事，你来澄清举报我，我其实是理直气壮的。但是你要讲容错免责，你要把我宣传出来作为一个典型，你实际上就认定我确实做错了，然后你再来免我的责，你再来宣传我。这个可能不止在体制内吧，在全社会都是同步的，我反正就不想做被错误宣传的典型。所以就是说大家都是在这种相互矛盾的情况下，去开展这项工作的。（访谈对象 C，男，负责土地储备综合业务）

（三）尚未形成积极主动的学习氛围

就目前来看，湖南湘江新区容错纠错制度的学习模式为纪工委将相关资料分发至各个部门单位，并以部门领导开会集体学习、个人自学为主。从其学习资料的丰富度来看，依然需要更多更翔实的联动制度来说明和解读学习资料。也就是说，尚未在全区形成积极主动学习容错纠错文件的氛围。对容错纠错文件资料的主动学习，有助于干部们对"错"的内涵、"错"的本质、"错"的形式、"错"的情境等方面形成科学系统的认知。制定容错纠错的制度化文件不是目的，关键是如何盘活这个纸面上的内容，并不断强化阅读者的内化水平。

(四)存在"观望心理"和"公平性怀疑心理"

"我结合我的工作实际情况谈一下对容错纠错的认识与理解吧。从我本身的工作岗位来讲，我这个岗位还是有一定的风险的。我是做财务工作的，但是我看了这次你们给的提纲，容错纠错措施的出台是针对在改革当中出现的一些问题。但在我实际的财务工作中，很多方面，包括现在在网站上通报的，很多事情财务人员好像总是要被带上一笔，什么监管不严之类的。但是实际上我觉得财务这一块只是一个兜底线的东西，可能你说容它也不好容，你说不容，有些责任确实就不是财务人员的。"(访谈对象B，女，负责财务工作)

无论是"观望心理"还是"公平性怀疑心理"，都标示着基于私人利益的心理权衡所释放的复杂性感受。从湖南湘江新区的容错纠错实践效果和访谈问卷反馈来看，该制度依然处于较为初期的小范围宣传阶段，即部门领导带头学习、基层干部跟随学习。由此可见，对这样一个全新的激励干事创业热情的政策文件，干部群体会有自我独特的感受和解读。"观望心理"和"公平性怀疑心理"昭示着一种自我保护的欲望，并在目前制度尚未大范围宣传的语境下，逐渐形成了一种带有群体性的制度感受和风险感知。从现实情况来看，亟须监管层从制度的产生、发展到出台的全过程进行系统的文件化阐释，并积极挖掘分析这些带有规避风险趋向心理的发展逻辑，进而进行典型化心理开导和容错纠错的榜样宣传。

三、执行过程存在阻力

容错纠错机制的执行落地存在一些阻力。首先，容错纠错机制的运行会将某些历史性问题挖掘出来，从而可能会给某些部门带来压力或者利益问题；其次，容错纠错制度的执行过程聚焦于链条化的犯错过程，进而可能会引发某些职能部门间的利益纠纷和争议性问题，协调难度较大；最后，执行过程不通畅的根本原因在于制度的长效机制未能建立，难以发挥各个职能部门的参与积极性，因而也就无法快速发现和准确核实需要容错的情形，从而不能将犯错导致的损失降到最低。

(一)部门间的执行协调难度大

制度的执行协调的目的在于获取第一手的资料。在对需要容错的行为进行调查时，存在一定的执行阻力，主要体现在部门间的"扯皮推诿"，或者担心"拔出萝卜带出泥"。当监管层在核实被容错者提交的资料时，容错中的"错"容易在部门内部和部门间产生利益摩擦(冲突)。与此同时，监管层可能会被要求提供相应的查询或者审核批文，才能在相关部门内部或者部门间进行调查或协调。"错"的认定一般需要多部门的合作协调才能完成，对容错纠错机制不熟悉或者认识不到位，都可能引发部门间的推诿、指责现象。

(二)执行效果不佳

执行效果不佳所滋生的怀疑性心理极易在干部群体间传播，从而使得容错纠错的执行过程更加困难。根据湖南湘江新区的容错纠错实践过程来看，无论是对"错"的认定调查，还是对隐性问题的挖掘，都需要一定的人力、物力和财力。并且，由于知晓度不高，对容错纠错存在模糊性认知的干部容易产生不合作心理。特别需要指出的是，由于对"错"的认定规定是宏观而定性化的，因而监管层可能会存在执行过程主观化的倾向，进而使执行效果产生难以控制的不确定性。就目前来看，湖南湘江新区的容错纠错实践取得了一定的激励型效益，但难以有效拓展容错纠错的"市场"，因而也就难以挖掘出最需要容错的干部，更难以让那些带有投机心理或者规避问责风险的公务员的历史性错误行为"浮出水面"。

(三)执行不通畅

湖南湘江新区容错纠错实践的执行过程不通畅主要体现在难以在全区形成"绿色通道"，无论是来自监管部门的主动化容错纠错，还是来自干部的容错纠错申请，都存在着相当大的阻力，即弱共识下的部门与部门间的自我利益保护倾向。要使得执行过程通畅，就必须形成强共识下的"绿色通道"，即无论是自上而下还是自下而上，都能够对容错纠错的执行过程产生制度共鸣，从而形成"容错纠错为公共"的和谐氛围。需要进一步指出的是，执行过程的透明水平需要通过消除梗阻性因素得到强化提升。同时，还要将阻碍执行效果的主体、对象、环境、制度等共性因素进行系统化研究，以强化执行过程的精准性、畅通性、客观性。

> "……所以在这一块我们就面临尴尬境地，监管的风险和压力越来越大，因为现在各级都在启动追责程序。毕竟新区还是要发展的，尤其是产业项目。我现在举几个例子，大型的产业项目冰雪世界，省市领导为了冰雪世界(能提早)开园，所以要抢工抢期。而潭州大道的改造和周边的配套改造，都是没办证的，但是领导说，要赶快搞，必须这样，一切都是为了开园服务。那么，我们执法怎么办？不执法出现安全事故，或者有什么潜在的安全风险怎么办？所以说，这个问题就是很敏感、很直接的问题。我们也跟领导请示过，但未能及时形成决策，使一线工作人员面临履职尴尬。"(访谈对象 A，男，负责批后监管工作)

四、激励作用有限

湖南湘江新区容错纠错的实践体量还小，尚未形成有广泛积极影响的

"有效性容错"的干事创业氛围，容错纠错机制的激励作用难以在全区形成"链式反应"。就目前的实践现状来看，容错纠错的相关案例不多，尤其是正面案例的宣传存在一定的阻力，被容错纠错的干部还无法从心底彻底理解该机制的优越性，且容易滋生怀疑心理；要形成该机制的激励"链式反应"，即从跟随式学习到口口相传，还需要一定的实践量以促动容错纠错机制积极化能量的释放。我们通过问卷调研分析，发现主要存在以下两个方面的问题：一方面监管层对该机制的理解正在逐步深化，但还有一些实践方面的顾虑，即很难从理论层面说服广大干部积极参与到该机制的运行中来；另一方面，广大干部群体由于无法从行为实践方面感知到该机制的创新性和优越性，进而无法放下"心理包袱"，他们惧怕该机制潜在的消极影响，并担忧其所可能激发的干事创业行为的"过度"风险。

第二节　成因分析

据前所述，湖南湘江新区在容错纠错机制建设中之所以会面临这些困难，主要有以下几个原因：

一、制度设计存在局限性

容错纠错作为一种旨在激励干部群体创业干事积极性的创新化制度供给，在未经大量的、反复性的实践过程之前，难以真正做到制度理念与制度实践的和谐统一，总是会存在这样或者那样的问题。就目前来看，容错纠错制度设计存在的模糊性降低了其原本设想的精准性，且难以在实践中取得干部的信任而陷入"千人千语"的艰难境地。此外，制度的可操作性不强与弹性不足问题的根本原因是不够精确化的设计，容错纠错的过程会因此变得相对主观而难以保证过程的公平公正。

（一）相关规定宏观且笼统

作为一种新事物，容错纠错的制度设计与执行监督体系需要在实践中不断调整完善，其基础原则是公平正义、具体问题具体分析。从制度的内容设计来看，对符合容错纠错情形的认定条件宏观而不具体，即难以在操作层面进行细致的指导和认定。哪些错误的具体情形可以容？哪些不可以容？容错的基础条件是什么？容错的依据是什么？这些问题都难以根据目前的模糊性规定得到解答。不仅要从定性上进行细分，还要从定量上进行系统的区别。目前的容错纠错机制原本是一种对未来可能存在的犯错情形的辨识基础，而其自身则应该在细分的条款中进行确定化的规定，并在不断的实践中逐步更新或者更正不合理的内容。

（二）干部对制度的理解存在较大的差异

俗话说，"一千个人眼中有一千个哈姆雷特"。由于职位、层级、教育背景等方面的差异，干部群体对容错纠错制度存在不同的看法、态度或者理解。既然这个创新性的干部激励制度旨在提高他们的工作积极性，那么就应该深入了解各层级干部对容错纠错机制的真实想法和建议，并从以下三个方面探析干部理解差异大的原因。

首先，"容错纠错"不仅仅是一个结果型名词，更是一个进行态的过程名词。容错纠错的关键导向在于促使干部提升干事创业热情和生成创新创业动力，因而必须关注干部所犯之错的合理性、非主观性、公平性，并在容错纠错机制中融入"具体问题具体分析"的过程考察逻辑；同时，"容错纠错"过程不是一个瞬态过程，而是一个持续不断地进行观察和更新的持续性反思过程，即在发挥激励作用的同时，警醒和提示干部避免同样的或者类似的问题再次发生，进而提升公务员群体的工作效率和工作创新性、灵活性水平。

其次，容错纠错机制良性运行的基础在于被容错者与主管决策者之间的和谐互动。决策者应该尽可能地与需要容错者进行及时有效的互动，无论是其错误的客观性评价，还是错误后果的影响性评估。被容错者应该真实地表达自己的意愿，尤其是犯错过程的细节和犯错动机的非主观性，从而提升容错纠错运行过程的效率和发挥积极的示范性作用。和谐互动的关键在于被容错者需要将行为的结构和过程进行真诚的阐述，而主管决策者应基于客观事实调查的基础，分析和评价被容错者的阐述过程的真实性，积极寻找可能的漏洞或者隐性的逃避责任机会，从而使得这种互动的效率达到预期的效果。

最后，容错纠错机制针对的是需要被容错的具体行为。这是提升干部信任和理解政策意义的关键所在。容错纠错的过程并不与干部本人挂钩，而是检视犯错行为的后果和主观性水平，同时警示其他干部进行自我反省。容错纠错的过程主要评估干部干事创业的创新性、复杂性等所激发的发展性困境，所针对的是犯错环境的客观性和犯错行为的危害性水平。

（三）可操作性不强

制度的可操作性水平是一个重要问题，主要体现在什么样的情形可以容错纠错、容错纠错的禁止情形是什么、容错空间与弹性如何界定、免责减责的具体依据是什么等四个方面。从制度的结构性设计到制度的实践需要比较确定化的可操作性，即从理念到实际行动、从理论到实践都需要可操作性来使得制度的美好愿望变成现实。目前，湖南湘江新区的容错纠错机制主要依赖各基层单位的自我学习和自我理解，从操作层面来看，难以进行有效的统一。由于基层各单位的现实情况差异，使得容错纠错机制的建设依然处于较为模糊的摸索阶段。可操作性主要是指从制度指导到落地实践的容易程度和便捷化水平，对广大干部群体来说，对容错纠错制度体系的差异化理解和决策层对该体系的阐释依然处于理论层面，"敢于主动吃螃蟹"的人依然寥寥无几，这就使得决策层的领导难以从制度的实践过程来判断制度自身的问题，也难以提升制度的可操作性和标准化水平。

（四）弹性不足

"……牵涉很多政策，你也知道中国的法律法规政策很多，各地都有不同的政策，那么这个政策之间，可能我符合了本地的政策，但是和上位政策又有冲突了，才出现了这个错误。但是我执行的时候是没有错的，我是按本地的政策做的，是吧？但是上面的检查就出现问题。你没按政策来执行，出现了政策的失误，是吧？这样才有的错，所以主动容错这个情况是很少的。因为既然知道有错我就不会去做了，那还有什么要容的呢？"（×主任，2020-08-17）

制度弹性是解决成长型问题的重要基础。这里的弹性主要针对的是容错纠错机制的开放性和全面性水平——一个政策一旦确定就存在固化的倾向，即容易根据制度纸面要求而进行常态化的容错纠错运行。需要特别指出的是，社会发展环境变化与技术进步速度使得干部群体面临着较大的不确定性风险，他们可能会在"上级认为安全"的地方犯错，或者在"上级认为有风险"的困境中取得较大的成绩。这种因为未知而增加的发展难度，存在着摇摆性，即常态化的容错纠错过程评价难以反映真实的现实境况，从而使得容错纠错的效果存在失效的可能。增强容错纠错机制的弹性水平，旨在积极发挥"具体问题具体分析"的实践原则，让那些真正干实事、真心为人民事业奋斗的干部群体感受到制度的温暖和制度的人性化。需要特别指出的是，制度的弹性空间与情境需要在符合法律法规的基础上，依据犯错情形、犯错后果影响水平、客观性强度等进行符合事实的合法、合情、合理的制度化判定。

二、基层干部存在观望心理

由于湖南湘江新区监管层还未能进行较大范围的容错纠错正面案例宣传，即榜样的缺失使得广大干部对该制度的有效性产生了怀疑。没人愿意成为制度的实验品，而是选择静静地观察制度的运转效果。如果能通过正面案例来现身说法，则可能大大降低不信任感，进而实现容错纠错机制的跨越式发展和大范围改革的推进。榜样的力量是无穷的，科学化设定榜样并激励性地宣传相关案例，有助于怀有观望心理的干部树立对容错纠错制度的信心和增强对制度的信任感。这里的榜样示范主要是指正面的积极案例，即那些由于非主观性原因犯错被容错纠错且未被问责的干部案例。就目前来看，湖南湘江新区已经对某些符合条件的干部进行了容错纠错，实现了较好的制度激励作用，但是尚未在全区进行大范围的正面案例宣传和解读。虽然很多基层单位都在学习容错纠错相关的制度文件，但是由于没有公开的正面宣传，许多干部依然保持"观望"心理。

三、执行的主观性因素较强

制度是经由人与人的互动来运行实践的，无论是监管层还是被容错者，他们都是带有主观性的个体，因而操作层面的主观性不仅强，而且可能会进行权宜的变化。就容错的情形来看，其规定是宏观而模糊的，故而非常依赖制度执行者的主观性判断与评价。

（一）主观预设与价值判断

容错纠错机制是一个基于"无原则性犯错"的激励型制度安排。然而，在制度尚未成熟、容错条件模糊、联动保障政策缺位的背景下，如何明晰非主观性犯错是一个带有主观色彩的问题。在尚未形成认同性共识的语境下，容错纠错制度极易被认为是一个特殊的制度，即监管层不会轻易地对犯错的官员进行容错，而申请容错者则可能将该制度作为一种规避风险或者减轻问责压力的特殊途径，并形成一种前置性主观预设——容错纠错的价值判断的基础在于能否形成更好的干事创业热情氛围，能否真正实现"该容的错一定有机会容""容错纠错是不是一种有效规避风险的手段"。一旦制度被主观化评估或者价值判断，那么就会滋生难以控制的隐性风险和难以评估的制度效率。应不应该对某个过失或者错误进行容错，敢不敢容、会不会容、容之后会不会产生消极影响等问题都是极易在制度实践中出现的，也是目前该制度体系难以系统化发挥效用的基本原因。

（二）部门利益冲突

部门利益冲突乃至可能滋生的"合谋性抗拒、糊弄、偏袒"现象，极易阻碍监管层调查取证以审核容错申请者的资料真实性。然而，容错纠错过程必然会对部门的利益产生某种难以估测的影响。举例来说，被容错纠错后会不会影响部门的绩效、形象、能力印象？被容错纠错的时机会不会产生消极影响？监管者在审核容错申请者的材料时，可能会遇到因以上类似的问题而产生的部门不配合或者消极应对的现象。部门利益自我保护倾向屡见不鲜，在容错纠错机制尚未经过一定实践检验的背景下，部门间的博弈将为声称"非主观性"的犯错行为调查取证带来一定的困难和阻碍。解决部门利益冲突带来的消极影响的关键在于部门公务人员系统化地学习容错纠错的文件精神，以及容错纠错的制度激励原则和过程。

（三）执行实践脱离制度期望

容错纠错的制度期望是通过必要的容错纠错以增强干部的干事创业热情，而湖南湘江新区在该制度的执行实践中发现依赖主观性的错误评价，易于削弱想要或者需要容错纠错干部的积极性。制度不会思考，它需要在实践中变得生动起来。由于这个制度关注的是那些因不可抗拒因素或者非主观性因素导致的错误、过失，从而容易在干部群体中激发某种抗拒心理——被容的错是否会产生持续的消极影响？能够被容的错也是一种错，即使这个错误并不违反公务员行为原则。被容错后可能会产生"标签效应"，隐性的荣誉受损或者能力评价或许会成为被容错干部的政绩"污点"。尤其是那些亟须被容错的干部，容易畏首畏尾、犹豫不决，而造成长期的问责心理压力或者引发消极的政务后果。

四、联动机制尚不健全

湖南湘江新区目前的容错纠错制度还是一种概括化的纲领性文件，亟须从多角度进行必要的补充和联动，以确保容错纠错的执行实践合法化、完整化、合理化。从心理关怀与精神激励联动制度的角度来说，提升广大干部的参与积极性和学习主动性是一个重要课题，适度适时的心理关怀能够消除制度的"刚性"印象，及时的精神激励将大大提升干部干事创业的信心和勇气。从专家技术人员的制度建设参与来说，他们深受政府监管层的信任，同时也受到广大干部的信任，因而是最适合的"信任连接桥梁"。从外部监督的制度支撑作用来说，它与内部监督形成监控制度合法有序执行的"两只眼睛"，从而能够打破干部对容错纠错机制的怀疑心理。

（一）心理关怀与精神激励联动制度方面

就目前湖南湘江新区的容错纠错实践来看，干部群体尤其是基层干部的参与动力未能被充分地激发出来，这与相关保障机制譬如心理关怀、精神激励等密不可分。监管层需要通过问卷调查、走访、匿名实地考察等形式挖掘干部群体的心理动态，并通过面对面交谈、一对一心理疏解等途径进行心理关怀。需要特别指出的是，精神激励举措旨在鼓励需要容错的干部参与到容错纠错的过程中来，消除其疑惑、增加其对制度的信任，从而达到"放大器"的示范性作用，而使得真正需要容错的干部卸下心理包袱，真正地感受到制度的温暖和制度的激励性支持。

（二）专家技术人员的顾问式评估

从心理距离的角度来说，专家技术人员能够从非正式的沟通交流中获得广大公务员群体对容错纠错制度的建议和感受，并进行专业的解读以及将有参考价值的见解融入对负责该制度的领导人员的建议书中。专家此时的顾问式评估，一方面能够促动广大公务员对容错纠错体系的学习动力，一方面能够从他们的立场上去研究发展更贴近实际的制度体系。此外，通过此种沟通交流（尤其是匿名交流），更能让处于干部群体与监管层之间的专家技术人员发挥"链接"作用，能够让他们最真实的建议和感受被监管层

"听到"，继而使得容错纠错制度体系更加贴合实际，即理论与实践和谐地进行融合式、包容性的发展。

(三) 外部监督结构有待完善

外部监督是确保容错纠错机制科学执行、过程公平公正的关键。从本质上来说，促进广大干部干事热情、保障广大干部无"后顾之忧"的容错纠错制度，是一种公务员群体内部的制度补充和制度激励。从湖南湘江新区的实践过程来看，广大干部们表现出的"畏手畏脚"现象表明他们依然对该制度存有疑惑和疑虑。构建外部监督体系，即从社会大众、社会组织之中选择成立动态化的社会监督成员，并进行制度化确定以体现合法性和公平性。外部监督体系所带来的确定性感受和保护性功能，与内部监督的效用结合起来，便形成了被容错者的安全化心理环境和监管层的自我行为检视的双重结构性环境。

五、双重激励缺失

适时适度的外部监督机制有助于让容错纠错的执行过程处于社会大众和社会组织的广泛监督之下，避免可能的不公平现象或者潜规则出现；有机系统化的内部激励机制将大大促进监管层的错误行为核查的进度，同时也能保护那些主动申请容错者的合法权益不受侵犯，进而在激励他们的制度参与主动性的同时，形成与外部监督机制并联发展的循环机制系统。

(一) 外部监督无力

容错纠错机制健康、平稳、有效运行的关键在于内外部相结合的常规监督。内部监督的缺点在于难以打消广大干部对公平公正性的疑虑，且其自身总是容易滋生"受害者"心理，进而难以提升该制度的预期效用而降低其大面积推行的可能性。外部监督主要是指接受来自社会专家、社会大众、社会组织等组织或个体的监督，并从容错的合法性与合理性、被容错者的犯错情境、犯错逻辑、犯错的主观性水平等进行过程性考察,最终为一个合法、合理、合情的容错纠错结果提供最佳的基础。

(二) 内部激励范围模糊

内部激励范围模糊是难以调动广大干部的工作积极性和容错申请的热情的,这主要是由于他们的参与热情取决于实际的容错纠错案例过程和激励程度。作为容错纠错机制运行的动力性支持举措,内部制度性激励的宗旨是提升容错纠错体系的健康发育和稳定发展。首先,在确保被容错者的合法权益不受侵犯的基础上,对那些因非主观性因素而引发过错行为的干部以精神嘉奖和合理的物质奖励,以激励那些敢于容错的、真正干实事的干部;其次,通过收集分析既往被容错者的犯错规律,并在取得当事人同意的基础上,归纳总结他们的容错纠错故事,甚至是让他们现身说法,并对表现突出者进行嘉奖;最后,对首次容错者免于问责并强化其在未来干事创业时的危机意识和大局意识。

六、长效机制缺位

健康而完善的长效机制是确保容错纠错制度长期稳定发挥制度优势和制度能动性的关键。一方面,监管层需要推进制度的兼容性设计和建设,以强化该体系的完整性发展与内容的完善性水平。另一方面,作为一种针对未来干部干事创业的风险预防机制,及时根据犯错的情境和可能性进行适度的干预,并引入常态化的内容评价机制,以确保容错纠错制度始终处于与时俱进的动态发展状态。

(一) 机制的兼容性不强

容错纠错机制目前是一种独立的存在,尚未嵌入政治、经济、文化、社会等相关法律法规体系之中,兼容性存在不确定性。容错纠错机制依然被认为是一种公务员政策体系的补充,其带有某种临时性的色彩。作为一种试图用减轻犯错后的问责压力的激励型制度，容错纠错的共识性尚未在相关法律法规体系中得到体现。从干部干事创业的过程来看，所遭遇的棘手问题或者困境必然存在，因而采取的权宜性举措或者特殊性对策存在可能违反行政程序、行政审批等有关明文规定的情况。从上述角度来看，试图打破这种因权宜性举措而受到问责压力的情形，就要在公务员法律法规体系中融入容错纠错的指导理念，就要为一心为公的干部群体提供心理支持，鼓励他们放心做事、创新发展公共事业。

(二) 制度的有效性期限未明确

容错纠错制度能不能长期存在？它是不是一种试探性的政策试验？它是否会根据试行情况而进行期限的动态调整？它的效果评价标准如何确定？这些问题都应在相关的解释性文件中进行明确的回答。制度的有效性期限未明确将会增强广大干部对容错纠错机制的不信任心理，尤其是在人员变动的时候。从长效机制的建设来说，明确制度的有效性期限并给予充分而明晰的界定，是确保制度长期有效存在和持续性动态发展完善的根本前提。

(三) 制度的常态评价机制缺失

湖南湘江新区目前尚未出台对容错纠错机制进行常态评价的相关制度。作为一种消除由于干部惧怕犯错而懒政、不作为的激励性支持制度，容错纠错机制应该是一种动态化进行内容调整的创新性举措。随着区块链技术、大数据管理、人工智能、云计算等技术的飞跃发展，干部在干事创业的过程中势必会遇到更多更复杂的矛盾性新情境，从而可能会出现由于知识储备不足、认识不够等引发的行为错误。也就是说，目前实行的容错纠错机制应根据社会发展进行自我更新，并进行科学专业化的制度评价，从而使得该容的"错"得到宽容，继而使那些真正干事创业的干部感受到制度的"获得感"和"温度"，从而形成制度的预期效果并激励更多的干部勇敢地为国家的经济发展作出贡献。

第七章 湖南湘江新区容错纠错机制优化的构想

　　党的十八大以来，习近平总书记多次强调要在改革发展中坚持"三个区分开来"，多次强调要加快构建容错纠错机制。在以习近平同志为核心的党中央的号召下，全国各地积极响应，纷纷探索试水容错纠错机制。近年来，湖南湘江新区积极探索容错纠错机制建设，在基层经验探索方面已经走在了全国前列，取得了显著的工作成效。但是，这并不意味着容错纠错机制已然尽善尽美。作为一项新事物，容错纠错机制建设还有很长的路要走，仍然需要在实践中不断改进和完善。《论语》有言，"三人行必有我师焉，择其善者而从之，其不善者而改之"。课题组通过调研发现，不少地方探索建立容错纠错机制成效显著，一些先进做法可以为湖南湘江新区以及其他地区容错纠错机制建设提供可供学习和借鉴的经验范本。建设容错纠错机制不能闭门造车，既要走出去，又要引进来，即要积极学习借鉴其他地方的先进经验和做法，进而为优化本地区容错纠错机制提供思路启发。但是，需要注意的是，学习借鉴并不是一味地盲目模仿，更重要的是要结合本地实际。换言之，积极引进先进经验的同时，要注意结合自身地区发展特点和实际，因地制宜地完善容错纠错机制。

　　为此，本章立足于湖南湘江新区容错纠错机制建设过程中存在的不足，借鉴其他国家级新区探索容错纠错机制先进经验和做法，试图从完善制度建设、提高可操作性、完善联动机制、建立常态化机制四个方面出发，提出契合湖南湘江新区实际的优化构想。制度建设、可操作性、联动机制以及常态化机制是容错纠错机制能否取得实效的关键所在。其中，制度建设是基础保障，可操作性是前提条件，联动机制是辅助保障，常态化机制是保障容错纠错机制取得长足实效的重要条件，它们贯穿于容错纠错机制整个运行过程，一同为完善容错纠错机制、推动容错纠错机制落地见效保驾护航。

第一节　完善容错纠错制度建设

制度具有全局性、稳定性和根本性特点，制度建设是根本。从这个意义上来说，完善容错纠错制度建设是优化容错纠错机制的根本之策。容错纠错机制设计是否科学合理，容错纠错机制是否能与其他制度兼容共生，是否开展容错纠错机制法制化路径探索，这些都是完善制度建设需要关注的重点内容。

一、结合调查研究加强容错纠错机制设计的民主性

制度设计的逻辑是制度合理性问题的核心与关键，[1]一个良好的制度设计是保证制度合理性以及制度功能有效发挥的重要前提。[2] 同理，容错纠错机制效用的发挥有赖于良好的机制设计。因此，为了有效推进容错纠错机制建设，首先需要将目光聚焦于机制设计。民主是科学的保障，提高机制设计的科学性，必须寓科学于民主。具体言之，必须加强容错纠错机制设计的民主性，以提高科学性。

在这方面，H新区自下而上起草实施细则的做法为我们提供了经验借

---

① 李海青.现代性视域中的制度合理性[J].江西社会科学，2020，40(09)：5–11.
② 苗志娟，丁晓强.共享发展理念视角下的群众路线创新研究[J].求实，2017(05)：23–33.

鉴。H新区在制定《H新区一体发展区容错纠错免(减)责实施细则(试行)》(以下简称《实施细则》)过程中,自下而上地向各部门及单位征求意见,反复修改实施细则,既彰显了细则制定过程的协商性和民主性,又体现了细则制定的严谨性,有利于提高容错纠错机制设计的民主性和科学性,确保容错纠错机制符合实际。

2019年1月,H新区成立《实施细则》起草小组,采取自下而上的方式,向区委办、政府办、财政局、安监局、执法局等区直部门及单位征求意见,由各单位各部门自己开列容错清单,收集汇总后形成适合容错免(减)责的情形。起草小组先后召开4次讨论会研究起草,组织了6次集中修改,2019年1月底形成了初稿。初稿先后经区深改办两次审定,之后,区纪委召开常委会会议讨论原则通过《实施细则》。2019年2月下旬,《实施细则》(征求意见稿)向区委、区人大、区政府、区政协、区法院、区检察院等单位的22位现职区级领导和区委办、组织部、政府办、政法委、招商局等区直部门和单位再次征求意见建议,根据反馈的意见再次进行修改,形成《实施细则》送审稿。在多次修改后,最终经新区党工委书记同意后印发。(H新区纪检监察机关×××书记,2020-07-15)

基于此,可以尝试从以下两个方面加强容错纠错机制设计的民主性。

(一)结合调查研究,倾听干部声音

完善容错纠错机制设计要立足实际,深入了解干部群体对容错纠错相关问题的真实看法。容错纠错机制设计要坚持主观与客观具体的、历史的统一,主观设计要同一定的时间、条件等客观实际相符合。如果仅凭主观推测、想当然地设计容错纠错机制,必定会造成顶层设计与实际情况相脱节的情况。容错纠错机制保护的是那些勇于改革创新的先行者、实干者,因此,进行容错纠错机制设计首先应当考虑干部群体对容错纠错问题的真实看法，不能忽视他们的真实期待，尤其是那些大胆探索创新的担当敢为者。

一方面，容错纠错机制的主要设计者要深入调查研究，主动了解干部们内心的真实想法。具体来说，可以通过谈心谈话、发放问卷等方式，主动了解干部群体在工作过程中尤其是在改革创新工作过程中可能遇到的困难，询问他们的担忧和顾虑，倾听他们的真实诉求。另一方面，还可以积极探索让干部群众主动发声的制度、办法、平台等，让干部群体能够畅所欲言。例如，可以探索"反向约谈"机制，开通干部群体与容错纠错机制设计者"畅所欲言"的特别通道，让干部群体变被动发声为主动发声。依据干部们在改革工作中的实际需求来完善容错纠错机制，有利于确保容错纠错机制精准落地，从而真正起到保护改革创新"领头羊"的积极作用。

(二)集思广益，广泛吸纳各方意见

完善容错纠错机制设计，还需要集思广益，广泛听取各方意见和建议。赫伯特·西蒙指出，人的理性是有限的，任何决策者所能获取的信息和知识同样是有限的。容错纠错机制的设计如果仅凭一方之力，既无法保证科学性，也无法保证民主性。因此，应当在机制设计环节引入专家学者、干部群体和社会公众等多元主体，以提高容错纠错机制设计的科学性和民主性。

一方面，征求干部群体的意见和建议。那些敢闯敢试、真抓实干的干部群体更能够结合自己的工作实际需要提出更具针对性的建议，因而需要充分发挥普通干部的智慧，积极收集普通干部关于完善容错纠错机制的想法和建议。另一方面，让专家学者以直通方式介入容错纠错机制设计环节。智库专家以直通方式参与政府决策，优点在于智库专家能够与决策者面对面交流，从而达到更好的沟通效果。①常见的直通方式有座谈会、论坛会等形式。可以通过定期举办专家征询意见座谈会、高层论坛会等形式，听取专家学者的意见建议，确保容错纠错机制设计的科学性。

---

① 卢文超.政府决策如何向智库借智[J].人民论坛，2017(12)：46-47.

此外，还可以广开渠道征求社会公众意见。人类社会已经进入网络化时代，网络媒体等新兴技术能够将基层的言谈话语权力在网络中迅速聚集起来。① 因此，可以通过网上公开征求社会意见的形式，广泛听取人民群众的意见和建议。例如，可以在湖南湘江新区的官方网站、官方微博及官方微信公众号等渠道公开征求意见，通过"问计于民"来提高容错纠错机制设计的民主性。基于多元化视角的机制设计，广泛征求各方意见，集众人之智，避免"拍脑袋式"机制设计，提升容错纠错机制的精准性和实效性。

二、增强容错纠错机制的兼容共生性

不同制度之间相互掣肘，只会两败俱伤，从而无法发挥实效。为了确保容错纠错机制能够真正落地生效，必须增强容错纠错机制的兼容共生性，主要包括加强容错机制与纠错机制的配合与衔接、促进容错纠错与追责问责的协调共生②。

(一) 正确把握和处理容错机制与纠错机制的关系

加强容错机制与纠错机制的衔接配合，必须正确把握和处理容错机制与纠错机制二者的关系。容错与纠错是激励党员干部干事创业的"一体两翼"，二者之间是辩证统一、相辅相成的关系，缺一不可。湖南湘江新区容错纠错机制建设过程中存在"重容轻纠"的现实情况，不利于容错纠错机制的有效推进。

> 容错纠错机制实施办法中，"纠错"的内容相较于"容错"的内容显得很单薄，没有将容错和纠错很好地统一起来。更多的还是干部思想上没有足够重视"纠错"，实际中存在"一容了之"的现象。(×新区×××处长，2020-08-04)

---

① 刘少杰.网络化时代的社会变迁[N].中国科学报，2014-03-21(006).
② 梅立润.容错机制为何达不到预期效果：一个整体分析框架[J].甘肃行政学院学报，2019(01)：94-103.

为了充分发挥容错纠错机制激励干部改革创新的积极作用，在推进容错纠错机制的过程中，不能仅仅将落实容错机制作为工作重点，而是要注意"容纠并重"，既要突出容错机制，又要讲究容错机制与纠错机制的配合衔接，实现二者的平衡与统一。

首先，领导干部应当明确"容错首先是个错"的认识。不管容错认定结果如何，都应当对其错误行为及时进行纠正。容错是为了激励干部放开手脚去干事，而不是放开手脚去犯错。从目的和手段的层面来看，纠错是容错的目的，有利于真正解决干部改革创新中出现的失误或错误，是保持改革创新动力的必要保障。[①] 只"容"不"纠"，等同于纵容犯错，势必会背离国家倡导实施容错纠错为担当者撑腰鼓劲的良好初衷。因此，领导干部在思想上要重视纠错机制，做到"容后必纠"，而不是"一容了之"。

其次，纠后能否再容需要具体问题具体分析。理论上来说，为了避免干部群体犯同样的错，同种类型的错误不允许多次容错。但是，同种类型错误的发生会有不同的情形，因此纠后能否再容需要视实际情况而定。具体来说，如果在没有客观条件限制的情况下，一个人多次犯同样的错误，则适用"纠后不再容"。如果是由于客观条件的限制导致不同的人在同一个地方"摔跟头"，可以允许其"纠后再容"。

> 关于同样的错能不能多次容，确实是个问题。该怎么避免一个人多次犯同样的错。这个得看情况，如果说一个人多次犯同样的错，而且是客观条件下，那我觉得是不可以容的。但是如果说不同的人犯同样的错，我觉得是可以容的。否则，会导致干部们产生"为什么别人可以容我不能容"的困惑与质疑。（H 新区×××处长，2020-07-29）

[①] 谷志军.基于责任本位的容错纠错机制[J]. 中国高校社会科学, 2020(06)：74-81, 156.

（二）正确把握和处理容错纠错机制与问责制的关系

促进容错纠错机制与问责制的协调共生，要正确把握和处理容错纠错机制与问责制二者的关系。问责与容错纠错同属于规范权力行使者规范用权、有效用权的制度设计，前者为负向激励，后者为正向激励。努力实现容错纠错与问责之间的制度平衡，有利于协同激发干部干事创业的热情与活力。

一方面，问责与容错纠错之间存在一定的冲突和张力。面对改革创新存在的诸多未知风险，尤其是在没有经验可供借鉴的情况下，实干者在工作过程中难免会出现失误。这种探索性失误，按照问责制的运行逻辑需要追究责任，而容错纠错机制的运行逻辑使其有可能免责。另外，以控制为导向的高压问责会诱发官员产生避责动机，行事畏首畏尾，甚至为了不犯错而选择消极退避的懒政怠政行为。然而，容错纠错机制宽容探索性失误，包容改革先行者，旨在减少干部干事创业的顾虑，放开干部干事创业的手脚，激发广大干部干事创业的积极性、主动性和创造性，让改革者想干事、能干事、干成事。由此可见，容错纠错与问责之间存在天然的冲突和张力。

另一方面，问责与容错纠错又是辩证统一的。问责与容错纠错都是约束和控制权力的基本手段，两者互为补充，不可分割。也就是说，容错纠错与问责是本质上辩证统一的，它们的最终目的都是为了推动公共权力的规范运行。[①] 为了促进容错纠错机制与问责制的协调共生，关键要明确容错纠错与问责之间的辩证统一性。首先，需要从行为动机、决策过程、社会影响、主导因素四个方面厘清容错纠错与问责的边界[②]，明确各自的适用条件与情形。其次，不能用"一刀切"式的统一标准实行官员问责，而是要不断

---

① 陈朋.容错与问责的逻辑理路及其合理均衡[J].求实，2019（01）：48-62.
② 杜兴洋，陈孝丁敬.容错与问责的边界：基于对两类政策文本的比较分析[J].学习与实践，2017（05）：53-62.

增强问责制的灵活性和针对性，以适应地方治理尤其是改革创新工作的特殊性。① 此外，需要注意的是，寻求二者的制度平衡并不是要求强行并用，而是要合理均衡地推进容错纠错和问责，形成以容错纠错为主、问责"兜底"，二者相互支撑、形成合力的良好格局。

三、加快容错纠错机制的法制化进程

在当今民主法治的时代，容错纠错机制建设的民主化、科学化、法制化乃大势所趋，亦是法治时代提出的要求。法律法规是国家治理制度体系的重要构成部分，②对社会政治生活和社会行为起着重要的规范和调节作用。将容错纠错机制建设纳入法制化轨道，有助于破解当前容错纠错机制面临的法治化困境。

目前，全国各地已经出台了许多关于容错纠错机制的实施办法与措施，积极推进容错纠错机制建设，努力为干部们营造宽容失败的良好氛围，能在一定程度上减少他们的顾虑，提高他们干事创业的积极性。然而，目前立法层面尚未制定全国统一性的法律法规，导致容错纠错机制在具体实践过程中遭遇尴尬的法治困境③，让容错纠错机制实施主体在具体执行过程中常常感到难以把握、无从下手，从而影响容错纠错机制的可操作性和实效性。因此，必须加快容错纠错机制法制化进程，推动其走向制度化、规范化，防止容错纠错机制陷入空转。

首先，出台高位阶法律法规是克服当前法律法规缺失问题，解决容错纠错机制法治化困境的一条可行路径。当前，各地的探索实践仍然停留在行政立法层面，其效力自始至终都受到上位法的限制，从而导致各地关于容错纠错机制建设的政策文件强制性和约束性效果不佳，这也是全国各地容错纠错机制建设出现"阶梯式"差距的重要原因之一。所谓"阶梯式"差

---

① 张力伟.地方治理中的问责与容错机制：内在张力与制度平衡[J].理论导刊，2019(06)：41-46.
② 唐贤兴.大国治理于公共政策变迁：中国的问题与经验[M].上海：复旦大学出版社，2019：86-94.
③ 彭忠益，申倩.新时代容错机制的功能定位与构建路径[J].中州学刊，2019(11)：7-11.

距，是指不少地方容错纠错机制探索仍然停留在制定容错纠错机制政策文本阶段，尚未开展具体的实践活动，建设进度明显滞后。为此，可以考虑出台中央层面的专门性法律法规，改变当前中央层面关于容错纠错机制的探索实践仅停留在总体性指导的局面，从国家立法层面夯实容错纠错建设的法制化基础，推动容错纠错机制建设迈入法制化、制度化的新阶段。遵循法治导向，以现行法律和党纪法规作为前置条件制定中央层面的高位阶专门性法律法规。对容错纠错机制的原则、主体、适用对象、适用范围、处理程序等问题作出明确说明，增强地方容错纠错机制实施办法的法律效力及权威，降低不同行政层级之间在制定规范时出现交叉重复甚至抵触的可能性，避免浪费立法资源。

其次，做好高位阶法律法规的统筹推进工作，全方位保障高位阶专门性法规的出台及落地。一是严抓立法环节，立足调查研究，充分发挥全国人大常委会会议的审议功能，保证立法质量。二是提升容错纠错机制执行主体的法治思维和法治素养，克服"人治"思维的局限性，避免单纯式执法和机械式执纪，确保未来关于容错纠错机制的高位阶法规能够得到有效贯彻和落实。三是以遵纪守法为前提，遵循底线原则。底线原则是容错纠错法制化建设的题中之义，容错纠错的具体实施绝不能逾越党纪红线、突破法律底线。具体而言，容错纠错机制的实施者需要厘清违纪与违法的界限，对于违法问题，绝不能以容错纠错为幌子对其"网开一面"，应当坚决移送司法机关依法追究法律责任，避免容错纠错机制异化为乱为者的保护伞。

第二节　提高容错纠错机制的可操作性

制度的生命力在于执行，可操作性是提高制度执行力的关键因素之一。当前容错纠错机制未能达到预期效果，很大一部分原因在于可操作性的不足。因此，应当着重增强容错纠错机制的可操作性和执行力，避免容错纠错机制陷入"纸上谈兵"的空转境地。

一、结合实际制定分类容错清单

从现有情况来看，湖南湘江新区关于什么错可容、什么错不可容的规定比较宽泛、笼统，模糊的界定容易导致基层在具体实施容错纠错工作过程中难以把握或者随意裁量。面对同样的难题，G 新区以"正负面清单"为抓手，梳理为官不作为的负面清单来倒逼责任落实，梳理容错纠错正面清单解除思想顾虑，激发干部干事创业的积极性。引入"正负面清单"这一创新举措，为提高容错纠错机制可操作性提供了很好的经验借鉴。

2016 年 7 月 21 日，G 新区在全市率先出台了《中共 G 区（自贸区南沙片区）工委中共 G 区委关于落实"三个区分"大力支持先行先试探索创新的若干意见（试行）》，开始探索容错纠错机制的具体建设。为了解决容错纠错机制在具体实践应用中出现的容错界限不明晰、难以把握的问题，2019 年 4 月 24 日，G 新区根据中央、省、市相关文件精神，探索构建了"正面清单激励负面清单问责"的工作机制。同时，G 区对"正负面清单"实行动态管理。2020 年，针对部分清单存在表述相对笼统、针对性不强、覆盖面不够广等问题，在广泛征求社会各界意见的基础上，及时更新和完善"正负面清单"。为了打破清单无法面面俱到的局限性，G 区还采取了"原则定范围+清单划重点"的做法来压实责任，进一步深化容错纠错机制建设。

清单式治理是一种重要的治理工具，缘起于企业管理，如今在公共管理领域也得到了广泛应用，如政府权责清单制度、廉政清单等。[①] 梳理清单可以使复杂的事务简单化，将抽象化的原则性规范具体化。换言之，清单具有的现实性、指导性和可操作性等特征，使复杂事务的处理变得更加简单明了。由此可见，将清单式治理引入容错纠错机制建设，有利于提高容错纠错机制的可操作性。

---

① 李珍刚，古桂琴.清单式治理在中国公共领域的兴起与发展[J].江西社会科学，2020（08）：182-191.

因此，为了提高容错纠错机制的现实可操作性，应当借鉴 G 新区引入"正负面清单"机制的先进做法，结合湖南湘江新区各部门的具体职责，同时考虑改革创新工作的特殊性，尝试梳理分类容错清单，细化容错纠错情形。

(一) 结合新区各部门职责，梳理分类容错正负面清单

湖南湘江新区目前有九个行政职能部门和四个国有公司，行政职能部门和企业之间、不同职能部门之间、不同企业部门之间具体工作职责不同，所面临的工作失误风险点及风险高低程度也不同，因而制定统一的容错正负面清单并不能适用所有行政职能部门和企业工作部门。为此，需要结合各部门具体职责制定容错清单。

遵循"政企分开"原则，制定分类容错清单。由于湖南湘江新区行政职能部门与其辖管的国有企业部门在工作内容、性质、特点等方面存在明显不同，只有充分考虑行政职能部门和企业工作部门的管理特色，考虑不同行政职能部门和不同企业部门的具体业务特点及其可能面临的工作失误风险，才能提高容错清单的适用性。在制定容错清单时应当遵循"政企分开"的原则，即区别行政职能部门和企业部门，分别制定二者的容错清单。例如，可以按照政府重要决策、国有企业重大改革决策等类别制定清单。[①] 在此基础上，各行政职能部门结合自己的工作特点梳理符合各自实际的容错清单，同时征求专家、第三方专业机构的意见，确保清单的科学性、全面性和可行性。同样，国有企业的容错清单应由企业内部自行讨论梳理，但是应向湖南湘江新区相关职能部门进行报备。各部门从各自的特殊情况入手拟定容错清单，符合实事求是的原则，有利于提高容错清单的精准性，进而提高容错纠错机制的精准性。

---

① 邱晓星. 在求实创新中推进干部容错机制建构[J]. 理论探索，2017(06)：22-26，32.

（二）结合改革创新工作特点，制定分类容错清单

分类容错清单不仅要考虑部门职责特点，还要从整体上考虑改革创新工作的特点。坚持改革创新是推进国家治理能力现代化的必由之路，建立容错纠错机制就是要鼓励干部大胆创新创业。但是，探索创新往往需要突破法律规章，要走在法律规章的前面，而这又违背了不得违反法纪法规的基本前提。为了解决这一矛盾，在制定容错清单时需要充分考虑改革创新工作的特殊性。

将轻微违法行为纳入容错清单。2020年8月，北京市市场监督管理局印发《北京市市场监督管理局轻微违法行为容错纠错清单》（以下简称《清单》），提出要尝试制定分类容错清单。《清单》梳理总结出一系列轻微违法行为，并规定原则上《清单》中的轻微违法行为不予处罚。对未列入《清单》但其违法行为的性质、情节、社会危害程度等符合相关法律、法规、规章规定的不予处罚情形的轻微违法经营行为，不予行政处罚。① 探索完善容错纠错机制建设，可以考虑借鉴此种做法。对于违法轻微的行为，例如突破"过时"之规的行为，因事况紧急突破程序规定事后及时补救改正的行为，无明法可依时为推进工作进展而采取的前瞻性行政行为，②违反一般程序性法律的轻微违法行为等，均可以考虑将其纳入容错清单范围内，做到依法容错的同时，兼顾情理。

轻微违法行为实施"首违不罚"。2018年8月，C新区管理委员会印发《关于对招商引资项目和企业轻微违法行为首违不罚的规定》（以下简称《规定》）。《规定》明确指出，首违不罚是指行政执法主体按照法律法规和规章的规定，对于行政相对人初次且轻微违法行为，以采取教育、规范为主，不予行政处罚的执法方式；首违不罚的情形不予处罚须同时具备违法

---

① 北京市人民政府. 北京市市场监督管理局关于印发轻微违法行为容错纠错清单的通[EB/OL]. http：//www.beijing.gov.cn/zhengce/gfxwj/202009/t20200909_2042885.html，2020-09-09.

② 李蕊. 容错机制的建构及完善——基于政策文本的分析[J]. 社会主义研究，2017(02)：89-96.

行为不是主观故意且初次、情节轻微没有造成危害后果、经教育和规范能够及时纠正三种情形。因此，将轻微违法行为纳入容错清单，并不意味着给干部们发放"免死金牌"，让干部们可以肆无忌惮地违法。C 新区"首违不罚"的创新做法为我们提供了很好的经验借鉴，即对于已经纳入容错清单的轻微违法行为，除了要考虑主观动机、情节严重程度、能否及时纠正以外，还应当考虑是否"初犯"。如果是一错再错、错了又错的情形，绝对不允许纳入容错范围。

"我觉得明文规定的错误不能犯，相同的错误不能犯第二次。"（×新区 C 处长，2020-07-29）

(三) 根据实际情况动态更新分类容错清单

分类容错清单应当实行动态化管理。世界上不存在什么不可动摇的、绝对的东西，这要求我们用联系的观点、发展的观点去想问题、处理问题，即一切要以时间、地点、条件为转移。容错清单一经制定，并非固定不变，而是实时动态更新的。具体来说，就是要根据法律规章立改废情况以及基层工作的具体实际情况及时予以调整，从而保证容错清单能够适应现实需要。

二、拓展容错纠错实施主体与适用对象

实施主体与适用对象是容错纠错机制运行的两个核心要素，前者为主体要素，后者为客体要素，二者均是容错纠错有机系统结构的重要组成部分。① 目前，湖南湘江新区容错纠错机制实施主体和适用对象较为单一，应根据客观现实需要，适当拓展实施主体与适用对象。

---

① 叶中华. 容错纠错机制的运行机理[J]. 人民论坛，2017(26)：42-44.

（一）拓展容错纠错机制实施主体

根据中办《关于进一步激励广大干部新时代新担当新作为的意见》，各级党委（党组）及纪检监察机关、组织部门等相关职能部门是进行容错认定的主要实施主体，全国各新区也大多规定党委（党组）对容错纠错工作负有统一领导的主体责任。湖南湘江新区容错纠错的实施主体主要有党工委、管委会和纪工委（监察室），其中，党工委和管委会进行统一领导，纪工委（监察室）负责具体组织、协调和监督实施，组织人事部门、宣传部门、法制部门等其他机构负责协助容错纠错工作的实施。

但在现实情况中，新区纪工委（监察室）是湖南湘江新区容错纠错的主要实施主体，负责容错的认定工作，这样难以保证容错认定结论的公信力。在进行容错认定时，应适时听取第三方意见，如充分听取基层单位、第三方专业机构、专家学者的相关意见。在此基础上，进一步完善容错裁决会商机制，以此提高容错认定的民主性、公开性和公正性。

（二）拓展容错纠错机制适用对象

适用对象作为容错纠错机制的客体要素，是容错纠错机制的直接作用对象。全国各个新区关于容错纠错机制适用对象的规定并不统一，有的是将党员干部、国有（控股）企业的领导干部列为容错免责对象，有的是将机关工作人员，企、事业单位工作人员，群众团体机关工作人员列为容错免责对象；有的仅仅将党员干部列为容错免责对象。

从实际情况来看，湖南湘江新区容错纠错机制的适用对象主要是各层级领导班子和领导干部，容错纠错的适用范围并不涵盖经办人等基层工作人员。相比于领导干部，虽然基层工作者不常面临决策失误的风险，但却面临着因执行领导决策事后被追责问责的风险。也就是说，经办人明明落实的是上级决策，事后却要被追究责任。基层工作者是各项改革创新决策的最终执行者，是改革创新工作能否顺利推进的关键。因此，不应将容错纠错机制适用对象局限于领导干部,应当将基层工作者也纳入容错纠错机制适用对象范围内。例如,经办人自身在执行上级决策过程中没有出现重大过失,或者因不可抗力因素出现失误,应允许其提出容错免责申请。拓展适用对象,有利于提高干部群众自身的安全感,以及对容错纠错机制的信任感。

三、规范容错纠错机制实施流程

容错纠错机制实施流程是指容错纠错机制的运作程序。科学合理的运作程序既有利于提高工作效率,又有利于防止容错纠错机制被滥用,避免其异化为违法乱纪行为的保护伞。因此,为了确保有效发挥容错纠错机制的积极效能,必须推动容错纠错机制实施流程的规范化。

(一)制定规范实施容错纠错机制流程的工作办法

一般而言,容错纠错机制实施流程主要包括提出申请、调查核实、会商研判、作出认定、结果反馈、纠错整改六个环节。制定专门的工作办法规范整个实施流程有利于提高容错纠错机制的规范化水平,保障容错纠错机制正常有效运转。

首先,细化操作步骤,制定工作办法。对各个环节进行全面规范,首先应当细化各个环节的具体操作步骤,制定专门的工作办法。一方面,专门的工作办法可以为容错纠错机制实施主体提供工作依据和具体指导,助其迅速掌握工作流程及操作步骤,提高工作效率。另一方面,制定规范流程的工作办法,细化容错纠错各环节具体操作步骤,有利于减少容错纠错机制执行的自由裁量空间,进而提高容错纠错机制的公正性。为了进一步提高工作效率,在制定规范流程的工作办法时,还可以考虑分类处理,简化一般性事项的容错认定程序,对于存有较大分歧的复杂性事项则需要征求内外部各方意见,可以吸收专家、第三方专业机构、民意代表、社会公众等多方意见,保证认定结果的权威性和科学性。

其次，制作简化版流程图。将专门的工作办法进行简化，制作直观流程图。简化后的工作流程图，更容易在政府系统内部宣传普及，有利于容错申请人了解容错纠错机制实施的具体流程，有利于提高容错纠错机制的知晓度。同时，干部们熟知容错纠错机制及其具体流程，也有利于提高干部主动申请容错的热情，进而改善当前容错申请仅仅依赖组织提出、缺少当事人主动申请的状况。

（二）推动容错纠错实施流程公开透明化

闭门自容自纠难以保证容错纠错的公正性，因此，除了法律规定需要保密的特殊情形以外，容错纠错机制的实施流程应当遵循公开透明的原则。

首先，实施流程公开化。容错纠错机制一旦启动，其实施流程的详细内容必须及时向社会公开发布，可以通过政务微博、政府官方网站、官方公众号等渠道发布。这样既能彰显国家宽容失误、鼓励创新的积极态度，又有利于接受社会公众的监督。容错纠错的申请、调查、认定、结果反馈等环节必须在一定范围内予以公开，尤其是容错纠错机制的适用对象、事件以及容错纠错的原因、最终结果等。容错纠错实施流程公开化、透明化，是打开权力黑箱、确保容错纠错机制实施流程各环节落到实处的关键，也是提高容错纠错机制民主性的重要前提，更是提高容错纠错机制公信力的有效举措。

其次，程序上引入第三方评估。根据公共选择理论的观点，政治家和政府官员都是经济人，作为政府决策和行动的主要行为者，其自利倾向会影响政府决策和行动。因此，容错认定的主体不应当仅仅局限于上级组织和纪检监察部门，而应考虑引入第三方评估，以期保证评估认定结果的客观公正性。2019 年 5 月 27 日，H 新区印发《H 新区××一体发展区容错纠错免（减）责实施细则（试行）》，提出在容错免（减）责程序及核实调查阶段，确有必要时可引入第三方评估。

由调查部门组织被调查人所在单位相关人员及会计师事务所、审计事务所、造价公司等专业部门、机构，结合动机态度、客观条件、程序方法、性质程度、后果影响以及挽回损失等情况，对是否属于容错纠错免减责的范围进行第三方评估，评估结果作为调查报告的佐证材料。

在程序上引入第三方评估是强化容错科学认定这一关键环节的有效举措，不仅有利于约束认定主体的自由裁量权，防止容错纠错机制被滥用，还有利于保证容错认定结果的科学性和准确性，避免容错纠错机制被"误用"。

四、推动多部门有效协同

有效的部门协同应当包括横向协同与纵向联动。容错纠错主体的多元化、行动的协同性，决定了容错纠错机制效能的发挥离不开各部门间的有效协同。目前，湖南湘江新区建立了容错纠错的上下联动机制，上下级之间就重大容错纠错事项及时进行沟通，实现了跨层级的纵向协同。但是，目前尚未建立横向协同机制。因此，应当在明确部门职责权限的基础上，建立容错纠错横向联动机制，推动各部门之间的有效协同。

(一) 明确各部门容错纠错职责权限

容错纠错机制的执行主体涉及党委（党组）、纪检监察、组织人事等多个部门，职责不清、管理权限不明是实现各部门有效协同的重大阻碍。为破解这一阻碍，必须理清各部门职责权限。

首先，应当明确容错纠错机制的第一责任人。容错纠错机制的有效运转依赖于高层领导干部或核心人物的高度重视和担当作为，对推动容错纠错机制合理化起着关键作用。[①] 具体言之，如果领导强化容错纠错，干部对容错纠错的容忍阈值就会不断提高，通过修正心理认同体系使得容错纠错

---

① 何丽君.脱贫攻坚中基层干部容错纠错机制建立的难点及对策[J].领导科学,2019(10)：108-111.

具有正当性，并逐步趋于合理化。① 因此，在容错纠错多元化主体中，应当明确各级党委是容错纠错最主要的主体，各级党委书记应是容错纠错机制的第一责任人。各级党委书记应当立足全局，高度重视容错纠错，加强对容错纠错的统一领导，主导容错纠错工作进程。

其次，明确容错纠错机制其他参与部门的职责。各部门各司其职，是容错纠错机制顺畅运行的重要保障。明确纪委是容错纠错机制的具体执行主体，主要负责对线索的处置和查办。组织部门负责全面、辩证地看待犯错干部，决定其能否起用。宣传部门主要负责容错纠错机制的推广宣传工作，如典型案例的宣传等，提高容错纠错机制的知晓度。

（二）建立容错纠错的横向协同机制

容错纠错机制的有效运转牵涉诸多部门，具有很强的系统性、关联性和综合性，需要各部门密切协作配合、共同行动，形成推动容错纠错机制有效落地的合力。由于党委、纪检监察、组织人事是落实容错纠错机制的主体，三者的有效协同是确保容错纠错机制有效运转的重要保障。

首先，应当消除各部门对容错纠错的认知差异，推动各部门就容错纠错达成共识。各部门关于容错纠错的认知差异容易造成容错纠错执行不畅或者产生偏差。各部门思想战线统一是推动各方同频共振、同向发力，实现多部门有效协同的重要思想前提。

其次，在达成统一共识的基础上，为了能够更有效地解决容错纠错工作中的疑难问题，还应当注重加强党委、纪检监察、组织人事三个部门之间的沟通与交流，促进容错纠错工作的顺利开展，保证容错纠错工作的实效。例如，可以通过建立联席会议制度，由党委负责牵头，以召开会议的形式，督促各部门围绕有关问题及解决对策进行沟通、协调。

---

① 何丽君.基层干部容错纠错的价值意义及其实践路径[J].治理研究，2019(04)：82-77.

第三节　完善容错纠错联动机制

任何一项制度本身都不可能尽善尽美，需要其他配套制度支撑，才能更好地发挥实效。容错纠错机制虽好，但它并不是一项单独性制度，其效用的真正发挥，关键还是需要相关配套机制的衔接配合。因此，必须加强完善容错纠错相关配套机制，确保容错纠错机制真落地、生实效。

一、完善风险评估机制

容错纠错机制的出台，是为了充分调动和保护广大干部改革创新的积极性、主动性。但是，改革创新面临着诸多的不确定性，比按部就班干事的风险要大得多。因此，为了支持与鼓励改革创新，处理好改革与风险的关系，应当建立健全改革创新风险评估机制，并将其作为决策制定和实施的前置程序和必备条件。[①]

(一) 加强事前风险预防评估

改革创新决策的制定环节与实施环节都需要进行事前研判。2019 年5 月，国务院发布的《重大行政决策程序暂行条例》提出："开展风险评估，可以委托专业机构、社会组织等第三方进行。"为保证改革创新风险评估的科学性和权威性，统筹谋划和科学论证的环节必不可少。

一方面，引入多元主体评估。在完善部门论证的基础上，需要将公众、专家和第三方专业机构纳入评估主体范围，保证改革创新风险评估工作的科学性、民主性。可以通过问卷调查、专家访谈和座谈会等多种方式积极吸纳各方意见，对改革创新相关事项予以科学评估论证。引入外部多元主体共同参与风险评估有助于提高行政决策的透明化、科学化和民主化。

[①]　赵迎辉.新时代干部容错纠错机制的建构及完善[J].山东社会科学，2020(01)：170-174.

另一方面，全面排查风险点。对产业发展、股权投资、环境治理、土地征收与供应、招商引资与国际贸易等相关领域改革创新工作可能存在的风险点进行全面排查，从发生概率、危害后果、可控性等多个维度进行综合研判，科学评定各个潜在风险点的风险等级。事前多方联动评估有助于对改革创新事项进行提前预判和过程监督，进而起到主动防范和降低改革创新工作风险的积极作用。

（二）制定改革创新风险等级目录

在全面排查风险点、事前评估论证并划定改革创新风险等级的基础上，制定改革创新风险等级目录，并向有关上级部门进行报备审批。

首先，确定改革创新风险等级目录内容。风险等级目录应当包括改革创新事项、风险点、风险等级、工作部门等具体内容，需要注意的是，改革创新事项只是对事项内容的大致划分，即事先能够预测到的可能存在风险的一般性事项。制定改革创新风险等级目录的目的在于为湖南湘江新区实施改革创新风险备案制度提供参考依据，即容错主体根据风险等级程度来决定相关当事人是否可以申请容错备案，从而提升容错备案工作的效率。如此一来，可以让容错主体和容错客体双方对改革创新事项的风险都能够心中有数。

其次，定期调整改革创新风险等级目录。再完备的目录设计也无法做到面面俱到，再加上改革创新工作过程中会受到诸多主客观因素的影响，其风险点更加难以准确预测。因此，风险等级目录并不是一成不变的，而是动态弹性化的，必须根据现实情况适时予以调整。可以定期组织相关部门和评估主体对改革创新风险点重新进行排查、对风险点等级重新进行论证评估，及时调整、更新和完善风险等级目录，使其更加符合工作实际需要，而不是成为一纸空文。

二、优化容错纠错宣传机制

根据湖南湘江新区各部门的问卷调查和访谈结果发现，新区多数党员干部不了解容错纠错机制，对"容什么""谁来容""怎么容"普遍存在疑惑，容错纠错机制知晓率较低。为此，新区应当大力加强容错纠错机制的宣传引导工作，提高容错纠错机制知晓率，积极营造良好的容错文化氛围，确保充分发挥容错纠错机制的积极效用。

(一)建立教育引导制度

党员干部是容错纠错机制的主要保护对象，应当加强对党员干部的教育引导，提高党员干部的思想认识，引导他们正确理解和把握容错纠错机制要义，促使其全力支持容错纠错机制的运行。建立容错纠错机制教育引导制度，要积极运用多样化的宣传教育手段，提高党员干部对容错纠错机制的知晓率。

一是开展形式多样的容错纠错专题教育活动。例如，召开中心组专题学习座谈会、集体研讨交流会等，引导党员干部深入学习容错纠错机制；还可以通过增加学习的趣味性引导党员干部积极自学，如借助"以赛促学、以学促用"的形式，举办容错纠错主题教育知识竞赛活动，以竞赛形式检验学习成果，激发党员干部自主学习的热情。

二是收集整理容错纠错典型案例，并在一定范围内公开，充分发挥案例的引领作用。广泛收集、深入挖掘典型事例，结合实际案例进行政策解读，将抽象的政策内容具体化，有助于消除党员干部尤其是容错纠错适用对象的疑惑，增强他们对容错纠错机制的理解，进而提高容错纠错机制的制度信任。此外，以典型案例公示宣传容错纠错机制，还能够发挥总结示范作用，为日后其他容错纠错机制的类案提供规范的操作指引，帮助和指导基层大胆容错、正确免责，有利于促进容错纠错规范化。

（二）拓宽容错纠错机制宣传渠道，强化舆论宣传

良好的社会氛围是容错纠错机制有效运行的重要条件，为此需要统筹运用各类媒体资源，大力宣传容错纠错机制，提高社会公众对容错纠错机制的知晓度和认可度。

一方面，加大宣传力度。利用传统媒体与新媒体的互补效应，充分发挥各类媒体资源的宣传作用，提升容错纠错的社会关注度。利用报刊、广播、电视、网络等媒体，大力宣传报道容错纠错机制及其配套措施，尤其是对容错纠错典型正面案例进行宣传，努力营造保护改革者、允许试错、宽容失败、鼓励创新的良好氛围。

另一方面，注重舆论引导。由于社会公众舆论是理性与非理性的集合，媒体报道客观性的缺失会在很大程度上影响社会公众的判断。一些媒体报道和新闻评论往往带有个人感情色彩，由此，改革创新失误极易受媒体放大效应的影响，被过分渲染和夸大。这会造成社会公众非理性看待容错纠错机制，引发诸如容错纠错机制就是"官官相护"的偏激社会舆论导向。为此，加大宣传的同时，还要注重加强舆论引导，确保各类新闻媒体客观公正、审慎专业报道，为容错纠错机制的实施创造良好的社会运行环境。

三、构建多元化激励机制

建立容错纠错机制的目的是为了激励广大干部积极担当作为，本质上是一种正向激励制度设计。但仅靠这一机制，难以有效激发广大干部干事创业的积极性。为避免激励失灵，应当立足于需求的多样性，构建多元化激励机制，满足广大干部在政治发展、物质经济、精神慰藉等方面的需求，以期为促进广大干部担当作为提供有力保障。

（一）以正向激励为主导，激发干部干事创业积极性

以控制为导向的负向强激励会给干部干事创业带来一定的心理负担，

导致干部们产生不敢犯错的畏惧心理，从而催生"多做多错，少做少错"的错误思想认识。相较于负向激励，正向激励在激发人的主观能动性和创造性方面更加有效。

激励制度设计应当兼顾正向激励与负向激励。从一般意义上而言，虽然正向激励更能够激发人的能动性和创造性，但这并不是绝对的。很多时候，我们并不能否认负向激励对于激发主动性和创造性的积极作用，我们要用辩证的眼光去看待负向激励与正向激励。也就是说，要激励干部担当作为，激发干事创业积极性，在设计激励制度时，就应当兼顾正向激励手段与负向激励手段的使用。具体言之，一是要坚持正向激励为主、负向激励为辅，二是要坚持正向激励在先、负向激励在后，尽量减少非必要负向激励的使用。

加强思想教育和人文关怀。一方面，若是广大党员干部思想认识产生偏差，就会导致懒政怠政的消极行为，改革创新更是无从谈起。因此，可以通过加强对广大干部的思想教育，培养责任意识，强化责任感，防止其思想认识产生偏差。另一方面，很多干部之所以不敢为，主要是心理畏惧，害怕犯错。因此，要注重运用人文关怀手段，让广大干部充分感受到安全感，从而缓解其干事创业的压力和担忧。例如，通过关心谈话、走访慰问、心理疏导等，减少干部怕犯错而不敢干事的畏惧感。

(二) 兼顾物质激励与精神激励，强化外部激励和内在激励

物质需求是基础需求，人的精神需求同样不容忽视。因此，需要结合物质激励和精神激励，协同二者发挥激励效用。

需要注意的是，虽然物质激励是基础，但是当物质需求得到相对满足后，便不再具有激励作用。正如同赫茨伯格的双因素理论指出的那样，工资奖励、人际关系的改善、良好的工作条件等保健因素只会消除人们对工

作的不满意，并不能起到激励员工的作用。① 为此，需要寻找能够带来积极态度和激励作用的激励因素，如职业发展需要、工作成就感等。

在保健因素得到基本满足后，应当高度重视精神激励。精神激励是一种无形激励，能够满足个人自我实现的需要，从而达到强化内在激励的目的。可以通过建立能上能下的用人机制，让那些有干劲、有闯劲的敢为干部能够有施展拳脚的舞台；也可以通过会议、报纸、网络等多种渠道，表扬改革创新先进事例，形成弘扬改革创新的良好氛围；还可以通过不定期组织干部培训，让干部能够不断学习新知识、掌握新技术，提升个人工作成就感。内在激励和外部激励双管齐下，方能有效激发干部的积极性和创造性。

第四节　建立容错纠错常态化机制

任何一项制度的建设都是一个循序渐进的过程，不可能一蹴而就。容错纠错机制建设是一项复杂的系统性工程，绝非一日之功。因此，健全容错纠错机制不能是短期之举，而是要通过建立健全各种常态化机制，保障和推动容错纠错工作常态化、长效化。

一、加强容错实施主体能力建设

落实容错纠错机制的有效运用有赖于内外部多元主体的协同合作，然而，容错纠错机制的最终执行仍是由内部主体来承担。因此，拓展容错纠错实施主体固然重要，但更为关键的是，需要加强容错实施主体能力建设，全面提升容错实施主体的专业能力和综合素质。

（一）提高容错实施主体运用政策的能力和水平

容错实施主体在推动容错纠错机制有效落地的过程中扮演着至关重要

---

① 缪国书，许慧慧.公务员职业倦怠现象探析——基于双因素理论的视角［J］.中国行政管理，2012（05）：61-64.

的角色，作为推动容错纠错机制的具体执行者，他们运用政策的能力和水平直接决定了容错纠错机制能否有效落地。

首先，理解是运用的前提，提高政策运用能力首先应当加强对政策的学习理解。容错纠错机制尚未成熟，相关政策制定处于不断补充、修正的完善阶段。因此，容错纠错政策执行主体必须与时俱进，及时跟进学习容错纠错相关政策，理解和领会相关政策规定的具体内容，增强对容错纠错政策及相关配套机制的认同感，为熟练运用政策夯实基础。一方面，要增强容错实施主体学习政策的自觉性和主动性，引导容错实施主体主动学习容错纠错政策。另一方面，通过定期开展学习教育培训，积极探索线上线下一体化教育培训模式，全面强化系统学习，加深容错实施主体对容错纠错政策的理解。

其次，在领会、理解和认同容错纠错政策的基础上，还要提高容错实施主体的政策执行力。执行力是将容错纠错政策付诸实施、将容错纠错政策的具体内容转化为现实效果的根本保证。具体而言，注重体验式、参与式的实践学习，如典型实证性案例解读学习活动等，能帮助容错实施主体更好地掌握容错纠错政策。同时还要注重把握容错纠错政策执行的精准度和速度、注重政策执行的满意度，以便更好地推动容错纠错机制落地落实。

（二）注重提升实施主体的思想政治素养

思想政治素养是党员干部综合素质的核心，学习思想政治理论是一种政治担当。因此，容错实施主体以及其他党员干部必须充分认识到思想政治素养的重要性，紧紧抓住提升思想政治素养这个关键，增加其担当作为的能力。思想政治素养水平的提升，有助于引导其树立正确的权力观，督促其合理运用手中的权力，防止容错纠错机制异化为庇护工具。

首先，所有党员干部都应当提高对思想政治理论学习的重视程度。正确把握政治理论学习与处理业务工作的关系，合理分配工作精力，避免将所有精力投入工作业务当中，从而忽视对思想政治理论的学习。同时，所有党员干部都应当从内心深处重视思想理论建设，增强学习的主动积极性，并将其作为自己日常工作和生活的一部分。

其次，提升思想政治素养要改进思想政治理论学习方式、提高学习效率、保证学习质量，摒弃以往枯燥单调缺乏吸引力的学习方式，引入趣味学习模式，激发党员干部的学习热情，提高学习质量。

最后，建立思想政治理论学习考核机制，提高党员干部对加强思想政治建设的重视，督促党员干部积极学习思想政治理论。

二、强化容错纠错全过程监督

为避免容错纠错机制被滥用，保证容错纠错的客观公正，必须加强对容错纠错机制整个运行过程的监督，积极推进容错纠错全过程监督常态化，既要注重监督的经常性，又要注重监督的力度和实效。

(一)引入并强化群众监督，以权利监督权力

由于权力对权力的同体监督容易受利益瓜葛和权力共谋的影响，因而需要引入外部监督来协同内部监督，让大众能够近距离地用权利监督权力，做到监督常在、形成常态，让容错纠错机制在阳光下运行。

"我们在调研的时候还学到了一点，就是可以进行社会监督。这个也是好事。"(×新区×书记，2020-08-04)

首先，容错纠错机制主要是对干部在改革创新过程中出现的探索性失误进行容错免责或减责，由于改革创新中的失误会对当地的政治、经济、社会等方面造成特定的损失，并且这些损失最终又或多或少地转移到民众身上，进而对他们的生活产生一定的影响。因此，社会民众对容错纠错机制的具体实施过程理应享有知情权。具体来说，容错纠错机制申请、核实、认定、实施等环节及其相关配套机制必须严格细化并向社会公开，重点工作、重大项目及其主要负责人的信息也需要向社会公开，这样才能充分发挥广大群体的社会监督作用，从而促进容错纠错机制预设效果的实现。

其次，强化容错纠错机制的群众监督，需要社会多方的积极参与。积极拓展容错纠错群众监督主体，除了普通群众之外，还要将各类媒体和社会组织纳入群众监督主体的范围内，弥补内部监督"少数人盯多数人"的弊端，督促容错实施主体认真履职，护航容错纠错机制落地生效。

(二)利用好"互联网+监督"，强化群众监督力度

近年来，"互联网+"成为信息时代的新态势，被应用于社会各个行业、各个领域。监督容错纠错机制的运行过程，本质上是对行政权力的监督。将"互联网+"与监督相结合，有利于强化群众对权力的监督力度，①保证监督的实效性，从而达到规范权力的目的。

首先，搭建容错纠错"互联网+监督"平台，畅通群众监督渠道的同时，还有助于引导和规范群众的监督行为。例如，搭建容错纠错机制信息公开系统，为群众随时查阅容错纠错机制政策内容、了解具体实施情况提供便利，自觉接受群众监督；搭建统一的群众线索受理平台，将分散的线索处置环节整合统一至一个平台，实现"一网通办"，提高群众线索的处理效率。

其次，借助互联网平台和大数据技术进行舆情监测，及时准确地反映群众的真实诉求。开发容错纠错机制线上反馈系统，广泛收集民意，在此基础上进行数据分析，为优化容错纠错机制提供更具针对性和科学性的依据。

三、构建容错纠错评价机制

建立容错纠错机制，是党中央为了保护那些敢作敢为、锐意进取、开拓创新的改革者，激发广大干部干事创业的激情和活力作出的重要部署。自湖南湘江新区出台容错纠错机制以来，其成效如何？是否存在改进之处？

---

① 蒋俊明，张海玲，李战军.高校权力监督体制现代化探究[J].江苏大学学报(社会科学版)，2017，19(03)：80-85.

都是建设容错纠错机制过程中需要重点关注的内容。为此，可以通过构建容错纠错评价机制，对其进行客观、系统的评价，为优化容错纠错机制设计提供客观标准和量化依据。

(一) 明确容错纠错机制评价标准及内容

关于如何评价容错纠错机制，应当从政策文本制定及其执行结果两方面入手。一方面，文本内容的合理与否，是保证实施效果的前提基础。另一方面，执行结果的好坏与否是实施效果的直接体现。在确定评价标准及评价内容时，可以借鉴目前已经较为成熟的行政立法后评估。实施行政立法后评估，是指行政立法主体根据事先确立的评估标准，对行政立法实施后的绩效等情况进行评估，并把评估结果作为对该行政立法修改或废止的依据。① 科学全面的评估方式有利于提高立法的科学性、合理性、可操作性。换言之，行政立法后评估实际上是一种事后评价，事后评价的方式可以很好地考察预期目标的实现程度。据此，可以通过容错纠错机制评价机制的建立，为完善容错纠错机制提供依据。

评价容错纠错机制，首要工作是明确评价标准。评价标准犹如一把标尺，对评价指标的设定和构建具有重要的导向作用。在行政立法后评估中，不同类型的地方性法规的立法后评估指标体系均由文本评价子体系和效益评价子体系两个部分组成。② 因此，可以借鉴立法后评估指标体系，着眼于文本和实施效果两方面，构建容错纠错机制的评价标准和指标体系，以此明确容错纠错评价机制的内容。

从文本质量评价的角度来看，可以将合法性、合理性、可操作性、地方特色等设置为容错纠错机制评估的一级评价指标，每个指标根据重要性程度赋予不同的权重。确定一级指标后，需要进一步探索构建二级评价指标，

---

① 王能引. 我国行政立法后评估的现状与分析[J]. 理论视野, 2014(03)：73-75.
② 俞荣根. 不同类型地方性法规立法后评估指标体系研究[J]. 现代法学, 2013, 35(05)：171-184.

并根据现实需要设置具体的评分参考。大致来说，合法性指标，主要是看容错纠错机制政策文本内容是否与上位法律法规的精神、原则相抵触。合理性指标，主要是看容错纠错机制的实施主体及其权限是否明确、实施程序是否规范科学等。可操作性指标，主要有两个方面的内容，一是政策文本内容的表达是否规范准确、内容要素是否完备齐全、逻辑结构是否完备齐全等；二是内容规定能否适应动态现实情况，解决实际问题。地方特色指标，主要是看与其他新区容错纠错机制政策文本的重复情况。

从实施效果评价的角度来看，可以将统一性、合理性、可操作性、实效性设置为一级评价指标。统一性指标，主要是看是否存在因与上位法相抵触或与同位法不一致而在具体执行过程中出现冲突的情况。合理性指标，主要是看是否因职责权限规定不明确导致执行不力、是否因程序规定不规范导致"选择性执行"等。可操作性指标，主要是看是否存在因政策文本规定太过笼统导致在实践中难以操作、是否因程序设置太过繁琐导致很难实施或无法实施等。实效性指标，主要是从目标模式和需求模式出发。[①] 目标模式，主要看新区建立容错纠错机制的最初目标是否实现，即是否真正起到了营造良好的改革创新氛围和激励干部干事积极性的作用。可以考虑构建创新产出指标(包括科技成果、经济效益、社会效益、环境绩效等)和知晓度指标(包括干部知晓度和社会公众知晓度)，并将其纳入目标模式指标体系中。需求模式基于需要与需要满足的对应性，从党员干部尤其是普通干部出发，主要看干部的需求是否得到了满足。可以考虑构建干部需求满足程度指标，采用李克特量表的方式，由干部尤其是有容错经历的干部对此进行打分。

(二) 明确容错纠错机制评价主体

评价主体是评价工作的具体实施者，在评价活动中处于重要地位。当

① 祝建华.城市居民最低生活保障制度的评估方法——一个初步的分析框架[J].学习与实践，2013 (05)：86-94.

前，关于评价主体的划分，学界最普遍的分类法是二分法，即将评价主体划分为内部评价主体与外部评价主体。为了克服单一评价主体的缺陷，应当将多元主体参与模式引入容错纠错机制的评价工作中。

首先，引入多元参与主体的价值。内部评价主体是指政府自身，外部评价主体包括专家、社会中介机构、社会公众三类。其中，政府自身既当运动员又当裁判员的内部主体评价模式难以确保收集到足够全面、客观、准确的信息作为评价依据，也很难充分考虑到相关各方的利益诉求，从而难以保证评价工作的客观公正性，进而会背离制度设计的良好初衷。[①] 因此，在容错纠错评价机制中引入多元主体，不仅有利于容错纠错机制评价指标体系的完善，而且也有利于提高评价工作的透明度，增强政府与社会公众之间的良性互动。此外，相对于内部评价主体而言，专家具有更高水平的专业性知识，社会中介机构又具有科学的技术和中立性立场，有利于提高评价结果的科学性、客观性和公正性。从现实需要来看，容错纠错机制的评价主体不应当过于单一，否则将难以保证评价结果的准确性、客观性、公正性。

其次，注重培育外部评价主体。就社会公众作为评价主体而言，由于对容错纠错机制制度文本以及实施效果进行评价需要具备相应的专业知识及技术，而社会公众在现实中往往会受到各种客观条件的限制，如信息获得渠道有限、缺乏专门的评估技术等。[②] 另外，社会公众也很容易受自身主观认识、心理状态以及社会舆论等诸多因素的影响，无法作出客观准确的评价，不可避免会存在误差。[③] 所以，其关于容错纠错机制的评价结果难免会有误差。因此，需要对专业素养匮乏的社会公众进行专门的技能培训，提高其专业素养，保证评价结果的有效性，进而提高容错纠错评价机制的

[①] 李瑰华，姬亚平.行政立法评估制度论析[J].江西社会科学，2013，33(07)：160-164.

[②] 卓越.公共部门绩效评估的主体建构[J].中国行政管理，2004(05)：17-20.

[③] 芦刚，赵闯，李沫.政府绩效评估误差：理论诠释、生成机理与调控策略[J].兰州学刊，2006(11)：156-157.

科学性。就社会中介机构作为评价主体而言，他们作为第三方，有科学的技术和中立的立场，理论上由他们作出的评价具有更高的可信度。但是，社会中介大多数是在政府委托下开展评价工作的，因而其客观性同样难以得到保障。因此，应当注重培育评价主体成熟的利益理性，并加强评价机制参与主体的技能培训，①以期保证评价结果的科学性。

四、设计对标学习交流机制

目前，全国各地积极响应党中央的号召，深入贯彻落实"三个区分开来"的重要指示，纷纷出台容错纠错机制具体实施办法，开始了建立容错纠错机制的实践探索。从全国范围来看，各地实践进展步调不一，有的地方容错纠错机制建设起步较早，容错纠错机制渐趋成熟完备，有的地方容错纠错机制建设进度明显滞后。正所谓见贤思齐，为了加快容错纠错机制的建设步伐，不仅要积极"走出去"，更要积极"引进来"。

> 肯定是多交流更好，大家互通有无。然后，不同的地方有不同的情况，可能还有一个导向的问题。如果大家都搞了，大家都搞得不错，你这个地方肯定也得搞，而且都有这种相对比较好的经验，大家互相学习，这样是更好的。可能某个地区在这方面比较有经验，在另外一个地方有点差距，大家互相交流，多融合或者取长补短，那就能更加完备一些了。(×新区党政综合部×××工作人员，2020-08-17)

为此，可以借鉴标杆管理方法，设计对标学习交流机制，实现共同提升。

---

① 彭国甫，盛明科.政府绩效评估不同主体间的利益差异及其整合[J].学习与探索，2008(05)：82-86.

（一）对标学习，寻找差距

标杆管理方法源于管理界，是企业管理的一种竞争分析方法。[①] 标杆管理实质上是一种通过相互比较来改善本部门、本组织绩效的管理方式，[②] 其根本目的在于提高组织绩效、追求卓越。[③] 标杆管理在企业战略管理、市场营销、成本管理等各个领域得到了广泛应用，但公共部门管理者也发现，这种通过借鉴学习他人经验改善自身不足、追赶和超越标杆组织的良性循环管理方法同样也适用于非营利单位。[④] 因此，可以通过建立容纠错机制对标学习交流机制，瞄准更为成熟、更具现实操作性的容错纠错机制实施办法，寻找自身的不足，并以其为标杆，明确努力的方向，进而达到完善自身的目的。

首先，对标学习交流应当确定学习对象，明确完善容错纠错机制的努力方向。标杆管理法的第一步是确定标杆，[⑤]选择容错纠错机制具体学习对象时，一方面，可以通过调研走访、实地考察的方式，挖掘具有亮点的容错纠错机制实施办法。另一方面，可以将党中央的评价作为选择依据，将获得党中央高度评价的容错纠错机制的实践探索树立为学习标杆。

其次，开展容错纠错机制实践探索经验分享学习交流会。明确学习对象后，在积极争取对方的支持与配合的前提基础上，开展容错纠错典型经验分享学习交流会，吸收先进的理念、优秀的做法，在此基础上，结合自身的不足，提出切实可行的改进办法。

---

① 周海炜，李蓝汐.水生态文明城市建设的标杆管理方法研究[J].河海大学学报(哲学社会科学版)，2018，20(03)：71-76.

② 韩永进，陈士俊.企业知识管理最佳实践和标杆学习的内涵及关系[J].科学管理研究，2007(01)：81-84.

③ 帕特里夏·基利，史蒂文·梅德林，休·麦克布赖德.公共部门标杆管理[M].张定淮，译.北京：中国人民大学出版社，2002：39-40.

④ 方卫华，周华.新政策工具与政府治理[J].中国行政管理，2007(10)：69-72.

⑤ 秦国民.西方国家政府绩效评估的新趋势[J].中国行政管理，2008(05)：102-104.

(二) 学习与创新并举, 避免盲从

建立对标学习交流机制的目的是创造并提供可以学习容错纠错机制先进经验做法的机会和平台, 在不断地深化交流中, 相互借鉴, 促进双方容错纠错机制的共同发展与完善。但是, 对标学习交流机制也存在造成各地容错纠错机制建设趋同、缺乏异质性的风险。倘若没有找到自身容错纠错机制需要完善优化的关键所在, 不考虑其他地区的经验做法是否与自己当地的实际情况相适用, 机械式地照搬照抄、简单套用, 只会导致全国各地容错纠错机制实施办法趋于同质化, 可操作性不高, 这显然无助于容错纠错机制的发展和完善。

标杆管理方法不是原封不动地复制别人的经验, 它的精髓在于创新①, 其实质是一个学习与创新并举的循环往复的过程。因此, 在对标学习交流的过程中, 要避免不加思考地照搬照抄。注重学习与创新并举, 一方面, 要努力向标杆看齐, 学习借鉴其他地区构建容错纠错机制过程中的可取之处, 取其所长, 补己之短; 另一方面, 更要在学习借鉴的基础上加以创新, 创造符合自身实际的赶超道路, 这是建立对标学习交流机制的关键所在。学习与创新并举, 才能赶超标杆, 最终得以在容错纠错机制建设过程中形成符合自身实际、具有自身特色的亮点经验。

---

① 曹永胜, 周佳. 标杆管理在城市管理中的应用探析[J]. 城市发展研究, 2008(02): 154-157.

结语与展望

　　国家级新区既是区域性经济和社会高质量协调发展的排头兵，又是国家制度创新和治理实践的试验田，承载着国家区域改革开放和实践探索的重要战略任务。党的十八大以来，我国经济发展到了新的历史起点，中国特色社会主义也迈入了崭新的发展阶段。在这一新的时代背景下，国家级新区的改革也进入攻坚期和深水区，面临着前所未有的机遇和挑战。因此，国家级新区迫切需要建立一项新的干事创业激励和保障机制，让全体干部树立信念、坚定信心、增强干劲，在国家级新区发展建设中勇于担当、敢于挑战、积极作为，共同培育新的发展动能、激发新的发展活力和塑造新的发展优势。习近平总书记曾强调，要加快构建容错纠错机制，以坚持"三个区分开"为原则，鼓励干部积极作为，敢于担当，形成允许改革有失误、但不允许不改革的鲜明导向。容错和纠错是一种辩证关系，两者联系紧密、不可分割。容错纠错机制的核心要义就是既要容忍改革创新当中的失误和无意过错行为，又要及时纠正错误、知错就改避免再犯，最大限度地调动、激发和保护广大干部的积极性、主动性和创造性，弘扬和发挥改革创新的探索精神，鼓励全体干部创造新时代的辉煌成就，实现伟大复兴的中国梦。

　　湖南湘江新区积极探索新区健康持续发展的可行路径，将容错纠错机制作为一项激励干部干事创业的重要保障制度，落实有力且成效显著，激励了广大新区干部新时代有新担当和新作为,极大地推动了新区经济和社会的发展。这项机制一方面充分调动了新区全体干部干事创业的热情和动力,营造了干事创业和锐意进取的良好工作氛围,解开了广大干部的思想束缚,释放了他们敢闯敢拼的创业激情,鼓励其先行先试、攻坚克难,勇于走在改革创新的时代前列;另一方面提供坚强的制度保障,允许试错、宽容失误,使广大干部"甩开膀子、阔步向前",并且无后顾之忧地投身新区发展和建设,真正做到为担当者撑腰鼓劲、为实干者保驾护航。

从湖南湘江新区的发展现状和所处境况来看,新区已经发生了全面而深刻的变化,步入了全新的"换挡期"。近年来的经济增长速度逐渐由高速转向中高速平稳发展,发展方式和产业结构也在逐步调整升级,迫切需要通过创新引领带动新区未来发展。面对即将进入的"十四五"发展时期,湖南湘江新区将持续加强容错纠错机制建设的理论探索与实践创新,进一步激活新区的发展动力、提高新区的创新能力和引导新区未来的发展方向,以此保障和促进新区经济和社会的持续健康发展,努力将新区打造成为全国改革创新的先行区、发展转型的示范区和引领区,并为国家级新区建立干部干事创业激励和保障机制贡献湖湘智慧、提供湖湘方案。

参考文献

[1] 陈朋.容错机制发挥激励作用的影响因素分析[J].江淮论坛,2019(04)：70-76.

[2] 何丽君.基层干部容错纠错的价值意义及其实践路径[J].治理研究,2019,35(04)：82-87.

[3] 俞可平.推进国家治理体系和治理能力现代化[J].前线,2014(01)：5-8,13.

[4] 史云贵,薛喆.县乡领导干部容错纠错机制的功能廓析与路径创新——一种基于IAD的分析框架[J].思想战线,2020,46(03)：63-71.

[5] 赵迎辉.新时代干部容错纠错机制的建构及完善[J].山东社会科学,2020(01)：170-174.

[6] 薛瑞汉.建立健全干部改革创新工作中的容错纠错机制[J].中州学刊,2017(02)：13-17.

[7] 梅立润.容错机制为何达不到预期效果：一个整体分析框架[J].甘肃行政学院学报,2019,131(01)：95-104,128-129.

[8] 谷志军.基于责任本位的容错纠错机制[J].中国高校社会科学,2020(06)：74-81,156.

[9] 哈耶克.自由秩序原理：上[M].邓正来,译.上海：三联书店,1997.

[10] 于博."完全理性"、"有限理性"和"生态理性"——三种决策理论模式的融合与发展[J].现代管理科学,2014(10)：54-56.

[11] 王家峰.西方政治科学中的有限理性研究[J].教学与研究,2020(05)：83-94.

[12] 李宝元.战略性激励——现代企业人力资源管理精要[M].北京：经济科

学出版社，2002.

[13] 唐平秋，蒋晓飞.基于期望理论的高校智库研究人员激励：困境与对策[J].中国行政管理，2017(01)：63-66.

[14] 孙淑军，傅书勇.利用期望理论构建高校辅导员激励机制[J].药学教育，2007(04)：5-7.

[15] 谭融. 公共部门人力资源管理[M].天津：天津大学出版社，2003.

[16] 洪自强.工作背景下的差错管理及其应用[J].外国经济与管理，2000(04)：2-6.

[17] 王重鸣，洪自强.差错管理气氛和组织效能关系研究[J].浙江大学学报（人文社会科学版），2000(05)：111-116.

[18] 李忆，吴梳梅.差错管理气氛对员工创新行为的影响——家长式领导的调节作用[J].科技管理研究，2019，39(03)：149-158.

[19] 周晖，夏格，邓舒.差错管理气氛对员工创新行为的影响——基于中庸思维作为调节变量的分析[J].商业研究，2017(04)：115-121.

[20] 魏立楠.毛泽东的"容错纠错"思想[J].上海党史与党建，2017(01)：25-27.

[21] 毛泽东. 毛泽东文集：第七卷[M].北京：人民出版社，1999.

[22] 魏立楠，管新华. 毛泽东容错纠错思想探析[J].毛泽东思想研究，2017，34(03)：6-11.

[23] 徐光井.邓小平论"错误"的辩证思想[J].江西社会科学，2001(04)：127-129.

[24] 邓小平. 邓小平文选：第3卷[M].北京：人民出版社，1993.

[25] 魏立楠. 邓小平"容错试错"思想探析[J]. 邓小平研究，2017(02)：127-133.

[26] 储著斌. 激励广大干部新时代新担当新作为——学习领会习近平总书记关于容错纠错思想的丰富内涵[EB/OL].人民网：http：//theory. people. com. cn/n1/2018/0528/c40531-30016573. html，2018-05-28.

[27] 储著斌.习近平领导干部容错纠错思想研究[J].决策与信息，2017(01)：42-49.

[28] 储著斌.习近平关于容错纠错思想的深刻意蕴及其武汉实践[EB/OL].人民网：http：//hb. people. com. cn/n2/2018/0605/c194063-31666640. html，2020-11-13.

[29] 虢正贵. 让容错机制助推改革[N]. 人民日报，2016-05-12(005).

[30] 中共湖南省委办公厅印发《关于建立容错纠错机制激励干部担当作为的办法（试行）》[EB/OL]. http：//yjt. hunan. gov. cn/yjt/xxgk/zcfg/dffg/

201907/t20190716_8442340.html, 2021-02-04.

[31] 新华网.习近平主持召开中央全面深化改革领导小组第十七次会议[EB/OL].http://www.xinhuanet.com/politics/2015-10/13/1116812201.htm, 2020-08-30.

[32] 人民网.习近平在省部级主要领导干部学习贯彻党的十八届五中全会精神专题研讨班上的讲话[EB/OL].http://jhsjk.people.cn/article/28337020, 2020-08-30.

[33] 李海青.制度优势如何转化为治理效能——基于制度建设模式的思考[J].理论探索, 2020(04)：44-49.

[34] 彭忠益,文山虎.湖南湘江新区廉政风险防控：模式、特色与成效[M].长沙：中南大学出版社, 2019.

[35] 李海青.现代性视域中的制度合理性[J].江西社会科学, 2020, 40(09)：5-11, 254.

[36] 苗志娟,丁晓强.共享发展理念视角下的群众路线创新研究[J].求实, 2017(05)：23-33.

[37] 卢文超.政府决策如何向智库借智[J].人民论坛, 2017(12)：46-47.

[38] 刘少杰.网络化时代的社会变迁[N].中国科学报, 2014-03-21(006).

[39] 陈朋.容错与问责的逻辑理路及其合理均衡[J].求实, 2019(01)：48-62.

[40] 杜兴洋,陈孝丁敬.容错与问责的边界：基于对两类政策文本的比较分析[J].学习与实践, 2017(05)：53-62.

[41] 张力伟.地方治理中的问责与容错机制：内在张力与制度平衡[J].理论导刊, 2019(06)：41-46.

[42] 唐贤兴.大国治理于公共政策变迁：中国的问题与经验[M].上海：复旦大学出版社, 2019.

[43] 彭忠益,申倩.新时代容错机制的功能定位与构建路径[J].中州学刊, 2019(11)：7-11.

[44] 李珍刚,古桂琴.清单式治理在中国公共领域的兴起与发展[J].江西社会科学, 2020, 40(08)：182-191, 256.

[45] 邸晓星.在求实创新中推进干部容错机制建构[J].理论探索, 2017(06)：22-26, 32.

[46] 北京市人民政府.北京市市场监督管理局关于印发轻微违法行为容错纠错清单的通[EB/OL].http://www.beijing.gov.cn/zhengce/gfxwj/202009/t20200909_2042885.html, 2020-09-09.

［47］李蕊. 容错机制的建构及完善——基于政策文本的分析［J］. 社会主义研究，2017（02）：89-96.

［48］叶中华. 容错纠错机制的运行机理［J］. 人民论坛，2017（26）：42-44.

［49］何丽君. 脱贫攻坚中基层干部容错纠错机制建立的难点及对策［J］. 领导科学，2019（10）：108-111.

［50］缪国书，许慧慧. 公务员职业倦怠现象探析——基于双因素理论的视角［J］. 中国行政管理，2012（05）：61-64.

［51］蒋俊明，张海玲，李战军. 高校权力监督体制现代化探究［J］. 江苏大学学报（社会科学版），2017，19（03）：80-85.

［52］王能引. 我国行政立法后评估的现状与分析［J］. 理论视野，2014（03）：73-75.

［53］俞荣根. 不同类型地方性法规立法后评估指标体系研究［J］. 现代法学，2013，35（05）：171-184.

［54］祝建华. 城市居民最低生活保障制度的评估方法——一个初步的分析框架［J］. 学习与实践，2013（05）：86-94.

［55］李瑰华，姬亚平. 行政立法评估制度论析［J］. 江西社会科学，2013，33（07）：160-164.

［56］卓越. 公共部门绩效评估的主体建构［J］. 中国行政管理，2004（05）：17-20.

［57］芦刚，赵闯，李沫. 政府绩效评估误差：理论诠释、生成机理与调控策略［J］. 兰州学刊，2006（11）：156-157.

［58］彭国甫，盛明科. 政府绩效评估不同主体间的利益差异及其整合［J］. 学习与探索，2008（05）：82-86.

［59］周海炜，李蓝汐. 水生态文明城市建设的标杆管理方法研究［J］. 河海大学学报（哲学社会科学版），2018，20（03）：71-76.

［60］韩永进，陈士俊. 企业知识管理最佳实践和标杆学习的内涵及关系［J］. 科学管理研究，2007（01）：81-84.

［61］帕特里夏·基利，史蒂文·梅德林，休·麦克布赖德. 公共部门标杆管理［M］. 张定淮，译. 北京：中国人民大学出版社，2002.

［62］方卫华，周华. 新政策工具与政府治理［J］. 中国行政管理，2007（10）：69-72.

［63］秦国民. 西方国家政府绩效评估的新趋势［J］. 中国行政管理，2008（05）：102-104.

［64］曹永胜，周佳. 标杆管理在城市管理中的应用探析［J］. 城市发展研究，2008（02）：154-157.

附　录

附录一　相关数据表

一、2009—2014 年长沙大河西先导区生产总值及产业结构指标情况

2009—2014 年长沙大河西先导区生产总值及产业结构指标情况

指标及增长率	2009 年	2010 年	2011 年	2012 年	2013 年	2014 年
经济总量（GDP）/亿元	604.45	730.77	965.66	1086.37	1234.08	1401.45
经济总量同比增长/%	20.7	20.7	19.3	15.8	13.8	12.1
第一产业增加值/亿元	30.39	31.94	34.91	37.91	41.36	44.45
第一产业占比/%	5.0	4.4	3.6	3.5	3.4	3.2
第二产业增加值/亿元	376.31	478.67	670.36	749.64	831.35	942.85
第二产业占比/%	62.2	65.5	69.4	69.0	67.4	67.3
第三产业增加值/亿元	198.74	220.16	260.39	298.82	361.37	414.15
第三产业占比/%	32.8	30.1	27.0	27.5	29.3	29.6
高新技术产业增加值/亿元	161.27	248	402.4	503.9	578.3	708.3
高新技术产业增加值年增长率/%	53.8	53.8	51.7	17.4	11.3	11.5

二、2015—2019 年湖南湘江新区经济发展主要指标

2015—2019 年湖南湘江新区经济发展主要指标

单位：亿元

指标	2015 年		2016 年		2017 年		2018 年		2019 年	
	绝对额	同比增长/%	绝对额	同比增长/%	绝对额	同比增长/%	绝对额	同比增长/%	绝对额	同比增长/%
一、地区生产总值	1602.53	11.5	1801.12	11.0	2208.9	11.2	2300.2	10.5	2467.96	9.1
第一产业增加值	46.5	2.9	49.30	−2.7	63.7	−3.0	51.8	−2.1	55.50	−2.7
第二产业增加值	1084.12	11.3	1173.73	10.5	1470.6	11.0	1408.0	10.2	1125.56	9.7
第三产业增加值	471.91	13.2	578.09	13.0	674.6	12.4	840.4	12.0	1286.90	9.0
二、规模以上工业增加值	855.38	12.2	881.15	19.3	1173.1	12.0	806.0	10.0	778.60	12.1
三、财政总收入	217.32	7.0	227.81	7.4	314.9	10.5	391.2	19.3	453.81	16.0
四、固定资产投资	1762.70	21.7	1847.72	19.3	2313.4	16.3	2005.3	13.3	2103.12	12.3
五、社会消费品零售总额	486.75	13.5	514.61	14.6	697.1	14.8	815.3	12.1	925.80	12.7

三、2020 年湖南湘江新区经济社会发展主要指标

2020 年湖南湘江新区经济社会发展主要指标

单位：亿元

指标	2020 年	
	总量	同比增长/%
一、地区生产总值	2700	10.4
第一产业增加值	54	−2.6
第二产业增加值	1246	10.3
第三产业增加值	850	11.2
规模以上工业增加值	1400	9.4
建筑业增加值	950	11.6
二、高新技术产业增加值	1800	13.2
三、财政总收入	500	13.2
四、固定资产投资	2300	15.3
五、社会消费品零售总额	1000	13.5
六、城镇居民人均可支配收入	64448	8.6
七、农村居民人均可支配收入	38966	8.2

附录二　湖南湘江新区容错纠错机制建设调查问卷

湖南湘江新区容错纠错机制建设调查问卷

尊敬的领导：

您好！感谢您在百忙之中抽出宝贵时间填写此调查问卷。为了解湖南湘江新区容错纠错机制的实施现状、容错纠错机制建设和实际运行情况，激励广大干部更好地干事创业，特开展此次问卷调查。本次调查获得的数据仅用于学术研究，我们对您的资料将严格保密，保证不会泄露任何您的个人信息，诚挚感谢您的支持与配合！（填写说明：1.在您所选的答案左侧方框内划"√"。2.请根据提示在横线上填写相关内容。）

一、基本信息

1. 您的职级：

□厅级干部　　□处级干部　　□科级干部　　□机关工作人员

□其他（请填写）＿＿＿＿＿＿＿＿＿

2. 政治面貌：

□中共党员（含预备党员）　　□民主党派　　□共青团员

□群众

3. 编制性质：

□公务员　　□事业编制　　□聘用制

□其他（请填写）＿＿＿＿＿＿＿＿＿

4. 所属机构或部门：

□党政综合部　□经济发展局（安监局）　　□财政局（金融办）

□国土规划局　□住建环保局　□产业促进局　□纪工委（监察室）

□土地储备中心　　　　　　□政务服务中心

□长沙先导投资控股有限公司　□湖南湘江新区发展集团有限公司

□湖南湘江新区国有资本投资有限公司

□湖南湘江智能科技创新中心有限公司

□其他(请填写)＿＿＿＿＿＿＿＿＿＿＿

二、运行现状

5.您对新区容错纠错机制与措施了解吗？(请在相应栏目打上"√")

制度建设	具体机制与措施	非常了解	比较了解	一般	不太了解	完全不了解
《选拔任用制度》	用人提拔机制					
	能上能下机制					
	学习培训机制					
《绩效考核制度》	考核评价体系					
	绩效激励机制					
	考核结果运用					
《干事创业防错机制》	请示报告制度					
	廉政风险防控机制					
	问责定责机制					
《容错纠错机制》	容错机制					
	纠错机制					
《风险备案制度》	风险备案机制					
《澄清保护机制》	诽谤诬告核查机制					
	诽谤诬告处理办法					
《关心关爱制度》	申辩申诉机制					
	消极影响消除					
	健康心理谈话					
	关爱回访机制					
	福利保障机制					

6.您对新区的"三同步"了解程度如何?(请在相应栏目打上"√")

	非常了解	比较了解	一般	不太了解	完全不了解
同步启动(在启动调查或问责的同时考虑是否可以容错)					
同步调查(在案件审查或追责过程中同时进行容错可能性调查)					
同步认定(在审查调查报告中提出有关容错纠错的审理意见)					

7.您认为新区干部工作在下列领域的改革创新风险程度如何?(请在相应栏目打上"√")

	风险很大	风险较大	一般	风险较小	风险很小
产业发展					
股权投资					
环境治理					
城乡规划					
精准扶贫					
国企经营管理					
重大项目建设					
土地征收与供应					
招商引资与国际贸易					
机制体制改革创新					
政府引导基金运作					
处理重大事故事件					
解决历史遗留问题					

8. 您认为在容错纠错实践过程中下列实施原则运用的频率如何？（请在相应栏目打上"√"）

	频率很高	频率较高	频率一般	频率较低	频率很低
看问题性质(是创新失误还是明知故犯)					
看工作依据(是先行先试还是肆意妄为)					
看主观动机(是出于公心还是假公济私)					
看决策过程(是依规履职还是滥用权力)					
看纠错态度(是及时补救还是消极应对)					

9. 您认为下列可容错的情形在实际工作中被运用的频率如何？（请在相应栏目打上"√"）

	频率很高	频率较高	频率一般	频率较低	频率很低
落实上级决策时因大胆创新出现失误的					
在改革创新中先行先试因缺乏经验出现失误的					
在招商引资等工作中因创新突破出现偏差的					
针对特殊任务突破常规出现偏差，但有审批程序的					
在服务工作中容缺受理并继续跟进，仍出现偏差的					

续上表

	频率很高	频率较高	频率一般	频率较低	频率很低
在化解矛盾焦点时打破固有利益，而出现失误的					
在处理紧急突发事件突破常规而出现失误的					
在推进从严治党过程中敢抓敢管出现失误的					
在政策执行中因政策界限不明确出现偏差的					
采取有效措施整改失误，挽回损失的					
因不可抗力出现失误错误的					
因法律政策尚无明确限制且无先例，造成错误的					
新区党工委、管委会决定的其他情形（请填写）					

10. 您认为在实践过程中下列容错结果运用的重要程度如何？（请在相应栏目打上"√"）

	非常重要	比较重要	一般	不太重要	完全不重要
减轻、免处分处理					
各类考核不受影响					
任用提拔不受影响					
评先评优不受影响					
代表、委员、后备干部等资格不受影响					
经济责任审计不受影响					
不受影响的其他事项（请填写）					

11.如果您的工作出现失误并予以容错，那么您倾向于下列哪些纠错方式？（多选）

□主动向相关部门报告，深刻反省主观过错

□查找失误环节、原因，剖析产生错误的根源

□在有关媒体、场所等一定范围内消除不良影响

□采取有效措施减少或弥补损失

□提出建设性建议，堵塞漏洞，健全有关制度

□其他(请填写)＿＿＿＿＿＿＿＿＿＿＿＿＿＿＿＿＿＿＿＿＿

12.您认为下列澄清保护措施的重要程度如何？（请在相应栏目打上"√"）

	非常重要	比较重要	一般	不太重要	完全不重要
出具书面材料，向本人反馈、澄清，消除顾虑					
向纪检监察对象所在党组织或单位(部门)通报反馈、澄清，消除不良影响					
通过召开会议、个别说明等方式通报调查结果，澄清有关情况，消除不良影响					
及时向组织人事等部门反馈、澄清，避免影响评先评优、提拔、任用					
在网络媒体上造成不良影响的，通过网络媒体向社会公开通报说明，消除不良影响					
其他措施(请填写)					

三、问题与不足

13. 您认为新区容错纠错机制存在的主要问题有哪些?（多选）

□主管机构不够明确　　　　　□缺乏主动容错纠错机制

□澄清保护机制不够完善　　　□纠错机制不够完善

□经费、人员等支持不足　　　□可操作性不强，很难落到实处

□执行保守，顾虑较多　　　　□主观性较强，缺乏统一标准

□容易被利用，当作"保护伞"

□知名度不高，干部普遍存在困惑情绪

□容错与问责界限模糊，存在矛盾

□其他(请填写) _____

14. 您认为下列措施的激励作用如何?（请在相应栏目打上"√"）

制度建设	具体机制与措施	非常有效	比较有效	一般	比较无效	完全无效
《选拔任用制度》	用人提拔机制					
	能上能下机制					
	学习培训机制					
《绩效考核制度》	考核评价体系					
	绩效激励机制					
	考核结果运用					
《干事创业防错机制》	请示报告制度					
	廉政风险防控机制					
	问责定责机制					
《容错纠错机制》	容错机制					
	纠错机制					
《风险备案制度》	风险备案机制					
《澄清保护机制》	诽谤诬告核查机制					
	诽谤诬告处理办法					

续上表

制度建设	具体机制与措施	非常有效	比较有效	一般	比较无效	完全无效
《关心关爱制度》	申辩申诉机制					
	消极影响消除					
	健康心理谈话					
	关爱回访机制					
	福利保障机制					

15. 您认为新区的容错纠错机制在下列领域的实际作用如何？（请在相应栏目打上"√"）

	作用很大	作用较大	一般	作用较小	作用很小
产业发展					
股权投资					
环境治理					
城乡规划					
精准扶贫					
国企经营管理					
重大项目建设					
土地征收与供应					
招商引资与国际贸易					
机制体制改革创新					
政府引导基金运作					
处理重大事故事件					
解决历史遗留问题					

四、展望与建议

16.如果您的工作存在一定风险,那么您倾向于下列哪种处理方式?(单选)

　　□主动事前容错备案,形成书面申请

　　□先干事,干事过程中出现问题再备案

　　□放手大胆干,事后有问题再启动容错纠错

　　□法无规定不可为,尽量避免犯错

　　□其他(请填写)_____

17.您认为下列措施对改进容错纠错机制的重要程度如何?(请在相应栏目打上"√")

	非常重要	比较重要	一般	不太重要	完全不重要
量化考查指标,增强可操作性					
统一规范操作程序,增加客观性					
引入第三方评估					
加强关爱回访教育					
加强制度的执行力度					
加强对舆论宣传的引导力度					
容纠并举,有错必纠					
强化容错结果运用					
加强多部门联动协调					
建立正负面清单制度					
坚持正确用人导向					
其他(请填写)					

18. 您对新区容错纠错制度建设还有什么建议？

_____

_____

_____

_____

_____

附录三　湖南湘江新区容错纠错机制建设访谈提纲

湖南湘江新区容错纠错机制建设访谈提纲

1. 您了解我们湖南湘江新区的容错纠错政策吗？结合您的工作职责，您觉得工作犯"错"的风险大吗？谈谈具体的风险点。

2. 您觉得哪些"错"组织应该宽容？您如何看待容错的界限、次数、流程？界限是要规定明确一点？还是模糊一点？弹性一点？为什么？

3. 您认为容错纠错的激励作用如何？对自己？对他人？

4. 您认为对容错纠错进行宣传会有何作用？您认为对容错纠错案例进行公示会有何影响？如果您是当事人，您愿意公示吗？

5. 您认为新区的容错纠错机制运行的影响因素有哪些？执行中存在哪些困难？为什么会有这些困难？

6. 您如何评价新区的容错纠错机制？为什么？有何顾虑和困惑吗？

7. 您认为领导对容错纠错的重视有何作用？容错主体机关领导的担当能力是否会有影响？

8. 您认为和其他地方进行交流是否促进了新区容错纠错机制的建设和运行？是如何影响的？

9. 您认为新区的地理位置(东中西部)、经济发展水平、政治廉政水平等对容错纠错机制的运行是否会产生影响？具体是如何影响的？

10. 新区有不同的设立形式，一般分为政府形式、管委会形式、合署办公形式。那么您认为不同的形式是否会影响容错纠错机制的运行？新区的定位、使命(比如湖南湘江新区定位为经济功能区)是否会影响容错纠错机制的运行？具体有何影响？

11. 您对容错纠错制度建设的未来设想是什么？

12. 就容错纠错方面，您还有其他什么想谈的吗？

附录四　湖南湘江新区容错纠错特色制度

一、关于开展湖南湘江新区容错纠错工作的实施办法(试行)

第一条　为深入贯彻落实习近平新时代中国特色社会主义思想和"三个区分开来"重要要求，根据《中共湖南湘江新区工作委员会关于激励广大干部新时代新担当新作为的实施意见》(湘新发〔2020〕14号)文件精神，进一步推动容错纠错机制落地见效，激励新区广大党员干部和公职人员勇于开拓创新、敢于担当作为，结合工作实际，制定本实施办法。

第二条　新区党工委、管委会系统的机关事业单位、国有及国有控股公司党员和公职人员(含委托新区管理人员、聘用制等其他工作人员)，在开拓创新、担当实干中出现偏差失误，符合本办法规定的容错情形，有关党组织、纪检监察、组织人事等相关部门可以对其从轻、减轻或免责处理，不作负面评价，保护其开拓创新、担当实干，并督促其纠偏纠错。

第三条　党工委、管委会对容错纠错工作进行统一领导，纪工委(监察室)具体组织、协调、监督实施本办法。督促协调组织人事部门协同做好容错纠错工作，并对给予容错纠错的干部，考核考察、选拔任用予以公正评价，不予负面评价；宣传部门做好容错纠错宣传工作，广泛宣传改革创新、担当作为事迹，创造良好容错纠错氛围。

第四条　容错纠错坚持下列原则：

(一)依规依纪依法、实事求是；

(二)鼓励开拓创新、担当实干；

(三)客观公正、从宽相待；

(四)有错必纠、立行立改。

第五条　实行容错纠错应当坚持"三个区分开来"。把干部在推进改革中因缺乏经验、先行先试出现的失误和错误，同明知故犯的违纪违法行为区分开来；把上级尚无明确限制的探索性试验中的失误和错误，同上级明令禁止后依然我行我素的违纪违法行为区分开来；把为推动发展的无意过失，同为谋取私利的违纪违法行为区分开来。结合不同阶段不同情况，认真研判当事人实施行为的具体背景、目的、过程和后果，辩证分析其失误和偏差，历史、客观、全面评价干部。

第六条 实行容错纠错应当坚持"五看"标准。看问题性质，是探索创新还是有令不行、有禁不止，分清是失误错误还是违纪违法；看工作依据，是界限不明还是故意曲解、随意变通，分清是先行先试还是肆意妄为；看主观动机，是出于公心还是假公济私、以权谋私，分清是无心之过还是明知故犯，是开拓进取还是无视规律、急功近利；看决策过程，是民主决策还是个人专断、一意孤行，分清是依规履职还是滥用权力；看纠错态度，是及时补救还是消极应对、放任损失，分清是主动纠错还是坐视不管。

第七条 容错可以由当事人本人或所在单位提出，实施容错纠错应当坚持"三同步"：

（一）同步启动。调查核查组或相关问责机关启动调查或问责程序时，同步考虑当事人是否符合容错条件、有无容错情形，及时提醒并主动开展容错审查。同时，相关单位或干部受到追责问责时，认为符合容错情形的，可向纪检监察机关或相关问责机关书面提出容错申请。

（二）同步调查。在开展相关问责追责过程中，应当同步开展容错纠错调查核实，既调查可以容错的情形，也要调查是否具有不予容错的情形，核查了解相关行为的具体背景、目的、过程和后果，认真听取相关单位和干部的意见，认为符合容错情形的，应当在报告中同步提出容错建议。

（三）同步认定。在案件审理过程中，应根据事实和证据及相关规定，对当事人的动机态度、客观条件、程序方法、性质程度、后果影响以及挽回损失等方面进行综合考量，并在审理报告中提出有关容错纠错的审理意见。实施容错纠错要广泛收集相关证据材料，听取当事人和所在单位解释说明、征求相关关联方意见。

第八条　建立容错免责减责风险报备制度，与改革创新风险备案相衔接，鼓励开拓创新、担当实干。当事人可以对相关风险提前预判、报告，并预设处置预案。在防范化解重大风险、历史遗留问题、突发事件，破解复杂矛盾、避免问题积压升级或者错失重大发展机遇，而采取必要的临时性、超常规措施，其决策和具体执行带有一定的政策风险、单位认为需要报备的，经所在单位集体研究，并经单位主要负责人签字后，及时向纪工委(监察室)报备。

第九条　建立容错纠错上下联动机制。对于重大容错纠错事项，纪工委(监察室)应及时向上级纪委监委、党工委、管委会报告，争取理解和支持；对于上级要求追责问责的，如果符合本办法明确的容错情形，纪工委(监察室)应积极向上级沟通，争取给予当事人减责、免责处理。

第十条　当事人在工作中出现过错，主观上出于公心、没有违反法纪政策的故意，客观上贯彻民主集中制，经过调研论证或履行相关程序，没有谋取私利，符合下列情形之一的，可以从轻、减轻或免除处理：

(一)落实上级和新区党工委、管委会重要决策、重点工作和重大项目，因担当履职、大力推进、开拓创新，出现失误或造成负面影响的；

(二)在推动改革创新过程中，大胆探索、先行先试，因缺乏经验出现失误错误或未达预期效果的；

(三)在发展"四新"(新技术、新产业、新业态、新模式)经济、招商引资、项目建设、征地拆迁、土地供应、国际贸易、股权投资、基金管理、污染防治、城乡规划、精准扶贫以及国企经营管理等工作过程中，为促进发展，主动担当、创新突破，出现一定偏差、损失或造成负面影响的；

(四)为了完成上级或新区党工委、管委会交办的某些任务，针对解决某些特殊问题而突破常规、采取创新性举措，出现了一定偏差、造成了一般损失，但有相关交办依据且实施了内部审批程序或决策程序的；

(五)在服务项目、服务企业、服务群众、服务基层等服务工作中，为提高工作质效、优化营商环境，突破现有的操作规范、流程，采取容缺受理、容缺预审、告知承诺制等创新性措施，并在事后进行跟踪监督，但仍出现失误、偏差的；

（六）在解决历史遗留问题、化解矛盾焦点过程中，攻坚克难、破除阻碍，打破固有利益出现失误或造成负面影响的；

（七）在承担应急工程、抢险救灾、群体性事件、重大舆情处置等急难险重任务、风险较大工作以及各类紧急、突发事件中或者直面实际工作中的特殊情况，因突破常规和惯例及时应对处置，合乎当时情理，出现一定失误、损失的；

（八）在推进全面从严治党，落实管党治党主体责任中，坚持原则、敢抓敢管、担当作为，出现失误错误或造成负面影响的；

（九）在推进某些复杂的工作中，因政策界限不明确，导致执行政策出现偏差的；

（十）在出现失误或偏差后，积极主动采取有效措施整改，最大限度挽回损失或者消除负面影响的；

（十一）因受自然灾害、国家政策调整或上级决策部署变化等不可抗力、难以预见、难以避免因素影响，导致失误错误或造成负面影响、损失的；

（十二）法律法规和政策规定没有明确限制，或者尚无具体办法可循，贯彻上级方针政策、指示精神，探索性试验中出现失误错误的；

（十三）经新区党工委、管委会研究决定可以容错免责的其他情形。

第十一条　有下列情形之一的，不予容错：

（一）违反政治纪律，或者党章党规、法律法规、政策制度明令禁止，仍明知故犯、有禁不止的，不予容错；

（二）违反廉洁纪律，假公济私、以权谋私，为个人、亲属、他人或单位谋取不正当利益的，不予容错；

（三）未经集体决策或法定程序决策，个人专断、一意孤行造成重大损失或严重后果的，不予容错；

（四）发现问题没有积极主动挽回损失、消除不良影响，坐视不管、任其发展的，不予容错；

（五）在同一问题上重复出现失误错误或给予容错并且纠错后再次出现同样失误错误的，不予容错；

（六）应履行而未履行、不当履行、违法履行职责出现失职渎职，造成重大损失和严重后果的，不予容错；

（七）落实全面从严治党责任不到位，造成严重损害或严重不良影响的，不予容错；

（八）在重大安全生产责任事故、重大环境污染和生态破坏责任事件、重大群体性事件、重大食品药品安全事故中负有责任，造成重大损失或恶劣影响的，不予容错；

（九）干部工作中因不担当、不作为、慢作为、乱作为以及慵懒怠政、误事碍事，而造成损失、不良影响的，明知上级有政策可争取项目而不积极争取申报，明知投资者有投资意向简单敷衍对付，造成机会丧失的，不予容错；

（十）经研究不予容错的其他情形。

第十二条　纪工委（监察室）按照干部管理权限，对符合容错情形的当事人由有关处室进行调查核实，提出初办意见，提交纪工委（监察室）班子会议研究，形成容错认定结论。建立容错纠错会商裁定机制。对于情况复杂、影响较大、社会关注度较高的问题，邀请组织人事、宣传、政策研究、法制、业务主管部门等进行会商，拿出结论性意见，由纪工委（监察室）班子会议研究认定，并报党工委审批。

容错纠错认定结论作出后，3 个工作日内反馈给当事人。当事人对认定结论有异议的，可以提出申诉，纪工委（监察室）另行组成核查组进行复核，并按原认定程序进行认定，一般应在 10 个工作日内反馈申诉结果。

第十三条　对新区市管干部实施容错纠错的，由纪工委（监察室）报党工委同意后，再请示上级纪委监委或组织人事部门，在获得上级相关部门同意授权后，新区纪工委(监察室)启动容错纠错核查相关工作，结果报党工委、管委会审议，提出相关处理建议报市委或者市纪委监委、市委组织部等相关部门。

第十四条　对容错的当事人，除从轻、减轻或免除党纪、政务处分和组织处理之外，还可在以下方面减轻或免除责任：

(一)党风廉政建设、平时考核、绩效考核、任期考核、试用期满考核等各类考核不受影响；

(二)对于免除责任的，干部提拔任用、职级职称晋升不受影响；对于给予从轻、减轻处分处理，有一定影响期的，影响期结束后提拔任用不受影响；

(三)评先评优、褒奖激励等不受影响；

(四)党代表、人大代表、政协委员和后备干部资格不受影响；

(五)经济责任审计不受影响；

(六)党工委认为不受影响的其他事项。

第十五条　坚持容错纠错并行，在实行容错的同时，作出容错认定的机关，应当对当事人提出纠偏纠错要求、限期整改。对改革探索中出现的苗头性、倾向性问题，坚持抓早抓小，采取谈话提醒等方式督促纠错整改，必要时在一定范围内通报，防止类似问题重复发生。

第十六条　坚持立行立改，当事人应该对有关机关认定的错误不折不扣及时改正，减少或弥补损失、消除影响。当事人应当采取下列方式纠偏纠错：

(一)主动向相关部门报告，深刻反省主观过错；

(二)查找失误环节、原因，剖析产生错误的根源；

(三)在有关媒体、场所等一定范围内消除不良影响；

(四)采取有效措施减少或弥补损失；

(五)提出建设性建议，堵塞漏洞，健全有关制度；

(六)其他纠偏纠错方式。

第十七条　对积极主动纠偏纠错，没有产生不良影响或没有造成损失的，有关机关在实施容错认定时对当事人可以免责或减责。

第十八条　在容错纠错过程中存在隐瞒事实、弄虚作假、假公济私、失职渎职、纵容包庇等行为的，依规依纪依法从严追究责任。对在纠错过程中弄虚作假、敷衍塞责的，除不予容错外，还应依规依纪依法处理。

第十九条　本办法由纪工委（监察室）负责具体解释工作。

第二十条　本办法自印发之日起施行，此前新区有关规定与本办法不一致的，按照本办法执行。

二、关于廉政风险防控动态管理工作的实施办法（试行）

第一章　总　则

第一条　为扎实推进新区惩治和预防腐败体系建设，根据《中共湖南湘江新区工作委员会关于激励广大干部新时代新担当新作为的实施意见》（湘新发〔2020〕14号）文件要求，进一步完善新区廉政风险防控机制，加强新区廉政风险防控动态管理工作，实现预防在先、监督关口"前移"，保障权力正确行使，促进干部廉政勤政，结合新区工作实际，制定本实施办法。

第二条　廉政风险防控动态管理工作的责任主体为各级党组织，动态管理的对象为本单位廉政风险职权、各级廉政风险岗位。

第三条　廉政风险防控动态管理工作在新区党工委、管委会的统一领导下进行，各级党组织主要负责人是第一责任人，要对本单位廉政风险防控动态管理工作负总责，领导班子其他成员要切实履行"一岗双责"，认真抓好分管范围内的廉政风险防控动态管理。各级纪检监察机关要切实履行组织协调和监督检查职能，积极协助党组织抓好协调指导、监督检查、工作评价和考核评估等工作，确保廉政风险防控动态管理各项工作落到实处。要分级分层落实廉政风险防控动态管理责任，建立覆盖全面、权责相宜、责任明确的责任体系。

第四条　开展廉政风险防控动态管理工作应当遵循以下原则：

（一）坚持围绕中心，把加强廉政风险防控与新区经济建设、党的建设结合起来，实现廉政风险防控与各项工作相互促进、协调发展；

（二）坚持系统治理，用系统的思维、统筹的观念、科学的方法推进工作，拓展从源头上防治腐败工作领域；

（三）坚持改革创新，探索惩治和预防腐败的新思路、新办法、新途径；

（四）坚持因地制宜，针对不同行业、不同单位、不同岗位、不同风险等级，合理确定工作目标任务、方法步骤。

第五条　开展廉政风险防控动态管理工作的总体要求是根据新时代新任务新要求，不断更新和完善廉政风险防控机制，注重抓早抓小抓平时，加强高风险岗位人员的监督，对思想、作风、纪律等方面出现倾向性或苗头性问题的干部，及时运用谈心谈话、组织调整等措施进行提醒和处理，使全体党员干部特别是领导干部自觉接受监督，习惯在严格律己中担当责任、在规矩约束下干事创业。

第二章　动态管理工作主要内容

第六条　建立健全廉政风险防控动态更新机制。各级党组织应当在原有廉政风险防控工作成果基础上，根据法律法规及机构编制"三定"方案调整、人员变动等实际情况，及时更新调整职权目录和权力运行流程图，排查廉政风险点，完善防控制度与措施，实行动态更新、精准防控。新设立的单位应按照《湖南湘江新区廉政风险点排查工作实施方案》（湘新字〔2016〕39号）规定的方法步骤等，系统地开展廉政风险点排查和风险防控机制建设工作。

各级党组织应当按照"不敢腐、不能腐、不想腐"一体推进的总体思路，以腐败易发多发的领域和部位为重点，以制约和监督权力运行为核心，坚持因地制宜，针对不同单位、不同行业特点制定《单位廉政风险清单》，构建权责清晰、流程规范、风险明确、措施有力、制度管用、动态管理的廉政风险防控机制。每年12月底前将《单位廉政风险清单》报纪工委(监察室)备案。

第七条 建立健全职权廉政风险分类处理机制。各级党组织对发现和提前预判的潜在廉政风险，应当积极采取有效措施进行防范和化解，根据职权、事项内容、风险程度的具体情况，经党组织集体研究、科学决策，可以视情况采取以下方式实施分类处理：

(一)制定并执行职权廉政风险防控工作方案，认真梳理职权运行的工作程序、业务流程、管理方式等，有针对性地"嵌入"防控措施，进一步严格行权标准，严密业务程序，严肃工作纪律，做到防"病"于未发之前，治"病"于初起之际。

(二)执行改革创新风险备案制度，对工作中因有较大突破性、探索性的改革创新事项而产生潜在风险的，严格按有关规定民主决策、进行风险评估论证，按程序向纪工委(监察室)申请改革创新风险备案。通过加大提前预判、主动备案、全程监督，主动防范化解改革创新中的风险。

(三)执行容错纠错制度，对在改革创新、干事创业中出现偏差失误，使得潜在风险已经无法避免的，积极对相关风险进行甄别、预判，主动向纪工委(监察室)进行容错纠错风险报备；已经造成不良影响，但符合容错情形的，积极申请对有关责任人从轻、减轻或免责处理，不作负面评价，保护其开拓创新、担当实干的热情，并督促其纠偏纠错。

(四)执行问题线索移送制度，对因个人主观原因造成职权风险，且拒不改正、产生不良影响的，应当作为问题线索移交纪工委(监察室)依纪依规处置。

第八条 建立健全岗位廉政风险动态监控机制。具体要求如下：

(一)指定专门的工作机构或人员负责。各级党组织要指定专门处室(部门)或专人，负责开展对本单位各级廉政风险岗位人员在思想道德、岗位职责、体制机制、外部环境等方面存在的潜在风险信息的收集和归纳工作，以提前采取预警和防控措施，预防违纪违法问题发生。

(二)常态化地收集岗位廉政风险信息。可以采取以下措施和方法收集信息：

1. 通过开展日常检查收集信息；

2. 通过管理服务对象、供应商、服务商等反映反馈收集信息；

3. 通过问卷调查、主动走访服务对象等收集信息；

4. 通过在网络平台设立投诉、咨询、建议等信箱收集信息；

5. 通过开展谈心谈话、廉洁家访、组织生活会、民主生活会、领导干部述责述廉等活动收集信息；

6. 通过督促干部职工主动开展防止利益冲突自查、主动报告个人重大事项收集信息；

7. 通过纪检监察、审计、巡视巡察等机关收集信息；

8. 通过聘请监督员或与外部机构合作收集信息；

9. 通过其他合理合法且经本单位党组织负责人批准的方式收集信息。

(三)针对性地开展岗位廉政风险预警和防控工作。重点把握以下几个方面：

1. 承办处室(部门)或个人要切实履行职责，认真遵守实事求是、有效预防、客观公正的原则，坚持两人以上同行制度，确保信息收集工作的公正性。

2. 承办处室(部门)或个人每季度应对本单位潜在的主要风险岗位进行分析检查，对发现的苗头性、倾向性问题及时向党组织负责人报告，有针对性地提出廉政风险预警防控工作建议，并建立本单位《岗位廉政风险动态监控信息登记台账》。

3. 各级党组织要重视收集到的岗位廉政风险信息，及时开展分析和研判，根据风险的类别和程度，综合运用谈话提醒、批评教育、纠错整改、组织处理等方式，向风险岗位人员发出预警。

4. 预警工作开展后，承办处室(部门)或个人要进行跟踪回访、督办落实，确保基本消除风险方能销号。预警对象不按要求落实整改，导致风险进一步加剧或造成不良影响的，应当作为问题线索移交纪工委(监察室)依纪依规严肃追责。

第九条　建立健全廉政风险防控体系效果评估机制。各级党组织要收集各方面对本单位廉政风险防控、动态管理机制的评价，对实施效果进行检验，每年应至少组织开展一次对廉政风险防控整体工作质效的自查和评估，通过检查本单位廉政风险职权是否梳理到位、风险点是否应查尽查、防控制度措施是否全面、适应现实需要及是否执行到位、动态管理是否达到预期目的等，及时发现问题、探究原因、整改完善，确保廉政风险防控体系适应新时代全面从严治党工作新要求，适应新区高质量发展的新情况。

第三章　动态管理工作的监督机制

第十条　将廉政风险防控动态管理工作作为纪工委(监察室)日常监督检查内容。重点督促各级党组织落实防控措施，其中，属于权力行使方面的，要进一步优化权力结构，规范权力运行；属于制度机制方面的，要查漏补缺、建章立制，构建科学配套、务实管用的制度体系，并着力健全制度执行的责任机制和监督机制；属于作风效能方面的，要开展党风党纪教育、警示教育，并严格监督管理等，改进工作作风。

第十一条　实行对高廉政风险领域的政治生态分析制度。纪工委(监察室)每年底对当年度信访举报(问题线索)、监督检查、审查调查、巡察等发现的问题进行汇总、研判，对各种矛盾集中交织、违纪违规问题多发频发、政治生态堪忧的高廉政风险领域或单位，适时开展政治生态分析工作。把每一起案件、每一种状况都与整个政治生态结合起来分析思考，通过对干部职工开展"普谈普查"、对重点工作开展专项检查等方式，对干部职工履责、廉洁和作风状况进行一次全面体检，对问题产生发展的"气候、土壤、条件"深入调研，解剖麻雀，找到问题症结所在，靶向治疗，挖清政治生态的污染底泥，修复净化政治生态。

第十二条　严格执行高廉政风险岗位履职检查制度。纪工委(监察室)牵头,每年围绕权力相对集中、腐败现象易发多发的重点领域、关键环节,盯紧权力运行的"盲点"、制约监督的"难点"、群众关注的"热点"、权力与利益的"交汇点"以及权力与责任的"衔接点",从管委会系统一二级廉政风险岗位人员中随机抽取若干人员,对其上年度履职情况进行检查。

第十三条　坚持发挥绩效考核的"导向"作用,把廉政风险防控机制建设及动态管理等工作情况作为落实党风廉政建设主体责任的专项工作纳入党风廉政建设责任制年度考核。

第四章　附　则

第十四条　本办法由纪工委(监察室)负责解释,自印发之日起施行。

三、关于开展改革创新风险备案工作的实施办法(试行)

第一条　为充分调动和保护新区公职人员改革创新、敢闯敢干、先行先试的积极性、主动性,激发新活力,深化容错纠错机制运用,根据《中共湖南湘江新区工作委员会关于激励广大干部新时代新担当新作为的实施意见》(湘新发〔2020〕14号)文件精神,结合实际,制定本实施办法。

第二条　本办法适用于新区党工委、管委会系统各机关事业单位、国有企业。"改革创新风险备案"是指相关职能部门、公司在推进重大改革和有较大突破探索性工作前,向问责机关进行报备,以及问责机关按照"三个区分开来"的精神包容审慎地进行处理,助推干部主动担当作为、开拓创新。

第三条　新区党工委、管委会统一领导改革风险备案工作,纪工委(监察室)具体组织、协调、监督实施本办法。

第四条　各部门(单位)、公司要支持改革创新、宽容失误失错,组织实施改革创新风险备案工作;敢于用好用活先行先试权,率先开展基层探索,在国家、省、市层面率先开展一些重大突破,推动修改或调整执行现行行政法规、地方法规、部门规章及其他规范性文件，打破一些不合理的限制约束基层干事创业的规定，塑造制度优势，激发市场活力。要加大提前预判、过程监督，主动防范化解实施中的风险；要一级对一级负责、上级为下级担当、组织为干部担当，努力创造干事创业、奋发进取的氛围，营造改革创新的良好环境。

第五条　对工作中有较大突破性、探索性的改革创新事项，相关单位进行民主决策、风险评估论证，预设相关应急处置措施，可向纪工委（监察室）进行风险备案。报备范围：

（1）贯彻落实上级和新区党工委、管委会重要决策，推进重点工作和重大项目方面，敢于突破、大胆创新的；

（2）破除思维定式、工作惯性和路径依赖，在一些滞后于改革要求、不利于优化营商环境、制约新产业新业态新模式发展的旧机制、旧做法上敢于突破的；

（3）在产业发展、招商引资、项目建设、征地拆迁、土地供应、国际贸易、股权投资、基金管理、污染防治、城乡规划、审批改革、执法监管、精准扶贫、国企经营管理以及新区管理机构选人用人、绩效激励等方面实施开拓性、创造性举措的；

（4）在推动营商环境优化、服务项目、服务企业、服务群众、服务基层等方面，实施容缺审批、告知承诺制等探索性、创新性举措，有利于减轻基层负担或推进工作进度的；

（5）化解重大风险、解决历史遗留问题、执行急难险重任务等方面的；

（6）党工委、管委会认为可予以风险备案的其他事项。

第六条　改革创新风险备案事项按以下程序申报：

申报。各部门（单位）、公司将需要报备的事项，经所在单位集体研究讨论，填写《湖南湘江新区改革创新风险备案申请表》，向纪工委（监察室）报备。党工委、管委会明确要求纳入风险备案的事项，由牵头单位填写申请表，直接向纪工委（监察室）报备。

备案。纪工委(监察室)受理申请后，一般由相关职能处室牵头提出审查意见，内部按程序报批；必要时可要求申请单位相关人员到场说明情况，也可征求相关部门、有关专家、党风廉政监督员等方面意见。备案情况纳入向上级请示报告重要内容。

反馈。纪工委(监察室)予以备案的事项，有关处室应登记在册。原则上在受理后5个工作日内向有关申请单位反馈备案情况。

第七条　有关单位对报备事项应当备前科学预判、进行风险评估或论证，备后跟踪监管，制定内控措施，明确内部具体责任处室、责任人，全过程监管，防止"一备了之"。报备事项实施过程中发现的问题，有关单位应当及时采取措施，防止损害、影响扩大，并及时报告有关部门。

第八条　建立改革创新风险备案上下联动机制。对于一些重大的、突破性或者复杂的风险备案事项，纪工委(监察室)应及时向上级纪委监委、新区党工委、管委会报告，争取理解支持；有关单位应积极配合，共同保障改革创新工作切实取得实效。

第九条　对于报备事项在实施过程中出现的问题，报备单位应当根据应急处置方案和举措及时处理。对下列问题，应当实行分类处置，个别问题个别研究：

涉及需由新区纪工委(监察室)实施问责追责的，只要符合容错条件，按新区纪工委《关于开展容错纠错工作的实施办法(试行)》第十四条之规定予以免责减责，同时坚持容纠并举，及时纠偏纠错；

涉及上级纪检监察机关要求问责的，如符合容错条件的，由纪工委(监察室)积极与上级有关部门沟通，争取免予或从轻、减轻处理处分；

涉及信访举报的，应严格控制影响范围，包容审慎地开展调查处置，并采取必要措施减少对改革创新工作的影响；

涉及负面舆情的，加强正面引导，及时发布权威信息，争取干部群众理解和支持。

第十条　本办法由纪工委(监察室)负责解释，自印发之日起施行。

四、推进干部能上能下实施办法（试行）

湘新发〔2018〕18 号

第一章　总　则

第一条　为进一步从严管理湖南湘江新区干部队伍，推进干部能上能下，激励鞭策广大干部重实干、强担当，根据中共中央办公厅《推进领导干部能上能下若干规定（试行）》和省委办公厅《推进领导干部能上能下实施细则（试行）》精神，制定本实施办法。

第二条　本实施办法所称推进干部能上是根据《党政领导干部选拔任用工作条例》等选人用人规定，建立健全具有新区特色的干部素质培养、知人识事、选拔任用、从严管理、正向激励体系，坚持好干部标准，注重培养选拔德才素质突出、群众公认度高、专业能力强的干部，注重培养选拔敢于担当作为的干部，注重选拔优秀年轻干部。

第三条　本实施办法重点解决"批评教育不管用、纪律处分够不上、不贪不腐但不为"等非涉及问责和党纪政务处分情形、不适宜担任现职干部的能下问题。

第四条　本实施办法适用于新区党工委管理干部（含新区雇员）。

第二章　能下情形和程序

第五条　干部能下情形包括：

（一）对省委、省政府，市委、市政府和新区党工委、管委会研究决策的重要事项，不能按要求完成工作任务或出现较大失误，造成不良影响的。

（二）对本部门（单位）领导的工作部署消极对待或拒不执行，造成工作严重滞后或影响恶劣的。

（三）工作能力低下，对本职工作情况不明、思路不清，缺乏理解力、执行力和创造力，工作长期打不开局面、被动落后，工作成效不明显，难以适应岗位要求的。

（四）缺乏责任担当，不敢直面矛盾，不愿动真碰硬，不加强队伍管理，当"太平官""老好人"，致使团队一盘散沙、松散懈怠的。

（五）工作不在状态，不思进取，庸懒散拖，得过且过，敷衍塞责，不催不办，精神状态不佳，工作标准不高，或者工作时间经常忙于私事、影响工作开展的。

（六）搞不团结，搞内耗、窝里斗，搬弄是非，散布谣言，制造事端，由干部本人或以他人名义、指使他人从事非组织行为的。

（七）年度请休假时间累计达到半年及以上的；因个人原因无法有效履行岗位职责的。

（八）年度绩效考核民主测评基本称职和不称职得票率在 30% 以上且不称职得票率超过 15% 的；进入甄别考察的。

（九）其他不适宜担任现职情形的。

第六条　干部能下一般按照以下程序进行：

（一）启动。干部出现第五条所列情形之一且影响较大、反映较大的，经党工委同意，由党政综合部启动能下程序。

（二）考察核实。党政综合部制定考察核实方案，通过测评、谈话、督查、抽查等方式，对干部能下情形进行核实，综合干部一贯表现，综合分析研判，作出客观公正评价和准确认定。

（三）提出能下建议。党政综合部根据考察核实结果，对干部提出能下建议，包括考察核实情况和能下措施等。能下建议向党工委领导汇报后，听取有关方面的意见，并与干部本人谈话，指出问题，说明理由，听取其陈述意见。

（四）组织决定。党工委会议集体研究，做出能下决定。

（五）通报。党政综合部根据党工委决定，向能下对象部门（单位）负责同志通报情况，宣布组织决定。与能下对象进行谈话，认真细致做好思想工作。

(六)办理手续。根据干部任用有关规定办理任免、人事调整、薪酬调整等手续。

干部本人对能下决定不服的，可书面向党工委申请复核或提出申诉。复核、申诉期间不停止能下决定的执行。

第三章　能下措施

第七条　干部能下综合使用组织处理和降低薪酬措施。

(一)诫勉。半年内不得提拔。扣发当年度8%业绩奖金。

(二)调离现职。调离现任职岗位，另行安排同级别相应职务。一年内不得提拔。扣发当年度10%业绩奖金。

(三)免去领导职务。免去现任领导职务，任相应职级。一年内不得重新担任与其原任职务相当的领导职务。按新任职级确定薪酬等级。

(四)降职。担任领导职务及相应职级的，降低一级职务职级层次使用。两年内不得提拔，其中降低职级层次的一年内不得担任领导职务。按新任职务职级降低薪酬等级。

一般干部存在需要免去领导职务、降职处理情节程度的，采取降低薪酬等级的措施处理。

受到能下处理的干部，当年绩效考核不能评为一等。扣发业绩奖金的，在年底结算业绩奖金时执行。调薪降薪的，从受到处理的次月执行。

第八条　干部受能下处理影响期满，若德才表现、工作实绩突出，因工作需要经所在部门(单位)提出，考察后符合条件的，经党工委研究可重新任用或者提拔任职、恢复原薪酬等级。

第九条　干部因违纪违法、问责受到处理，绩效考核评为三等、四等等次的，按照绩效考核文件规定执行薪酬扣发处理；绩效考核未评为三等、四等等次的，除提醒谈话、警示谈话、批评教育外，扣发当年度10%业绩奖金。

第四章 附 则

第十条 对非个人原因不适宜担任现职岗位的,按照干部任用条例规定进行调整,不纳入本实施办法范围。

第十一条 先导控股集团、湘江发展集团和资产经营公司可参照执行本办法,应当根据本办法,结合各自实际制定实施细则。

第十二条 本办法由新区党政综合部负责解释,自发布之日起施行。

五、湖南湘江新区2020年度绩效考核办法

湘新发〔2020〕9号

为大力推进湖南湘江新区"一体两翼三个走在前列"决策部署,推动新区高质量发展,充分发挥绩效考核指挥棒作用,建立健全干事导向的考核机制,特制定新区2020年绩效考核办法。

一、基本原则

(一)围绕中心大局。坚持发挥考核的指挥棒作用,以考核推工作、促发展、定优劣,强力推动,上级和新区党工委管委会决策部署贯彻落实。

(二)突出重点工作。坚持考少考精考重点,聚焦中心工作和重点工作任务考核,加强考核指导和预警调度,确保绩效考核成为推动工作的有力抓手。

(三)注重结果运用。将考核结果与指标责任人的政治待遇、经济待遇挂钩,严格奖惩兑现。层层传导考核压力,确保干与不干、干多干少、干好干坏不一样。

二、单位绩效考核

(一)考核对象(共13个)

单位考核对象分为三个类别。

综合管理部门(3个):新区党政综合部(含规划档案中心、人才服务中

心)、纪工委、政务服务中心。

经济建设部门(6个)：经济发展局、财政局(含财政投资评审中心、金融发展服务中心)、国土规划局、住建环保局(含建设工程质量安全监督站)、产业促进局、土地储备中心。

委属国有企业(3个)：湘江发展集团、湘江国投公司、湘江智能公司。

长沙城发集团单列考核，不参与排名。涉及新区的工作职责任务，由新区制定考核目标并进行考核。

(二)考核体系

单位绩效总分=工作目标得分+加分项目得分–扣分项目得分。工作目标基本分为100分，包括重点专项、职责目标、党的建设和公认评估四类考核指标。考核指标性质分为排名制(A类)、扣分制(B类)两类。

1. 重点专项

主要考核综合督办、基础设施项目、产业项目等中心工作情况。设置专项指标，综合督办采取排名制考核方式，基础设施项目、产业项目采取扣分制考核方式，由新区考核工作领导小组办公室(以下简称新区考核办)会同考核责任单位制定考核细则、组织实施考核和按排名或得分比例提供差异化考核结果。

2. 职责目标

主要考核单位职责范围内的重点工作任务和经营目标完成情况。采取扣分制考核方式，新区考核办根据党工委经济工作会议等重要会议精神和上级有关规定，组织制定考核指标和要点，通过集中考核，提供考核结果。

3. 党的建设

主要考核单位基层党建和党风廉政建设工作。采取扣分制考核方式，分别由机关党委、纪工委制定考核细则并组织实施考核，按得分比例提供差异化考核结果。

4. 公认评估

主要对单位工作总体情况进行公认评估，采取排名制方式计分。管委会领导、机关事业单位及公司干部、服务对象分别进行评估。服务对象满意度测评由新区考核办年底制定方案并组织。

5.加分项目

加分项目包括招商引资贡献加分、专项债发行及上级预算内资金争资加分和产业基金返投新区规模贡献加分三类。同一单位总加分最高不超过5分。

6.扣分项目

扣分项目包括负面影响扣分、工作目标调整扣分两类,采取就高不就低扣分原则、同一事项或同一人因同一行为受到处理处分,不重复扣分。因同一事项单位、个人皆受处理,单位、个人按扣分清单规定分别扣分,计入绩效总分。

(三)绩效考核等次

单位绩效考核等次分为一等、二等、三等。

综合管理部门绩效总分排名第1名,经济建设部门绩效总分排名前2名,委属国有企业绩效总分排名第1名且超过90分,评为一等;除以上4个单位外,绩效总分较上一年度增加最多的单位,评为一等。湘江发展集团绩效总分超过90分,向市国资委呈报A级。

单位绩效总分排所有考核单位最后一名且负面影响扣分有"不能评为一等单位"情形的,或新区党工委认为有必要的,列为三等甄别考察对象,由新区考核办组织进行深入考察,提出等次建议。

三、个人绩效考核

(一)考核对象

新区管委会机关公务员、事业单位工作人员和新区雇员(以下统称为干部)以及湘江国投公司、湘江智能公司领导班子成员。根据干部管理权限,考核对象名单年底由新区考核办确定。

(二)评价计分

市管正职及湘江国投公司、湘江智能公司正职评价计分(100分)= 新区党工委、管委会主要领导评价(40分)+管委会领导评价(30分)+民主测评称职以上票率(30分)。

其他市管干部评价计分(100分)=新区党工委、管委会主要领导评价(30分)+管委会领导评价(30分)+单位正职评价(20分)+民主测评称职以上票率(20分)。

机关事业单位正科职以下干部和湘江国投公司、湘江智能公司副职由各单位组织考核，干部的等次建议由单位领导班子研究呈报。其中各机关事业单位正科职干部作为独立序列进行考核，一等比例一般不超过其他干部。

(三)绩效考核等次

干部绩效考核等次分为一等、二等、三等、四等。

市管干部绩效考核等次，由新区党工委根据评价计分情况、德能勤绩廉等情况研究审定，一等名额不超过纳入考核市管干部总数的25%。湘江国投公司、湘江智能公司正职由新区党工委研究审定等次。

各单位需参照本办法制定本单位工作目标责任考核管理制度，并报新区考核办备案。机关事业单位正科职以下干部、湘江国投公司、湘江智能公司班子副职考核等次，由各单位根据本单位工作目标责任考核管理制度执行结果研究提出，报新区党工委审定，一等名额由新区考核办根据单位等次和纳入考核的干部基数审核下达。

四、工作步骤

(一)制定下发考核体系。经新区党工委审定的绩效考核体系下达各单位，作为全年绩效考核的基本遵循。

(二)加强日常年中督查。新区考核办会同有关单位对综合督办、基础设施项目、产业项目等重点工作情况进行日常督查，适时通报有关情况。6月下旬或7月上旬，考核办组织对职责目标和重点专项进行年中督查，出具督查通报，对落后指标进行预警提醒。

(三)认真开展评估测评。12月下旬或次年年初，新区考核办组织召开述职测评大会，各单位负责人口头述职。组织机关事业单位、公司干部进行评估测评。组织各单位服务对象开展满意度测评。组织考核对象代表对拥有考核职责的单位进行反向测评。

（四）组织年终集中考核。12月下旬，新区考核办布置收集并审核各单位职责目标自查自评数据和信息，部署机关事业单位干部考核工作。组织中介机构对委属国有企业经营业绩有关指标进行专项审计。组建新区集中考核组，实行组长负责制，对各单位实施集中考核。

（五）评分定等反馈通报。新区考核办汇总专项考核、集中考核和公认评估等情况，提出考核等次意见，经新区考核工作领导小组研究，报新区党工委审定。考核办制发考核结果文件，通报奖惩决定。

五、绩效考核结果运用

（一）机关事业单位考核结果运用

单位评为一等的，授予"湖南湘江新区2020年度绩效考核一等单位"称号，业绩奖金单位考核系数为1.1（单位正职系数为1.0），干部评为一等的比例不超过25%；单位评为二等的，业绩奖金单位考核系数为1.0，干部评为一等的比例不超过20%；单位评为三等的，业绩奖金单位考核系数为0.9，干部评为一等的比例不超过15%，评为三等以下等次的干部不低于5%。评为一等的市管干部不占用所在单位一等名额。

（二）机关事业单位干部考核结果运用

1. 与公务员及事业单位工作人员年度考核结果挂钩

公务员及事业单位工作人员，按照市委组织部、市人社局规定的比例确定年度考核评优名额，评优干部从一等等次公务员及事业单位工作人员中产生，由新区党工委研究确定。新区干部赴外挂职、借调评优或到新区挂职干部评优，不占新区干部评优名额。绩效考核评为三等、四等的，年度考核结果由新区党工委研究确定。

2. 与干部薪酬待遇挂钩

干部绩效考核结果与当年业绩奖金、次年岗位工资紧密挂钩。干部评为一等的，单位正职和调研员业绩奖金个人考核系数为 1.05，单位副职及以下干部考核系数为 1.1。干部评为二等的，业绩奖金个人考核系数为 1.0。干部评为三等的，当年业绩奖金个人考核系数为 0.6，次年岗位工资发放 60%。干部评为四等的，当年业绩奖金个人考核系数为 0，次年停发岗位工资。

3. 与干部政治待遇挂钩

干部评为一等的，颁发"湖南湘江新区 2020 年度先进工作者"荣誉证书。受组织处理或党纪政纪处分的干部，参照《公务员考核规定》(中组发〔2007〕2 号)、《加强受组织处理纪律处分领导干部管理实施意见》(湘组通〔2015〕2 号)等文件规定，经新区党工委研究确定考核等次和组织处理意见。市管干部年度考核结果定为基本称职以下的，除按照市委组织部要求执行外，新区党工委可根据实际情况对其进行工作调整。对民主测评结果显著异常或反映比较集中的，按照《推进干部能上能下实施办法(试行)》(湘新发〔2018〕18 号)，启动甄别考察，根据考察核实结果，给予相应组织处理。

(三)委属国有企业考核结果运用

按照《长沙市市管企业领导班子和领导人员年度综合考核评价办法》(长组通〔2017〕66 号)、《长沙市市属经营类国有企业负责人经营业绩考核暂行办法》(长政办〔2017〕32 号)规定，湘江发展集团绩效分数，报市委组织部直接运用为市管企业领导班子年度综合考核评价经营业绩得分，报市国资委直接运用为市属经营类国有企业负责人经营业绩考核得分。长沙城发集团绩效分数，报市国资委直接作为城发集团负责人经营业绩考核的组成部分。湘江国投公司、湘江智能公司(董事长除外)班子成员根据党工委审定的考核结果，按照公司薪酬办法与薪酬待遇直接挂钩。

六、组织保障

(一)加强组织领导。

绩效考核工作在党工委统一领导下，由新区考核工作领导小组负责。

领导小组成员由党工委研究确定,考核办负责绩效考核日常工作。根据省市有关部门 2020 年度考核有关规定,由新区机关党委、纪工委另行制定基层党建、党风廉政考核评价实施细则。

(二)刚性执行规则。

经新区党工委审定的绩效考核体系不作调整,不接受加分项目以外任何情形的加分请求。如遇不可抗因素需进行调整的指标,单位梳理汇总后,在 11 月 21 日至 30 日期间向新区考核办一次性提出书面申请(不接受 12 月 1 日后提出的调整申请),考核办核实后,呈报新区党工委研究决定。为维护绩效考核的严肃性,党工委同意调整的工作目标应予扣分。

七、设立湖南湘江新区重大贡献奖

为充分调动各方面主动性和积极性,设立"湖南湘江新区重大贡献奖",奖励委属国有企业和新区范围内园区、区市在经济建设、产业项目、基础设施项目、科创合作、征地拆迁、招才引智、财税贡献等方面取得重点突破作出重大贡献的单位或个人。

附录五　湖南湘江新区各职能部门、公司容错纠错制度选编

湖南湘江新区各职能部门及主要职责情况表

职能部门	主要职责
党政综合部	负责党工委、管委会日常工作，承办公文、机要、保密、档案、会务、宣传、财务、人事劳资、审计、信访等工作；负责上级党委、政府及党工委、管委会重大决策部署的督促检查和督办落实；负责法律事务、经济环境优化、党（群）建设等工作；指导协调湖南湘江新区社会事务管理等工作
经济发展局（安全生产监督管理局）	负责拟订湖南湘江新区经济发展规划、中长期规划、城乡综合配套改革方案并组织实施；负责拟定"三区一高地"政策（"三区一高地"指高端制造研发转化基地和创新创意产业集聚区、产城融合城乡一体的新型城镇化示范区、全国"两型"社会建设引领区、长沙经济带内陆开放高地）并组织实施；负责统筹规划新区重大项目和产业布局；负责拟订综合性产业政策；负责新区固定资产投资管理；负责统筹规划新区重大项目调度、稽查；负责新区政府投资项目立项、核准、能评、可研批复和招投标方式、招标组织形式和招标范围核准审批；负责统筹新区科技创新、统计、数据资源管理、应急管理等工作；承办党工委、管委会交办的其他事项。对口省、市发改、统计、科技、数据资源、应急管理部门
财政局（金融办）	负责编制湖南湘江新区年度财政预、决算草案并组织执行；负责拟订湖南湘江新区财政性资金投资计划；负责概算编制审核、管理各项财政收入、预算外资金和财政专户，管理有关政府性基金；负责管理湖南湘江新区各项财政支出和政府性资金平衡工作；负责湖南湘江新区国有资产管理和政府性资金投资评审工作；负责湖南湘江新区融资及债务管理工作
国土规划局	负责湖南湘江新区国土、规划管理体制机制综合配套改革；编制湖南湘江新区范围内土地利用总体规划，拟订湖南湘江新区土地储备、农用地征转用、建设用地供应、拆迁等年度计划并组织实施；负责湖南湘江新区矿产资源开发管理；承担湖南湘江新区其他国土资源管理工作；根据长沙市城市总体规划和湖南湘江新区建设总体规划，编制湖南湘江新区控制性详规、专项规划等

续上表

职能部门	主要职责
住建环保局	负责编制湖南湘江新区城乡建设发展规划战略；负责湖南湘江新区的建设管理工作；负责湖南湘江新区重大基础设施项目的建设组织与督查；负责湖南湘江新区房地产市场的监督管理；指导协调湖南湘江新区城市管理、园林绿化、市政设施的日常管理工作；负责湖南湘江新区两型社会建设和环境资源管理、环境保护、环境整治、生态补偿、生态修复等工作
产业促进局	负责组织实施新区综合性产业政策；负责拟订新区招商引资、专项产业扶持和工业发展政策并组织实施；负责拟订新区全域经济联合和经济协作的政策并组织实施；负责组织承办新区重大招商活动；负责项目洽谈签约、开工建设、投产运营等全过程重大问题跟踪调度落实，负责产业项目服务平台建设与运营；负责对外贸易、外商投资和对外经济技术合作工作；承担新区产业链建设领导小组办公室职责；承办党工委、管委会交办的其他事项。对口联系省、市工信、商务部门
纪工委（监察室）	协助党工委、管委会抓好管委会机关及其所属单位的党风廉政建设，监督、检查党员领导干部党风廉政建设责任制落实和廉洁自律等情况；负责抓好管委会机关及其所属单位的预防和惩治腐败工作，按照权限牵头或协助抓好违纪案件、信访举报的受理和查处工作；负责或协助抓好管委会机关及其所属单位的效能、财务、执法、作风等监察工作，受理有关单位和个人对管委会工作人员相关问题的投诉和处理；负责抓好管委会直接投资的项目建设监督，受理有关单位和个人对管委会工作人员相关问题的投诉和处理
土地储备中心	主持湖南湘江新区土地储备中心全面工作；负责湖南湘江新区范围内农用地转用征收、储备融资、土地开发和土地供应的前期工作；负责新区土地一级市场招标、拍卖和挂牌出让的具体事务性和技术性工作；负责新区土地交易管理及土地市场信息收集、发布工作；负责为实现新区耕地占补平衡而进行土地开发整理及储备工作；负责新区棚改统筹协调、棚改立项等工作

续上表

职能部门	主要职责
政务服务中心	负责拟定湖南湘江新区政务公开和政务服务机构内部建设规划并组织实施；负责新区各类行政许可事项的受理、反馈，办理部分职能部门授权事项；负责办理新区行政效能投诉有关事项；负责协调新区范围内国土、规划、建设、环保等领域的行政执法工作

一、中共湖南湘江新区纪律检查工作委员会失实检举控告澄清工作办法（试行）

第一章 总　则

第一条　为进一步激励广大党员干部新时代新担当新作为，及时为受到失实检举控告的党员干部澄清正名，坚决维护党员干部的合法权益和干部干事创业的主动性、积极性、创造性，根据《中国共产党党员权利保障条例》、中央纪委国家监委《关于做好失实检举控告澄清工作的意见》等有关规定和《中共湖南湘江新区工作委员会关于激励广大干部新时代新担当新作为的实施意见》（湘新发〔2020〕14号）文件精神，结合新区实际，制定本办法。

第二条　本办法适用于新区各级党组织、党员、监察对象。

第三条　本办法中的澄清工作，是指纪检监察组织在检举控告调查工作中，对纪检监察对象受到失实检举控告且造成不良影响的，按程序作出认定结论，在征求本人意见的基础上，对符合澄清条件的，采取适当方式澄清问题、维护合法权利、消除负面影响，实事求是、客观公正地为担当者担当、为负责者负责。

第四条　失实检举控告澄清工作由新区各级纪检监察机关（部门）负责

承办，其中监督检查、审查调查等检举控告承办处室负责澄清工作核实认定、提请评估、组织实施、结果反馈、澄清回访的具体工作；案件审理处室负责对失实检举控告事实是否核查清楚、认定是否准确无误、证据是否确凿完整进行把关，并为承办处室提供审核意见；案管信访处室负责澄清工作的协调、调度、统计分析、梳理汇总，并为承办处室提供相关意见，会同相关处室建立健全相关制度，总结推广经验。

第五条　开展失实检举控告澄清工作应当遵循以下原则：

（一）实事求是，依规依纪依法原则。坚持以事实为依据，以党纪法规为准绳，高标准做好信访举报核查工作，做到事实清楚、证据确凿、失实认定准确。

（二）严格规范，客观审慎公正原则。坚持审慎客观、从严审批、规范实施，合理确定方式方法和范围，维护澄清工作的客观性、公正性和严肃性。

（三）分级负责，谁核实谁澄清原则。坚持按照干部管理权限和属地管理，谁核实、谁澄清，分级分类开展失实检举控告澄清工作。

（四）激励担当，维护合法权益原则。坚持维护党员干部和公职人员合法权益，努力消除失实检举控告造成的不良影响，形成保护干事者、支持担当者的良好局面。

第六条　对反映党员干部、监察对象涉嫌违纪违法问题的检举控告线索，各承办处室要认真分析研判，仔细甄别反映问题真伪，对如实检举控告或反映情况的，应予以支持、鼓励；对检举控告明显不实的，应稳妥慎重把握核查时机和方式，防止扩大负面影响。

第二章　适用情形

第七条　经核查认定检举控告反映内容失实，同时又具备以下情形之一的，应当予以澄清：

（一）被检举控告人在换届选举、选拔任用、评先评优等工作中受到或

225

者可能受到影响的；

（二）被检举控告人人身权利、财产权利受到侵害或者正常工作、生活等受到不良影响的；

（三）失实检举控告在一定范围或者社会上造成不良影响的；

（四）经本级纪检监察机关研究认为确有必要澄清的其他情形；

第八条　经核查认定检举控告反映内容部分属实，但按照"三个区分开来"要求，为保护干部干事创业的主动性、积极性、创造性，及时消除不良影响，符合以下情形之一的，可以予以澄清：

（一）被检举控告人被反映问题已经在新区纪工委（监察室）进行改革创新风险备案，属于提前预测的风险性问题的；

（二）被检举控告人被反映问题符合容错纠错情形，已经予以容错免责的。

第九条　存在以下情形之一的，一般不予澄清：

（一）被检举控告人被反映问题线索采取谈话函询、暂存待查的方式处置的；

（二）被检举控告人尚有其他问题线索拟进行核查的；

（三）被检举控告人被反映问题涉及个人隐私的；

（四）失实检举控告未造成不良影响的；

（五）经本级纪检监察机关研究认为不宜澄清的。

第三章　澄清方式

第十条　对失实检举控告，根据不同的情形，可以采取以下方式进行澄清：

（一）书面澄清。由承办处室向澄清对象送达澄清函，载明澄清事项、澄清机关和时间等，抄送其所在单位党组织主要负责人，并根据需要抄送相关组织人事部门。

（二）当面澄清。对澄清对象造成心理影响的，由承办处室派员或者发函委托其所在单位党组织负责人当面澄清事实，帮助其消除思想顾虑，激励其担当作为、履职尽责。

（三）会议澄清。在澄清对象所在单位等一定范围造成不良影响的，承办处室可报请本级纪检监察机关主要负责人派员或者发函委托澄清对象所在单位党组织负责人，在相应范围内开会澄清。

（四）通报澄清。涉及澄清对象换届选举、选拔任用、评先评优等事项的，承办处室及时向其所在单位或者组织人事部门通报情况，消除影响。在一定区域或行业造成不良影响的，承办处室在相应范围内通报情况，或者发函委托有关单位在相应范围内通报情况，消除影响。需要进行书面通报的，由承办处室报请本级纪检监察组织出具。

（五）其他方式。根据工作实际情况，其他澄清方式更为适宜的，经本级纪检监察机关研究，可以使用其他方式。以上澄清方式可以合并使用，使用当面澄清、会议澄清、通报澄清等方式的，应当同时使用书面澄清。

第十一条 澄清内容主要是调查核实结果，不得涉及核查工作细节，澄清工作只对检举控告失实的具体问题进行澄清，不对澄清对象作出全面评价。注意保障相关当事人合法权益，不得公开涉及国家秘密、商业秘密、工作秘密、个人隐私等不宜公开的内容。

第十二条 拟采取会议澄清、通报澄清等方式在较大范围公开澄清的，在实施前应当结合澄清事项具体情况、工作实际需要等因素，选择审慎适宜的工作方式，做好工作方案和预案。

采取会议澄清的，可视情况邀请失实检举控告中涉及的其他单位、人员或者有关部门参加。

第十三条 坚持把思想政治工作贯穿澄清工作始终，注意听取澄清对象的思想认识及表态，体现组织澄清是非、保护干部的鲜明态度，引导其正确对待群众监督、放下思想包袱。承办处室可根据需要，通过适当方式开展回访，了解澄清对象的工作表现、思想认识等情况，巩固澄清工作效果。

第十四条 加强宣传引导，可选取办理质量高、效果好的典型案例公开报道，体现鲜明导向，激励担当作为。

第四章　实施程序

第十五条　对符合本办法第七条、第八条的规定予以澄清的，按照以下程序实施：

（一）提起。承办处室核实认定检举控告失实认为有必要澄清且已征得被检举控告人同意的，或者被检举控告人主动向纪检监察组织提出申请的，填写《失实检举控告澄清征求意见表》，视为提起澄清。

（二）评估。由承办处室牵头，会同案件审理、案管信访处室，按照澄清的标准和要求，结合被检举控告人一贯表现等进行综合评估，形成一致意见。对是否应予澄清存在争议的，由承办处室提请本级纪检监察机关班子会议研究。

（三）审批。由承办处室填写《失实检举控告澄清审批表》，参与评估处室分别签署意见后，报本级纪检监察机关分管领导、主要负责人审批。涉及重要岗位领导干部，或者造成较大社会影响、拟予以公开澄清的，必要时呈报同级党委主要负责人审批。

（四）实施。由承办处室按照审批同意的澄清方式，牵头组织实施。

（五）反馈。澄清工作完成后，承办处室应及时向分管领导反馈有关情况。涉及澄清对象换届选举、选拔任用、评先评优等事项的，还应及时向组织人事等有关部门反馈。一般工作环节要求在 2 个工作日内完成，涉及处室间配合的环节在 5 个工作日内完成，总体要求在 10 个工作日内完成澄清工作，保证工作进度，减少失实检举控告对被检举控告人造成的不良影响。

第十六条　承办处室因特殊原因不能按时完成澄清工作的，应向分管领导及澄清对象作出说明，并告知后续工作安排。澄清工作结束后，应及时将相关材料归入干部廉政档案备查。

第五章 监督制约

第十七条 在澄清工作中，要依法保障检举控告人的合法权益，防止实名检举控告人受到打击报复。检举控告人因对事实了解不全面而发生错告、误告的，可以不追究其责任，对造成一定影响的，在实施澄清的基础上，应以适当方式告知检举控告人事实真相并对其进行批评教育。对以任何方式追查打击报复检举控告人的，一经查实，依照有关规定严肃处理。

第十八条 对经认定属诬告陷害、恶意中伤，干扰改革创新或持续上访造成恶劣影响的单位和党员干部个人，要视情节轻重给予批评教育、通报批评、诫勉谈话、组织处理或者纪律处分。对非党员和非监察对象，要视情节轻重协调有权机关采取有效手段妥善处置。涉嫌违法犯罪的，移送有关机关按照国家法律规定处理。对典型案例，要及时予以通报曝光。

第六章 附 则

第十九条 巡视巡察、监督检查、审查调查工作中发现的问题线索和纪检监察业务范围外的检举控告，不适用本办法。

第二十条 对于不符合澄清条件的检举控告，按照《纪检监察机关处理检举控告工作规则》《中国共产党纪律检查机关控告申诉工作条例》等规定办理。

第二十一条 本办法由纪工委（监察室）负责解释，自印发之日起施行。本办法实施后，《关于建立干部澄清保护工作机制的实施办法（试行）》（湘新纪发〔2019〕30号）文件同步废止。

二、湖南湘江新区纪工委（监察室）对受处分人员关爱回访工作办法（试行）

第一条 为深入贯彻"惩前毖后，治病救人"基本方针和"坚持严管和厚爱结合、激励和约束并重"的要求，进一步加强对受处分人员的教育引导和关爱激励，促进其思想转变，帮助其卸下思想包袱轻装再出发，根据《中国共产党党员权利保障条例》等党内法规、《中华人民共和国监察法》《中华人民共和国公职人员政务处分法》等国家法律法规和《中共湖南湘江新区工作委员会关于激励广大干部新时代新担当新作为的实施意见》(湘新发〔2020〕14 号)文件精神，结合新区实际，制定本办法。

第二条　关爱回访工作要坚持以习近平新时代中国特色社会主义思想为指导，提高政治站位、增强"四个意识"，坚定"四个自信"，做到"两个维护"，遵循惩教结合重在教育、实事求是客观公正、以人为本热情关怀、统筹安排分级负责的原则。

第三条　关爱回访对象主要是受到党工委和纪工委(监察室)给予党纪和政务处分的人员。对被予以容错的人员，可参照本工作办法实施关爱回访。

受上级纪委监委委托，纪工委(监察室)可以对上级纪委监委处分的、予以容错的人员进行回访。

被开除党籍、被行政开除或已辞职离开新区机关事业单位和国有公司的，不再进行回访。

第四条　关爱回访在党工委的统一领导下，按照"谁处分、谁回访"的原则开展。必要时，新区纪工委(监察室)可以委托国有公司纪委或回访对象所在单位党组织进行关爱回访。被委托单位应当及时将回访情况反馈纪工委。

第五条　关爱回访由纪工委负责案件审理工作的部门牵头负责，成立两人以上的关爱回访小组开展工作。根据需要，可安排案件审查部门配合参与回访。

回访对象为机关事业单位正科级及以上干部或国有公司高级管理人员的，由纪工委书记担任关爱回访小组组长；回访对象为机关事业单位副科级干部或国有公司中层管理人员的，由纪工委副书记担任关爱回访小组组长；回访对象为其他人员的，由执纪审理处负责人担任关爱回访小组组长。

第六条　回访可以采取以下方式：

（一）直接走访。到回访对象所在单位与回访对象面对面谈心，找相关党组织主要负责同志、分管领导、所在部门负责人和纪检监察机关负责人或纪检委员谈话，调阅有关资料等了解情况；

（二）委托走访。委托相关党组织帮助走访，了解情况；

（三）致函致电。致函致电到回访对象所在单位和其本人，要求对方书面反映相关情况。

第七条　关爱回访的内容主要有五个方面：

（一）了解回访对象本人对所犯错误的认识、吸取的教训、整改情况、存在的困难和对组织的合理诉求；

（二）了解所在单位对回访对象的思想、学习、工作情况的评价和反映；

（三）了解所在单位对回访对象的教育、疏导和帮扶情况；

（四）了解所在单位对党纪政务决定的执行和落实、对党员、公职人员的日常教育监管、制度建设等情况；

（五）认真做好回访对象的思想教育、心理疏导和政策解释工作，传递组织关爱，帮助改过自新，保障合法权益，激励担当作为。

案件审查调查过程中发现所在单位存在的问题的，关爱回访小组应当了解所在单位的问题整改情况。

第八条　回访的时间一般在处分决定生效三个月后至处分影响期满前完成；对予以容错未被处分的人员进行回访，一般在容错决定生效三个月后至十二个月内完成。

对受处分人员、被予以容错人员主动提出约访要求，或所在单位要求纪检监察机关对其开展关爱回访的，可及时开展回访。根据工作需要，可以回访影响期满的人员，也可以对同一对象在影响期内和影响期满后分次回访。

第九条　关爱回访工作结束后，回访小组应当将回访对象受处分或被予以容错以来的思想、工作、生活和改正错误等情况进行全面登记，认真填写《关爱回访情况记录表》，客观公正反映意见，及时向组织人事部门反馈情况，并存入干部廉政档案。对回访过程中发现的重要情况，应及时向党工委、纪工委领导报告。

第十条 处分影响期满后，纪工委(监察室)应该就回访对象的表现情况进行鉴定，向党工委报告，并及时向人事部门、绩效考核部门反馈。

对认错纠错深刻彻底、工作态度积极主动、工作作风转变明显、工作实绩突出的，影响期满后，督促相关单位及时将受处分人员纳入正常的年度考核、职务职级晋升、评先评优、干部选拔任用范围。

对改正态度不端正，思想错位、工作消极、不履职尽责的，按照有关规定进行教育提醒并督促整改，并建议相关部门进一步考察。情节严重的，涉嫌再违纪违法的，应作为问题线索移交负责案件监督管理的有关处室，依规依纪依法严肃处理。

回访对象存在困难、提出合理诉求的，应协调有关部门(单位)在政策条件允许的情况下帮助解决。

第十一条 相关党组织未按规定对受处分人员开展日常教育、管理和监督工作，处分决定执行落实不到位的，应当督促有关党组织限期整改，落实到位；拒不整改的，依规依纪依法严肃处理。

第十二条 对回访工作中存在形式主义、官僚主义，敷衍应付、走过场，不负责、不担当、落实工作不力，造成不良影响的，依规依纪依法严肃追究责任。

第十三条 本办法由纪工委(监察室)负责解释，自印发之日起施行。

三、湖南湘江新区发展集团有限公司问责追责实施办法（试行）

湘江集团发〔2020〕84号

第一章 总 则

第一节 指导思想、适用范围和原则

第一条 为加强集团管理，建立健全监督约束机制，规范工作人员行为，保障企业健康发展，根据《中华人民共和国公司法》《中华人民共和国劳动合同法》《中华人民共和国工会法》以及《国有企业领导人员廉洁从业若干规定》等法律法规和规定、《中国共产党纪律处分条例》《中国共产党纪律检查机关监督执纪工作规则》等党内有关法规及公司章程，结合公司实际，制定本实施办法。

第二条 本办法适用于集团各中心、子公司、代管或委托经营管理单位的全体工作人员和派出人员（不包含集团领导班子成员）。

第三条 集团问责追责工作，坚持依法依规、客观公正、权责一致、惩教结合的原则。

第二节 问责追责方式

第四条 问责类型

（一）组织处理。组织处理包括责令整改、约谈、通报批评、诫勉、调整岗位、免职等具体措施。

（二）处分。

1. 警告；

2. 记过；

3. 降薪、降职；

4. 撤职；

5. 开除。

以上问责追责方式可以单独适用，也可以合并适用。涉嫌犯罪的，移送司法机关依法处理。

第五条　被问责追责的责任人员划分为直接责任者、主要领导责任者和重要领导责任者：

（一）直接责任者，是指在其职权职责范围内，不履行或不正确履行自己的职权职责，对造成的损失或者后果起决定性作用的责任者；

（二）主要领导责任者，是指在其职权职责范围内，对直接主管的工作不履行或不正确履行职权职责，对造成的损失或者后果负有直接领导责任的责任者；

（三）重要领导责任，是指在其职权职责范围内，对应管的工作或者参与决定的工作不履行或不正确履行职权职责，对造成的损失或者后果负有次要领导责任的责任者。

第六条　根据事实情节和影响程度决定问责追责方式：

（一）情节较轻、影响较小的，对责任人给予整改、约谈、通报批评的组织处理或警告、记过的处分方式问责追责；

（二）情节较重、影响较大的，对责任人给予诫勉、调整岗位的组织处理或降薪、降职的处分方式问责追责；

（三）情节严重、影响重大的，对责任人给予免职的组织处理或撤职、开除的处分方式问责追责；

（四）因违纪违法受到党纪处分、政务处分或国家机关行政处罚的，应根据其违纪违法事实与情节，按本规定进行问责追责；

（五）公司工作人员被依法判处刑罚的，直接开除。

第七条　有下列情节之一的，应从重问责追责：

（一）干扰、阻碍、不配合调查的；

（二）弄虚作假、隐瞒事实真相、欺骗调查的；

（三）打击、报复、威胁、陷害调查人、检举人、控告人、证明人及其他有关人员的；

（四）拉拢、收买调查人员的；

（五）受到问责后，无正当理由拒绝接受决定的；受到调离工作岗位或降职、免职处理后，不服从其他工作安排的；

（六）一年内出现两次（含）以上被问责追责的；

（七）被新闻媒体曝光，经查情况属实，造成不良影响的；

（八）纪检监察工作人员被问责追责的；

（九）国家有关法律、法规、规章和制度规定的其他从重情节。

第八条　有下列情节之一的，可以从轻、减轻问责追责：

（一）积极配合问责追责调查，主动承认错误并且承担责任的；

（二）主动采取措施，有效避免损失或挽回影响的；

（三）积极检举他人的违纪违规行为，经查证属实的；

（四）其他可以从轻、减轻问责追责的情节。

第九条　工作人员在工作过程中，因担当作为、改革创新出现失误或失败，发生应予问责追责情形的，如符合湖南湘江新区党工委、管委会《关于建立改革创新容错免责机制的实施办法（试行）》规定的容错免责条件的，按相关程序报审后，可以免予问责追责。

第三节　问责追责程序

第十条　对工作人员的问责追责，依据本办法，由纪检监察中心按照职责和管理权限组织实施。法律、法规、规章对相关问责追责事项另有规定的，从其规定。

第十一条　问责追责应严格按照规定程序办理。程序包括：受理、初核、启动问责、调查、作出问责决定。

（一）除对第二章分则部分所列行为必须进行问责追责外，纪检监察中心对具有下列情形之一的，也应予以受理。

1.上级领导批示、上级部门交办转办的；

2.巡察机构、审计机关、行政执法机关、司法机关等单位移交的；

3.检查考核、效能监察、明察暗访中发现问题的；

4.来信来访、举报电话、网上举报反映的；

5.新闻媒体曝光的；

6.其他需要问责受理的情形。

(二)纪检监察中心对受理的问责追责事项，应当予以登记，并向集团纪委主要负责人、监察专员报告。

(三)需要进行初步核实的，应当报集团纪委主要负责人、监察专员批准，初核对象是集团部门、子公司主要负责人的，还应当报集团党委主要负责人批准。

(四)经初步核实，确有违纪违规事实依据的，应当在7个工作日内决定是否启动问责追责程序。没有事实依据，决定不予启动问责追责程序或不具备查办条件，先予暂存，有交办单位、投诉人的，需告知不启动理由。

(五)对决定启动问责追责程序的，由纪检监察中心牵头组织调查组，按照规定进行调查取证。调查组根据调查核实情况，在60个工作日内提出初步处理意见；情况特殊的，经批准可延长30个工作日。经调查组初核，认为案情复杂且情节严重的，经报请集团纪委主要负责人、监察专员及集团党委主要负责人批准，可以对被问责人采取停职检查的措施。被调查人员在调查期间，相关案情查清之前，提出辞职的，人力资源部门不得办理离职手续。

(六)初步问责追责处理意见形成后，案件审理室要听取被问责追责对象的陈述和申辩，并且记录在案；对其合理意见，应当予以采纳。

(七)将问责追责决定或者其他处理决定以书面形式送达集团人力资源中心、被问责人所在单位、部门和被问责对象本人，并按规定在一定范围内公布。

(八)被问责追责对象对处理决定不服的，可在收到问责追责决定书起15个工作日内，向作出问责追责决定的部门或上级部门提出申诉。受理部门在接到书面申诉之日起15个工作日内，作出维持、减轻或撤销原问责追责决定的书面定，并告知申请人和所在单位。申诉期间，不停止原问责追责决定的执行。

（九）人力资源部门按规定办理问责追责对象的职级、岗位、薪酬变更手续，并及时将有关材料归入其个人档案。

（十）纪检监察中心综合管理部按照案件档案相关规定立卷归档。

第十二条 调查人员与问责追责对象有利害关系，可能影响公正处理的，应当回避，回避申请向纪委负责人提出。

第四节 问责追责运用

第十三条 处分与工作人员选拔任用挂钩：

（一）受到警告处分的，6个月内不得予以提拔或重用；

（二）受到记过处分的，12个月内不得予以提拔或重用；

（三）受到降薪处分的，18个月内不得予以提拔或重用；

（四）受到降职、撤职处分的，24个月内不得予以提拔或重用；

（五）受到开除处分的，不得返聘。

被处分工作人员属后备干部的，由人力资源部门按照规定予以调整。

第十四条 处分与工作人员年度考核挂钩：

（一）受到警告处分的个人，在处分期内不得晋升职务、岗位等级和职称，且年度考核不得评定为优秀；

（二）受到记过处分的个人，在处分期内不得晋升职务、岗位等级和职称，不得晋升薪酬待遇等级，且年度考核成绩不得评为良好及以上；

（三）受到降薪、降职处分的个人，在处分期内不得晋升职务、岗位等级和职称，不得晋升薪酬待遇等级，且年度考核成绩不得评定为合格及以上，薪酬待遇同步调整；

（四）受到撤职处分的个人，在处分期内不得晋升职务、岗位等级和职称，不得晋升薪酬待遇等级，年度考核成绩评为不合格，薪酬待遇同步调整。

（五）受到开除处分的个人，立即解除劳动关系，年度考核成绩评定为不合格，不支付其经济补偿金，并视情况通报其所从事行业协会，录入个人行业信息记录。

第十五条　问责追责与所在中心、子公司年度考核挂钩：

（一）工作人员受到问责追责处理的，按照规定对其所在中心或子公司的年度考核予以扣分；

（二）工作人员受到新区党工委、管委会及上级机关问责追责的，其所在中心或子公司当年度考核不得评为 A 类；

（三）同一年度内，集团中心受警告及以上处分 2 人次（含）以上、同一所属子公司 5 人次（含）以上的，该单位当年度考核不得评为 A 类；

（四）同一年度内，集团中心受记过及以上处分 5 人次（含）以上、同一所属子公司 10 人次（含）以上的，实行一票否决，其所在中心或子公司当年度考核，取消评先资格，直接评定为 C 类；

（五）同一年度内，集团中心总助以上管理人员、子公司班子成员有 2 人及以上受到记过及以上处分的，实行一票否决，其公司当年度考核，直接评定为 C 类。

第十六条　问责追责与分管领导责任追究挂钩：

（一）同一年度内，集团中心工作人员受记过及以上处分 3 人次（含）以上的，子公司被问责处理工作人员受记过及以上处分 5 人次（含）以上的，对所在中心或子公司负责人进行责任追究；

（二）受到新区党工委、管委会及上级机关追责问责的，对所在中心或子公司负责人进行责任追究；

（三）其他负有领导责任的情形。

第二章　分　则

第一节　对公司决策部署执行不力的行为

第十七条　违反民主集中制原则，拒不执行或者擅自改变公司党委、董事会决定事项，或者违反议事规则，个人或少数人决定重大事项，给公司造成经济损失或者恶劣影响的，应当予以问责追责。

第十八条　不传达贯彻、不检查督促落实公司党委、董事会决定事项，或者故意作出与公司党委、董事会决定事项及公司规章制度相违背的决定及行为的，应当予以问责追责。

第十九条　不正确履行职责，不按职责、权限、程序等规定开展工作，给公司造成损失或恶劣影响的，应当予以问责追责。

第二十条　在工作中弄虚作假，欺上瞒下，损害公司利益或造成恶劣影响的，应当予以问责追责。

第二十一条　在工作中超越权限违规决定、处理其无权决定的事项，或违反公司制度处理有关事项，致使公司、员工利益受损或造成其他恶劣影响的，应当予以问责追责。

第二十二条　在工作中发现违纪违规的问题，不报告、不处置、不整改或不问责，造成恶劣影响的，应当予以问责追责。

第二十三条　在工作中失职失责或违反效能管理制度，造成严重后果或者恶劣影响的，应当予以问责追责。

第二节　违反公司经营管理秩序的行为

第二十四条　在人力资源管理方面，有下列行为之一的，应当予以问责追责：

(一)违反选拔任用规定和程序的；

(二)违规透露公司党委、董事会及人力资源部门酝酿、讨论人事任免情况的；

(三)在民主推荐、民主测评、组织考察中搞拉票、造谣、诽谤竞争对手等非法活动的；

(四)故意向干部选拔任用问题调查部门提供虚假信息或者不实材料的；

(五)在选拔任用干部过程中，利用职权对他人打击报复的；

(六)工作失职，造成选人用人失察或失误的；

(七)其他违反集团人力资源管理规定，应予问责追责的行为。

第二十五条 在行政后勤管理方面，有下列行为之一的，应当予以问责追责：

（一）不按规定进行资产评估的；

（二）不按规定进行清产核资、产权登记，不如实填报报表，隐瞒真实情况，导致公司资产流失的；

（三）违反保密制度，发生丢失机密文件、资料，出现泄密、窃密事件的；

（四）违反信访相关规定，没有及时接访、转达信访事项，而给公司造成恶劣影响的；

（五）其他违反集团行政后勤管理规定，应予问责追责的行为。

第二十六条 在工程项目建设过程中，有下列行为之一的，应当予以问责追责：

（一）违反审批程序或未经审核擅自批准工程设计，违反规定擅自变动设计方案或技术规格、图纸的；

（二）不按技术规范和设计要求施工，造成工程隐患，导致事故发生的；

（三）项目实施过程中，不能严格按照相关规定进行质量管理、监督检查和认证的；

（四）对因工作不力，在拆迁过程中引发严重恶性事件或大规模群体性上访事件的；

（五）对因工作不力，造成工程档案（如施工许可证、规划许可证等）重要资料遗失的；

（六）对因工作不力，造成生态环境污染严重的；

（七）其他违反集团工程建设管理规定，应予问责追责的行为。

第二十七条 在招投标工作中，有下列行为之一的，应当予以问责追责：

（一）依法必须进行招标的项目而不招标的，将必须进行招标的项目化整为零或者以其他任何方式规避招标的；

（二）以不合理的条件限制或排斥潜在投标人的，对潜在投标人实行歧视待遇的，强制要求投标人组成联合体共同投标的，或者限制投标人之间竞争的；

（三）依法必须进行招标的项目的招标人向他人透漏已获取招标文件的潜在投标人的名称、数量或者可能影响公平竞争的有关招标投标的其他情况的，或者泄露标底、相关造价资料等应当保密的资料和信息的；

（四）招标人与投标人不按照招标文件和中标人的投标文件订立合同的，或者招标人、中标人订立背离合同实质性内容的协议的；

（五）与投标人串通，损害公司利益的；

（六）其他违反集团招标采购管理规定，应予问责追责的行为。

第二十八条　在安全生产、环境保护管理工作中，有下列行为之一的，应当予以问责追责：

（一）未取得安全环保行政许可及相关证照或不具备安全环保条件从事生产经营活动的；

（二）工程项目的安全环保设施，不与主体工程同时设计、同时施工、同时投入生产和使用，或未按规定审批、验收，擅自组织施工和生产的；

（三）对存在的重大安全环保隐患，未采取有效措施的；

（四）违章指挥，强令他人违章冒险作业的；

（五）在危险区域不使用安全标识或安全标识不清的；

（六）对发生的安全环保事故瞒报、谎报或拖延不报的；

（七）组织或参与破坏事故现场、出具伪证或者隐匿、转移、篡改、毁灭有关证据，阻挠事故调查处理的；

（八）安全环保事故发生后，不及时组织抢救或擅离职守的；

（九）其他违反安全生产及环境保护管理规定，应当予以问责追责的行为。

第二十九条　在合同管理过程中，有下列行为之一的，应当予以问责追责：

（一）未经批准擅自改变合同，或未签订合同即预付款项的；

（二）未经授权或批准，擅自超越权限签订合同的；

（三）发现对方违约给公司造成危害，不及时采取有效措施纠正、制止的；

（四）违反合同用章管理规定的；

（五）其他违反集团合同管理规定，应予问责追责的行为。

第三十条　在审计工作中，有下列行为之一的，应当予以问责追责：

（一）发现被审对象存在重大问题不如实报告的；

（二）被审对象不按审计要求提供审计资料或提供虚假资料的；

（三）被审部门和人员不配合内部审计工作，拒绝或者拖延提供与审计事项有关资料，或者拒绝接受审计及以各种方式逃避、阻挠、妨碍审计工作的；

（四）对威胁、污辱、打击报复审计人员及侵犯审计人员名誉、人格、人身安全的；

（五）被审单位和人员对拖延或拒不执行审计整改措施的；

（六）转移、隐匿、篡改、毁弃会计凭证、账簿、报表以及其他与经济活动和审计事项有关的资料的；

（七）其他违反集团审计规定，应予问责追责的行为。

第三十一条　在财务管理工作中，有下列行为之一的，应当予以问责追责：

（一）隐瞒、截留单位收入，私设小金库或账外账，公司资金体外循环的；

（二）违反规定，坐收坐支或银行账户管理不严格的；

（三）隐瞒资产不入账，造成账外资产的；

（四）违反规定擅自冲减资本金的；

（五）财务资产管理制度和内部控制不健全，账目管理严重混乱的；

（六）违反规定擅自以公司的名义开设银行账户的；

（七）会计人员及其他人员伪造、变造或隐匿、销毁会计资料的；

（八）不依法设置会计账簿，或私设会计账簿及以未经审核的会计凭证为依据记账的；

（九）采用侮辱、诽谤、暴力、威胁或处理手段对依法履行职责或抵制违法行为的会计人员实行报复陷害的；

（十）其他违反集团财务管理制度，应予问责追责的行为。

第三十二条　在资金管理工作中，有下列行为之一的，应当予以问责追责：

（一）擅自对外投资、融资、参股、借贷、提供担保的；

（二）违反规定在国(境)外金融机构存款或变相存款，或者未经批准在国内非银行金融机构存款或变相存款的；

（三）违反规定进行委托理财、股票、债券、外汇和期货(权)及金融衍生品等高风险业务的；

（四）违反规定进行委托贷款，或者违反规定委托其他单位或个人理财的；

（五）其他违反集团资金管理有关规定，应予问责追责的行为。

第三节　违反廉洁从业规定的行为

第三十三条　有下列违反廉洁从业规定情形的，应当予以问责追责：

（一）利用职务或工作之便，收受业务单位或个人礼金、礼品、购物卡、各种有价证券、支付凭证的；

（二）利用职务或工作之便，为他人谋取利益，其父母、配偶、子女及其他特定关系人收受对方财物的；

（三）利用职务上的便利，侵吞、窃取、骗取或者以其他手段非法占有公共财物的；

（四）在经济往来中违反有关规定收受财物或者各种名义的回扣、手续费，归个人所有的；

（五）在工作中以各种名义违规收受的所谓劳务费、技术费等利益，拒不退还或上交的；

（六）其他违反廉洁自律，应当予以问责追责的情形。

第三十四条　有下列情形之一的，属于"索拿卡要"行为，应当予以问责追责：

（一）向工作对象索取钱物，利用职务、工作之便违规向工作对象摊派或收取钱物，或违规接受有偿服务、要求购买指定商品的；

（二）在中介单位或工作对象处违规领取奖金、福利、补贴或报销费用的。

第三十五条　有下列行为之一的，属于挥霍浪费公司资财，应当予以问责追责：

（一）超出规定标准进行职务消费的；

（二）将履行工作职责以外的费用列入职务消费的；

（三）在特定关系人经营的场所进行职务消费的；

（四）不按照规定公开职务消费情况的；

（五）其他挥霍浪费公司资财的行为。

第三十六条　违反个人重大事项申报规定，不申报、不按时申报或进行虚假申报的，应当予以问责追责。

第四节　违反作风建设规定的行为

第三十七条　有下列违反作风建设行为之一的，应当予以问责追责：

（一）上班时间办私事和利用网络玩游戏、炒股、购物、看电影的；

（二）上班期间非因工作需要而进出娱乐场所的；

（三）上班时间无故串岗，在公司办公场所高声喧哗、吵闹，造成恶劣影响的；

（四）违规出入高档会所的；

（五）对中央、省、市及湖南湘江新区管委会关于作风建设系列要求落实不到位，作风建设流于形式的；

（六）在公司内部搞团团伙伙，拉帮结派，有令不行，有禁不止的；

（七）消极履职、拖延怠工，影响工作进度，给公司造成损失或恶劣影响的

（八）其他违反作风建设规定，应当予以问责追责的行为。

第三十八条　有下列违反生活纪律及社会治安管理行为之一的，应当予以问责追责：

（一）违反社会公序良俗，在公共场所有不当行为，造成不良影响的；

（二）与他人发生不正当性关系、造成不良影响的；

（三）参与聚众赌博、吸毒、嫖娼、卖淫的；

（四）寻衅滋事、打架斗殴的；

（五）其他违反生活纪律、治安管理及社会公德，应当予以问责追责的行为。

第三章　附　则

第三十九条　本办法未尽事宜，按照国家法律、法规、规章及公司有关规定执行。

第四十条　本办法由集团纪检监察中心负责解释。

第四十一条　本办法自印发之日起试行，原《问责追责实施办法（试行）》（湘江集团发〔2016〕57号）作废。

附录六　湖南湘江新区容错纠错特色样表

一、容错免责减责申请表

容错免责减责申请表

申请时间：　　　年　　月　　日

申请人		性别		出生年月	
身份证号码				文化程度	
单位及职务				政治面貌	
申请事由					
具体理由	问题性质				
	工作依据				
	主观动机				
	决策过程				
	纠错态度				
申请单位意见	主要负责人： 　　　年　　月　　日(盖章)				
备注					

　　说明："具体理由"请按照《关于开展湖南湘江新区容错纠错工作的实施办法(试行)》第六条"五看"要求填写。

二、改革创新风险备案申请表

改革创新风险备案申请表

申请备案单位		备案时间	
备案事项 （计划、方案等， 可另附页）	备案事项名称： 申请备案理由： 预计主要风险点：		
申请备案单位意见	 主要负责人签字： 年　　月　　日(公章)		

三、改革创新风险备案告知单

改革创新风险备案告知单

————————：

你单位于_____年____月____日报送的关于_____《改革创新风险备案申请表》已收悉，经纪工委(监察室)研究决定，同意/不同意给予风险备案。

中共湖南湘江新区纪律检查工作委员会
年　　月　　日

四、失实检举控告澄清征求意见表

失实检举控告澄清征求意见表

提起人(单位)		日期	
承办处室		承办人	
被检举控告对象	(填写被检举控告人姓名、单位、职务)		
提起澄清理由			
建议澄清方式			
被检举控告人意见			

签名：

年　月　日

五、失实检举控告澄清审批表

失实检举控告澄清审批表

澄清保护对象信息栏	姓名		性别	
	单位及职务			
基本调查情况及结论	（另附检举控告调查报告和澄清函拟稿）			
建议澄清方式	（澄清方式主要有书面澄清、当面澄清、会议澄清、通报澄清、其他方式）			
承办处室意见				
审理处室意见				
案管信访意见				
领导小组副组长（分管领导）意见				
领导小组组长（纪工委书记）意见				

注：必要时，经领导小组组长审批后，书面报同级党委审批。

六、澄清函

澄清函

_____同志/单位：

经调查核实，认为反映你/你单位相关问题的检举控告失实，根据《中共湖南湘江新区纪律检查工作委员会失实检举控告澄清工作办法》的规定，特此予以澄清正名。具体澄清内容如下：

1.关于反映××××的问题

经核查，检举控告人所反映的问题失实。

2.关于反映××××的问题

经核查，检举控告人所反映的问题失实。

……

单位(盖章)

年　月　日

七、关爱回访情况记录表

关爱回访情况记录表

回访对象姓名		性 别		出生年月	
政治面貌		错误性质		受处分时间	
处分种类			处分机关		
受处分前单位及职务			受处分后单位及职务		
本人对错误的认识					
所在单位意见					
回访组意见					
纪工委鉴定意见					
备注					

说明：本人对错误的认识可另附后。

八、(单位)廉政风险清单

(单位)廉政风险清单

单位(盖章):　　　　　　　　　　　党组织负责人(签字):

序号	主要廉政风险点	风险等级	防控措施	责任处室	责任人

填报人:　　　　　　　　联系电话:　　　　　　　　填报时间:

后　记

　　历时近一年的调研和写作，书稿画上了句号，但我们对容错纠错的思考依然没有停止，在理论和现实层面上还需要对其进行进一步探索和研究。

　　首先，深入研究问责追责与容错纠错的关系。党的十八大以来，党中央全面推行从严治党，加大对违纪党员干部的问责追责力度，干部乱作为现象得到了一定的遏制。但随着中国经济改革进入深水区和攻坚期，改革的骨头变得"越来越难啃"，触及的深层利益之多、涉及的矛盾范围之广前所未有。一些领导干部在处理各种问题冲突时会犹豫不定、战战兢兢、如履薄冰，担心工作失误、犯错误、踩红线，越来越不担当、不作为。建立容错纠错机制的出发点在于鼓励干部积极作为，勇于担当。但是，在严管干部（问责追责）和关爱干部（容错纠错）之间如何把握尺度？两者的界限如何划定？从笔者调研情况来看，大多数新区还没有建立问责追责与容错纠错的协同机制，在执行标准和执行过程中存在阻力和困难。未来应重点完善问责追责和容错纠错相统一的约束与动力机制，既对不作为、乱作为严肃追究问责，又合理区分"错"的性质、界限和问责标准，给予对干部适当进行宽容纠正的机会，只有这样才能最大限度地激励干部干事改革的热情，发挥他们的主动性和创造性。

　　其次，继续探索容错纠错机制的可操作性。本书虽然在第七章中专门讨论了容错纠错机制的操作思路，但是具体的操作细则和流程还需要细化，未来需要针对机构和部门的实际情况对容错纠错的事项、缘由进行精准分类，制作清单，同时在法律上规范容错纠错的程序和流程，确保容错纠错机制的效能最大化。

最后，从实践层面探索容错纠错的激励效果问题。建立容错纠错机制的根本目的在于营造允许试验和失败的氛围，调动领导干部干事创业、大胆作为的积极性。那么，国家级新区推行的容错纠错机制发挥了什么样的激励效果？是从经济方面、政治方面，还是生态环境方面来测量？评估的标准是什么？如何建立评估体系？可以说，容错纠错如果在实践中发挥了功效，那么它就是一项成功的制度设计，如果没有或者效果甚少，则会被认为是一项失败的制度设计。显然，评价主体和评价方式会影响评价结果。因此，应建立内部评价和外部评价相结合的评价体系，以科学客观地检验容错纠错的实践效果。

容错纠错机制是新时期社会发展的产物。探索容错纠错的管理机制和法律法规，规范容错纠错的具体内容和程序是推动当前各项改革的重要环节，我们期待学术界、法律界、党政机关、国企央企等有识之士的共同探索和努力。

本书的写作由胡春艳负责。胡春艳负责拟定全书写作大纲，指导各章的研究与文稿的写作及统稿工作。孟谏君和刘文协助各章的写作和统稿工作。各章及其主要主笔为，第一章：王晟，第二章：叶露莹，第三章：张莲明，第四章：周付军，第五章：周付军，第六章：张建，第七章：王彩莲。全书由胡春艳教授负责统稿并审定。本书在写作过程中得到了长沙市委副书记、市长、湘江新区党工委书记郑建新，长沙市委常委、湘江新区党工委副书记、管委会主任钟钢，湘江新区纪工委书记文山虎，湘江新区纪工委处长陈明应等领导的大力支持。此外，湘江新区纪工委、党政综合部、经济发展局、财政局、国土规划局、住建环保局、产业促进局、土地储备中心、政务服务中心等部门，以及湘江集团公司、湘江国投公司、湘江智能公司等企业的领导和同志们在调研期间给予了我们极大的支持和帮助，在此表示衷心的感谢！

胡春艳

2021 年 3 月 30 日

丛书后记

当前，我国改革已进入攻坚期和深水区，广大干部是改革先锋和制度创新先驱，"惟改革者进，惟创新者强，惟改革创新者胜"已成为落实全国两会精神、实现决战决胜目标的关键共识。在改革风险与改革红利并存的前提下，习近平总书记在省部级主要领导干部学习贯彻党的十八届五中全会精神专题研讨班的公开讲话中，就"为官不为"这一问题提出了"三个区分开来"，以最大限度调动广大干部的积极性、主动性和创造性，推动全社会形成想改革、敢改革、善改革的良好风尚。在"三个区分开来"的基础上，为破除"为官不为"的沉疴痼疾，提振干部干事创业的积极心态，党的十九大报告进而提出建立激励机制和容错纠错机制，科学、合理地宽容干部在改革创新中的失误和错误，强调切实为敢于涉险、敢于担当的干部撑腰鼓劲。

容错纠错机制是中国特色干部管理体制的一项创新性制度安排，对于中国共产党宽严相济干部管理理念的传承与发展，对于实现国家治理体系和治理能力的增量改革、推动地方政府为创新而竞争、打破高压问责情境下党员干部动力缺力缺失的困境，具有重要意义。加强容错纠错机制建设、不断提升容错机制运作的适应性和可行性、营造容错文化并培育创新风气、实现容错与问责机制精准衔接，是促进容错机制从"新制"向"善制"转变的关键，也是党和国家探索具有中国特色宽严相济的新型干部管理体制的必由之路。

湖南湘江新区作为国家级新区，承载着服务国家战略、协调区域发展和政策先行先试的重要功能。贯彻落实"容错纠错机制"不仅是领会党的十九届四中、五中全会精神的重要举措，更是国家级新区先行先试使命的内在要求和高质量发展的现实需要。在示范引领排头兵的角色定位下，湖南湘江新区根据中央和国家政策，积极探索容错纠错工作规律，做了大量卓有成效的工作。

为进一步落实"旗帜鲜明为敢于担当的干部担当，为敢于负责的干部负责"要求，加快国家级新区容错纠错机制研究和制度建设，助推湖南湘江新区打造一支锐意进取、勇于创新、敢于担当的干部队伍，加快新区高质量发展，推进国家级新区治理体系和治理能力现代化，2020 年 5 月，湖南湘江新区初步确定，由新区纪工委联合中南大学地方治理研究院，协同开展容错纠错机制建设的研究。2020 年 6 月，湖南湘江新区设立专项，委托中南大学地方治理研究院对容错纠错机制开展专题研究，并得到了国家发展改革委的立项支持。2020 年 7—9 月，课题组先后调研 15 个国家级新区，召开了 20 多场专题调研会，掌握了一手材料。2020 年 9—12 月，课题组先后 6 次专题讨论成果，并邀请国内知名专家周志忍、徐晓林、丁煌、李军鹏、贠杰、倪星、吴戈、韩志明、朱旭峰、李瑞昌、田凯等教授对成果进行评议和研讨。最终形成了湖南湘江新区容错纠错机制建设项目研究成果丛书：《国家级新区容错纠错机制发展报告》、《国家级新区容错纠错案例分析报告》、《湖南湘江新区容错纠错机制建设：理论探索与实践创新》和《国家级新区容错纠错机制建设研究论文集》。

本丛书是国内首套全面系统探讨国家级新区容错纠错机制建设的书籍，对落实习近平总书记"三个区分开来"，全面推进国家级新区容错纠错机制建设，为新区建立担当实干、开拓创新激励机制，进一步激励广大党员、公职人员新时代新担当新作为具有重要的理论指导和现实指引作用。

本丛书的出版得益于湘江新区纪工委文山虎书记、孟谏君副书记等同志的大力支持，更要感谢课题组成员赵书松教授、张桂蓉教授、胡春艳教授、刘媛副教授、伍如昕副教授、孙立明博士和参与项目研究工作的博士生郭少军、张建、周付军、张磊、王帅、雷雨，硕士生王子婧、赵旭宏、罗文华、梅园园、王韵茹、张旭、罗丹、蒙诗哲、曹子璇、赵维、石红艳、夏霆、杨曦、胡新玲、张栩侨、顾妮、张莲明、叶露莹、王彩莲、王晟、李昊徐、戴嘉、朱雅筠、王晗，我的科研助理杨碧峰的辛勤付出。还要感谢为丛书出版付出汗水和努力的中南大学出版社杨贝编辑。

感谢中共中央党校(国家行政学院)李军鹏教授和中国社会科学院贠杰教授百忙之中为本丛书作序。

2020年，我们见证了历史也参与了历史、创造了历史，以此为记，愿国家繁荣昌盛，人民幸福安康。

彭忠益

2020年12月20日，于麓山脚下